「法－文化圏」とアメリカ

20世紀トランスナショナル・ヒストリーの新視角

石井紀子・今野裕子［編著］

Twentieth-Century Transnational America

The Formation and the Transformation of Legal-Cultural Spheres

Edited by Noriko Ishii and Yuko Konno

Sophia University Press
上智大学出版

目次

第二部　越境活動が創出する「国民」理念

第六章　相克する人権と主権
――アムネスティ、イスラエル、アメリカ例外主義

佐藤　雅哉

序　論

今野　裕子

ヒト、モノ、カネが高速度で移動し、情報が瞬時に伝達され、ネットワークの重層化・複雑化が進展した現代のグローバル世界において、国民国家をこれまで分析の中心に据えてきた近現代史の分野でも、一国史や一帝国史に限定された枠組みを乗り越える視点や方法論の導入が盛んに試みられるようになった。歴史家リン・ハントが明らかにしたように、冷戦体制の崩壊が学術領域におけるこのような動向を生み出す契機となったが、国家や国境の作り出す空間や制度の恣意性を前提とする分析視角は、二十一世紀の社会科学や人文学を席捲していると言っても過言ではない(1)。

アメリカ史研究においてグローバル化は、トランスナショナル・ヒストリーや大西洋史といった分野の隆盛をもたらした。移民国家としての理念を強く抱き、またイギリス帝国から独立して自らも帝国としての歩みを重ねてきたアメリカ合衆国（以下、アメリカ）の歴史を研究するにあたり、国境を越えた種々の連関が考察の対象とされるのは自然な流れのようにも見えるが、実際にはアメリカを例外主義的な実験国家とみなす国家論の影響もあり、一国を相対化する歴史叙述の意義に積極的な価値が見出されるようになるのはようやく二十世紀も末になってからのことである。

グローバル化が影響を与えた他の学術分野には、一見国家的枠組みと親和性の高そうな法学研究も含まれる。例えば従来の国家法の範囲を超えて形成される規範に着目した法多元主義の理論整理が行われたり、法のグローバル化を歴史的見地から検証する研究が推進されたりと、ここでも新たな潮流が生まれた。インターネットやスポーツ、金融に関する規制やガイドラインといった非国家法を、国家法と並ぶ規範として捉える立場が法多元主義であり、「国家法一元主義」とは一線を画す[2]。また、グローバルな法制史研究では、国際法の成立や展開を論じるだけではなく、帝国や法文化の垣根を越えた、また西洋・非西洋の法的伝統を越境した、空間的あるいは方法論的に広がりを持つ研究手法に注目が集まっている。一方で、グローバルな法学・法制史研究には方法論的・制度的な問題が山積するのもまた事実であり、その実践は容易ではない[3]。

本書はこのような研究動向を踏まえつつ、特に法的概念や規範に纏わる価値観を共有する越境的な文化圏、すなわち「法－文化圏」を分析枠組の基礎として措定し、二十世紀のアメリカや関連諸地域を、従来とは異なる空間から読み解く新しい試みを提示する。特定の「法－文化圏」の緩やかな紐帯によって結び付けられた社会や組織が、異なる「法－文化圏」の価値観に遭遇したとき、どのような葛藤や創造的適応が起こり、それがどのように政策や規範、思想や運動の変容に結びついていったのかを、個別の研究事例を提示しながら明らかにする。その射程とするのは、近代国民国家の枠組みの中で独立した事例として語ることも可能な二十世紀の諸事象であり、これを超国家的空間から把捉し直し、歴史的文脈に即して説明することを目的とする。具体的には、移民や公衆衛生、社会政策、国際関係、思想、宗教、ジェンダーなど個別のテーマに沿って、越境性や国際的契機がもたらす社会・文化変容を実証的に分析することを主眼とする。したがって、各論考は必ずしも法の適用や解釈における問題や解決を扱うわけではない。むしろ法という形を取らない組織内の合意や理念等をも歴史的検証の範囲に含めることで、集団の行動をある程度拘束するこのような「文化」がもたらす作用により注意を払う。また、国境をまたいで共有される規範や秩序原則が、特定の場や集団、個人を経由することにより、その内実をどのように変化させたのかを問い、規範や理念が多方向的に連動・影響し合う過程を描出する。このような検証を通じ、国家や地域が領域的支配を及ぼす地理的空間ではなく、操作概念としての「法‐文化圏」において展開された異なる規範システム間の対立を浮き彫りにし、そのような軋轢が持ち得た歴史的意義について明らかにすることが、本書の大きな狙いである。

一　研究史①――アメリカ史の「トランスナショナル・ターン」

本書の前提は、国境を越える人や制度が、規範や思想に変革を迫る重要な役割の担い手になったという認識である。そして、分析対象とする中心的な国家の一つが、これら二十世紀のグローバルな移動の結節点となったアメリカである。そこで冒頭でも触れた、一国史の枠組みを乗り越える画期的な試みが、近年のアメリカ史研究においてどのように展開されてきたのかについて説明したい。ただし、アメリカ史のトランスナショナルな転回については既に多くの著作において触れられているので、ここでは簡単な記述に留める。

アメリカ史研究のトランスナショナル・ターンは、前述したようにソビエト連邦の解体と冷戦の終結が重要な契機となったが、それらの現象に呼応して強まったアメリカ歴史学界内部の要請が研究上の動向に直接的な影響を与えた。アメリカ史を他国史からは独立した特別な歴史とみなす「アメリカ例外主義」的風潮や、高度に発達した専門性による研究分野の細分化に危機感を覚えたアメリカの歴史学者たちは、学問分野としての偏狭性を解消し、より広い文脈にアメリカ史を位置付けることで分野の活性化を促そうと、「アメリカ史の国際化」を唱えるようになる。アメリカ歴史家協会（Organization of American Historians）の組織的支援のもと、国境を越えた事象に注目する新しいアメリカ史研究の方法論が専門家によって模索された[4]。

一口にトランスナショナル・ヒストリーと言っても、様々なアプローチが可能である。例えば、ある事象の発生を国内的要因のみに注目して解明するのではなく、国境を越えた遠隔地で共時的に起こった現象との連関において説明する手法が考えられる。また、国境を越えた思想や制度の交換を分析する方法もある。しかし、このような交換は必ずしも等価的に行われるとは限らない。そこで、帝国としてのアメリカ史観から、対象となる植民地や勢力圏内地域との不均衡な力関係に注意を払い、なおかつ被支配者が一方的に制圧される様相のみを描くのではなく、抵抗や協力を通じて醸成される双方向の関係性を俎上に載せるというアプローチもある。これをさらに押し広げ、国家間を行き来する活動家や商人、宣教師、植民地行政官などの織り成すネットワークを明らかにする研究、また、国際組織における活動が起点となり、どの領域国家にも属さないトランスナショナル・スペースが形作られてゆく過程を追跡する調査もまた、トランスナショナル・ヒストリーの実践事例である[5]。

研究手法や題材の選定における差異こそあれ、トランスナショナル・ヒストリーに共通するのは国家（特にアメリカという国家）を相対化しようという動機である。それは、国家に紐付く統治機構や国境、国民意識などの存在を矮小化することと必ずしも同一ではない。アメリカを脱中心化することで、外的な要因がアメリカの国内史に与えた影響を分析し、また世界とアメリカとの緊密で複雑なつながりを実証することが、トランスナショナル・ヒストリーの包括的な目標である。このような前提に立った概説史の記述はいまだに多くの課題を抱えているが、例えばトマス・ベンダーの『諸国民の中のひとつの国民』（*A Nation among Nations*, 二〇〇六年）やイアン・ティレルの『トランスナショナルな国民』（*Transnational Nation*, 二〇〇七年）は、画期的な通史の好例と言えよう。(6)

さらに具体的事例や特定の歴史的瞬間を扱った個別史に焦点を当てると、トランスナショナル・ヒストリーには膨大な研究実績があるが、特に国家間連関を検証する外交史や、人の移動をテーマとする移民史との親和性は高い。外交史は元来国家と国家の関係性を検証する分野であるが、一九八〇年代のカルチュラル・ターン（文化的転回）以降、人種やジェンダー、宗教が国際関係に与えた影響を考察する研究が産出されており、トランスナショナル・ターンを経た二〇〇〇年代以降の外交史においては、アメリカを脱中心化させるだけではなく、外交官など一部のエリートのみに焦点を当てた西洋中心主義的な分析方法からの脱却をも志す傾向が強まった。(7)例えば、第一次世界大戦時にアメリカ大統領ウッドロウ・ウィルソンが提示した世界構想が、戦後の植民地解放闘争に及ぼした影響を考察したエレッツ・マネラの『ウィルソニアン・モーメント』（*Wilsonian Moment*, 二〇〇七年）や、人権NGOのネットワークが一九七五年のヘルシンキ宣言の実現に果たした役割を明確にしたサラ・スナイダーの『人権アクティビズムと冷戦の終結』（*Human Rights Activism and the End of the Cold War*, 二〇一一年）はその代表例に該当する。(8)移民史においては、移民を主にアメリカ国内史の文脈において理解しようとする古典的アプローチに代わり、出身国とアメリカ両方を股にかけて移動や共同体形成を行う人種・エスニック集団の生活世界を描き出す手法が主流となった。このため、多言語による史料解析や複数地域におけるアーカイブ調査が一般化している。

例えば、十九世紀後半から二十世紀初めにかけて中国南部とアメリカ北西部を行き来した移民の共同体形成を描くマデリーン・シューの『金の夢、故郷の夢』（*Dreaming of Gold, Dreaming of Home*, 二〇〇〇年）や、短期農業労働者雇用プログラム・ブラセロ計画によって、主に第二次世界大戦後渡米したメキシコ人移民の経験を分析したデボラ・コーエンの『ブラセロ』（*Braceros*, 二〇一一年）などの研究がある。[9]

これらのトランスナショナル・ヒストリーは、主に陸地を中心として展開される人々の営みであるが、二十世紀後半以降、海洋に焦点を当てた広域圏史の試みもまた盛んに行われるようになった。主に十五世紀後半から十九世紀前半を対象とする大西洋史研究の歩みは、冷戦期における西側諸国の同盟関係による影響を受けたが、一方で政治動向とは別に、一九五〇年代から六〇年代にかけてヨーロッパやアメリカの学者を中心に人口統計学や社会史の分析手法を取り込んだ大西洋世界の描き方が模索され、大西洋奴隷貿易の実態や貿易ネットワークを介した複数地域・拠点間の相互連関が解明されるようになった。トランスナショナル・ターン以降の大西洋史においては、大西洋世界を形成したヨーロッパ人、アフリカ人、ネイティブ・アメリカンなど多様な集団の営みに光を当て、重層的なネットワークが交錯する多元的な世界を描出することが目指されてきた。バーナード・ベイリンによると、多様な人々、言語、宗教、社会・経済体制などを包摂する大西洋世界の歴史は、大西洋を取り囲むヨーロッパ諸国及び西アフリカやアメリカ大陸の先住民の歴史の集合体ではなく、それらの地域に共通するパターン——例えば、境界地での戦闘や宗教の伝播、商業ネットワークの発達、政治思想や革命の波及——を析出することで把握することができるという。[10] 他方、太平洋史においては、アメリカの国内史を太平洋の文脈に沿って検証する北太平洋史、オセアニアの島々をポストコロニアル研究の立場から分析する南太平洋史、ハワイ大学を拠点とする先住民研究や入植者植民地主義（settler colonialism）の視点に立つ研究などが個別の発展を遂げ、共通の枠組みを用いて通史を描くことが困難になっている。[11] トランスナショナル・ヒストリーのうち、特に環太平洋地域のつながりを扱った歴史研究をトランスパシフィック・ヒストリー[12]と呼ぶこともあるが、太平洋の島嶼地域をトランスする、すなわち越える空間として把握するニュアンスが強いため、南太平洋史との相性が良好であったとは言い難い。しかし、太平洋や隣接地域において移動や折衝を繰り返した様々なアクターが、世界の構造的変化にどう対処し重層的な社会・政治空間を構築していったのかを検証することは、一国史を相対化するための重要な視座を与えてくれる。今後、島嶼地域の研究とトランスナショナル・ヒストリーを接合させるような研究実績の蓄積が望まれる。

一国史的偏見を超越し、国家を相対化するトランスナショナル・ヒストリーの実践は、究極的には「下からの」歴史の掘り起こしを推進し、西洋中心主義的な視角の妥当性を問うことにもつながる。グローバル化は新たに巨視的な歴史への関心を高め、例えば西洋文明の発展に関するような大きな設問への回答を試みる潮流を生み出した一方で、国境を越えたつながりや連関を実証するための詳細かつ具体的な事例の検討を促した。例えば、大衆の営みや嗜好の変遷等をトランスナショナルなつながりに注目しながら跡付ける方法は、資本主義経済の広がりや近代化といった、主に経済指標を中心とするパラダイムからのみ歴史上の変化を追う「上からの」視点とは一線を画す。往々にして西洋中心主義的な偏見によって問題が設定されがちなグローバル経済史のアプローチは、社会史や文化史から世界のつながりを描こうとするトランスナショナル・ヒストリーの研究実践とは相いれない面もある。ただし、政治経済的観点を全く排除し、大きな設問に答えることを放棄することがトランスナショナル・ヒストリーの最終目標ではない。ハントによると、国家という枠組みに囚われることなく、様々な集団が市場や文化のグローバル化に果たした役割を検証することで、歴史的事象の因果関係を解き明かし、いわゆる大きな設問に回答することは可能であり、そのような潮流が「下からの」歴史を実践する研究者の間にも見られると述べている(13)。

本書は、右に述べたようなアメリカの学界におけるトランスナショナル・ヒストリーの成果を踏まえ、国境を越える移動や移転、ネットワーク、還流等の国際的契機に着目し、一国史中心史観からの脱却を目指すものであるが、同時にそのような越境行為や脱国家空間の編成が、欧米を中心として形成されてきた「法－文化圏」にどのような揺らぎをもたらしたのかを検証する論文集となっている。太平洋史や大西洋史のような広域圏史とも重なるが、圏の成立よりもその内実の変動に焦点を当て、トランスナショナルな人や思想、組織の移動がもたらした規範概念や思想、政策の変化を浮き彫りにする。

二　研究史②――広域的アメリカ法制史

アメリカ史研究のトランスナショナル・ターンはまた、アメリカにおける法制史の方法論にも影響を与えてきた。そこで、当該分野における近年の研究動向についても簡単に述べてみたい。ただし、法制史の研究蓄積は各論も含めると膨大になるため、本節では主に初期アメリカ史において採用される広域的なアプローチと、近現代史におけるアメリカ帝国史観とも関連したリーガル・ボーダーランズという枠組みについて紹介する。

植民地期のアメリカにおいてはヨーロッパからの移民が本国の法的伝統を引き継いだため、法制史の研究も、大西洋を越えた植民地と本国との連関というトランスアトランティックな、あるいは帝国的な基盤の上に成り立ってきた。[14]このような研究は、広義には先述の大西洋史に含まれるが、近年における同分野の隆盛以前から存在していた。特にイギリス系植民地において、法体系が本国の慣習法に基づいていたことから必然的に導き出されたアプローチであったと言えるだろう。例えば十七世紀のアングロ・アメリカ世界における不自由な雇用形態の法的展開を説明したロバート・スタインフェルド『自由労働の発明』（*The Invention of Free Labor*, 一九九一年）はこのような研究に該当するし、アメリカ市民権をめぐる政治的論争を跡付けたロジャース・スミスの『市民的原理』（*Civic Ideals*, 一九九七年）は、植民地期から二十世紀初頭までをカバーするが、そのうち第二章において、合衆国における市民権概念の淵源を植民地期のイギリス人と他人種との邂逅に求め、イギリス法の規定する政治的アイデンティティと植民地における集団意識との齟齬が植民地人に不満を抱かせる結果になったと論じている。さらに近年の研究例としては、十七世紀のロードアイランド植民地と本国イギリスとの間で法の適用をめぐって繰り広げられた折衝が、植民地における法の形成に果たした役割を論じたメアリー・ビルダーの『トランスアトランティックな法原理』（*The Transatlantic Constitution*, 二〇〇四年）が挙げられよう。また、植民地アメリカを主題とする研究ではないが、ヒデタカ・ヒロタの『貧民の追放』（*Expelling the Poor*, 二〇一七年）は、十九世紀末のアメリカ移民法の起源をイギリス救民法にまで遡って論じており、アメリカ、イギリス、アイルランドのアーカイブ史料を駆使して法的な大西洋世界を描き出すことに成功している。[15]このようにイギリス法の影響はアメリカ独立後も継続しているため、トランスアトランティックな枠組みは植民地期の法制史研究にのみ限定されるわけではない。

植民地アメリカを主題とする法制史は、正確にはトランスナショナル・ヒストリーではなく、帝国史研究の一環と位置付けられるが、トランスナショナル・ターンを経た現在、植民地期アメリカ法制史の新たな動向として、イギリス本国と現在のアメリカ領土内に存在したイギリス系植民地との連関を論じるのみならず、異なる帝国や集団間のせめぎ合いを分析する研究、あるいはそれらの比較を行う研究の存在を指摘することができる。この文脈において参考になるのが、ローレン・ベントンによるグローバルな法制史研究である。『法と植民地文化』(*Law and Colonial Cultures*, 二〇〇二年)においてベントンは、十五世紀から十九世紀にかけて、諸帝国の植民地統治が、多元的な法の共存する状態から国家による支配へとグローバルに移行する過程を示した。また、英仏両帝国の境界地に生き、一七五五年にノバスコシアから追放されたアカディ人の事例をヨーロッパにおける忠誠宣誓の歴史から検証したA・J・B・ジョンストンの論文("Borderland Worries," 二〇〇三年)や、イギリスのインド植民地と大西洋植民地の比較考察、あるいはその統合や相互連関の検証を通じ、複数の海域史の接合を提唱したフィリップ・スターンの論考("British Asia and British Atlantic," 二〇〇六年)など、画期的な研究も発表されている[16]。

このような帝国史の観点から検討するアメリカ法制史研究は、いずれもヨーロッパ諸帝国の法制度とその植民地における適用を主題としているが、近年の新しい傾向として、建国以来のアメリカ合衆国を帝国と捉え、その法的展開を国際的な文脈に位置付けようとする研究も現れた。クララ・アルトマンによれば、このような研究にはアメリカの立憲秩序を問うもの、国際秩序におけるアメリカの役割を検証するもの、そしてアメリカ影響下のリーガル・ボーダーランズの実態を解明するものの三類型が存在する。立憲秩序を問う研究は、立憲主義による政府権力の抑制という前提に疑義を呈し、むしろ帝国としてのアメリカ国家の権限拡大には立憲主義が重大な役目を果たしたとの立場を採る。国際秩序とアメリカの関連性を問う研究は、従来はヨーロッパ諸国が主要なアクターであるとみなされた国際法の成立に、超大国としてアメリカが果たした役割を検証するのみならず、国際的な法秩序がアメリカの外交政策やイデオロギー形成に与えた影響を考察する。そして、本書のテーマに最も近いリーガル・ボーダーランズの研究は、アメリカ帝国内の法的な境界地において、複数の規範システムがせめぎ合い、影響し合う様相を明確化するものである。[17]

さらにメアリー・ダジアクとレティ・ヴォルプによれば、リーガル・ボーダーランズとは、思想のコンタクト・ゾーンであり、イデオロギーや法的ステータスが両義性を持つような領域であって、必ずしも物理的空間であるとは限らない。それは、例えばアメリカの領土でありながら憲法の適用範囲外に置かれたグアンタナモのような基地であったり、アメリカの理想とする民主主義や権利観念が侵害される刑務所のような場所であったりする。あるいは国防の名のもと、アメリカ的アイデンティティの根幹にある法の支配が停止されるようなケースを指すかもしれない。このように、リーガル・ボーダーランズは領土や統治権の境界、法そのものの境界、法規制によって生ずるアイデンティティの境界など、法に纏わる多彩なシステムの対立や共存の分析を可能にする概念である。[18] この概念を適用した研究の一例として、ムーンホ・ジャンの「『苦力』の違法化」(“Outlawing ‘Coolies,’” 二〇〇五年)が挙げられる。ジャンは十九世紀アメリカにおける苦力貿易禁止をめぐる議論と奴隷制との関係に着目し、「自由」と「奴隷制」の境界に位置する苦力の排除が、アメリカの人種主義的な移民制限とアジアやキューバへの帝国的拡張を可能にしたと結論付けた。[19] さらに前述のアルトマンはリーガル・ボーダーランズを、植民地化や治外法権の行使、外国に対する民主化事業などによって「アメリカ主権の境界上で引き起こされる対峙」を暗示する概念と定義し、アメリカ帝国とローカルな法・社会秩序や文化との連関を分析する有用性を強調する。[20] このような視点から、例えばサリー・メリーは『ハワイの植民地化』（*Colonizing Hawai'i*, 一九九九年）において、十九世紀のニューイングランド法文化とローカルな法秩序の邂逅による、ハワイの法と植民地統治方法の変遷を分析している。[21]

このように、法は国家によって制定されるため国民国家単位での検証を中心とするもののように想定されがちだが、一方で国家成立以前や、帝国としての近現代アメリカに着目するならば、広域圏史的な、あるいはトランスナショナルな視野や分析方法が必要不可欠となる。ただし、アメリカ法制史はあくまでも国家としてのアメリカの成り立ちを中心的主題とする。換言するならば、脱国家的枠組みを採用しつつも、根源的な関心はアメリカという中心地点に立ち戻る。たしかに一国史の枠組みを乗り越える画期的な枠組みが導入されてはいるが、それは扱う題材の空間的な広がりに内在された必然性であり、近代国家の成立によって国境が画定されると、あたかも国境を越えた法文化や規範システムの共同体は分断され、独自の発展を遂げたかのような錯覚を与えてしまうのである。

本書の前提となるのは、近代国家の成立後も法文化を共有する緩い理念的共同体が国境を越えて形成され、一方でその内実が人や制度、思想の移動・移転によって変化を余儀なくされ、内側から共同体のあり方が変質を迫られてきたという仮定である。従来のトランスナショナル・ヒストリーで達成された成果を踏まえつつ、さらに国家間連関がもたらす広域共有文化の変容を解明し、西洋中心主義史観の限界を提示する試みとして、「法－文化圏」から見た歴史叙述を提唱する。

三　操作概念としての「法－文化圏」

本書は、法に纏わる思想や秩序概念といった価値体系の影響範囲を「法－文化圏」として捉え直し、規範や理念が多方向的に連動・影響し合う過程を実証的に分析する。「法－文化圏」の生成は、国家による国際法の批准という形を取ることもあれば、立憲主義、イスラーム主義、資本主義といった主義主張や原則が複数の国や地域によって採用され、秩序形成の土台となる場合にも見出すことができる。また、民間人が活動の主体となる非政府組織や宗教団体のような国際組織が、国境をまたいで規範理念を流通させるときにも「法－文化圏」は形成される。

例えば、二〇二〇年一二月現在、国際連合には一九三ヵ国が加盟しているが、これらの国家は国際連合憲章（一九四五年調印・発効）序文に明記された、基本的人権の尊重といった原則や、国際的な平和と安全の維持などの目標に賛同する「法－文化圏」を形成するものとみなすことができる。[22]あるいは、福祉国家体制を類型化したイエスタ・エスピン－アンデルセンの福祉レジーム論を援用すれば、国家による社会保障という根本原則を共有する「法－文化圏」の中に、異なる実行方針や規範を含む複数の福祉国家「法－文化圏」を見出すことができるであろう。[23]また、代表的な国際環境ＮＧＯであるグリーンピース(Greenpeace)は、五五ヵ国に二七組織を擁するが、異なった国や地域に存在する各団体が、行動に対する個人的責任や非暴力、政府や企業からの独立といった共通の価値観に賛同した上で、生物多様性の保全や環境汚染の防止といった使命を共有する「法－文化圏」を形成していると言える。[24]

トランスナショナルに形成される「法－文化圏」の諸相を捉えるにあたり多くの示唆を与えてくれる先行研究には、特定の方針や政策がグローバルな広がりを持つ過程を明らかにした歴史研究が含まれる。例えば、アダム・マキオンは『メランコリー・オーダー』（*Melancholy Order*, 二〇〇八年）において、十九世紀後半以降、太平洋を臨む白人植民国家がアジアからの移民を排除するため採用した国境管理の方針や手法が、二十世紀前半にはグローバルに流通し標準化される過程を示した。[25] 同様に、マリリン・レイクとヘンリー・レイノルズは『グローバルなカラーラインを引く』（*Drawing the Global Colour Line*, 二〇〇八年）において、やはり十九世紀後半から二十世紀前半にかけ、アメリカやイギリス帝国自治領において、非白人の排斥を通じて白人性がトランスナショナルに構築される歴史を描いている。[26] これらの研究は、一国の法や政策を支える思想や言説が、国境を越えて流通し影響し合うことで新たなグローバル秩序の形成に寄与する様相を明らかにしている。他方、これらの研究をもう一段階進めるならば、一度構築された広域的な秩序や指針の適用過程に注意を払うことで、その流用や変質を、国家同士の比較という視点からではなく、特定の場における政治力学や、集団及び個人のエージェンシー（行為主体性）から解明することが肝要になる。なぜならば、グローバルな、あるいは広域的な秩序はその形成において必ず矛盾や衝突を内包するものであり、常に個人の立場やローカルな情勢との緊張関係の中で相互に影響し合いながら内実を変化させてゆくからである。

近現代において特に影響力を持ち、アメリカや関連諸地域を取り囲む「法－文化圏」の多くは、欧米諸国、あるいは国際社会に名を借りた欧米を中心とする国家群に思想的起源を辿ることができる。本書で取り扱うのは、人道主義や人権に纏わる理念の「法－文化圏」、人道援助をめぐる実践論理の「法－文化圏」、イギリス帝国の伝統を継承する慣習法（コモンロー）の「法-文化圏」、そしてプロテスタント神学に基づくキリスト教普遍主義の「法-文化圏」であるが、これらは成立の経緯や時期に違いこそあれ、いずれもアメリカやヨーロッパの思想的潮流から生み出された。これら「法-文化圏」で共有される法概念や規範、秩序が、特定地域や集団への適用過程においてその限界を露呈させるとき、あるいは創造的な流用を通じて異なった意味合いを生じさせるとき、「法-文化圏」が西洋中心主義史観では把捉し切れない複雑性や重層性を伴った空間として立ち現れる。特にトランスナショナルな人や制度の移動を通じてその具体的事例を提示するのが、本書の課題である。

四　本書の構成

本書は、主に近現代アメリカ史を専門分野とする研究者によって執筆された、三部六章で構成される。アメリカを話題の中心に据えつつも、アジア太平洋地域やアフリカ、中東、ヨーロッパにおける展開が、アメリカとの相互連関においてどのように新たな規範や制度、慣習を生み出していったのかも考察の対象としている。

第一部「帝国と法規範のローカリゼーション」は、十九世紀後半から二十世紀前半にかけて北米のリーガル・ボーダーランズで展開された法原則や規範のローカル化により、「法-文化圏」の標準化が挑戦を受けた背景を明らかにする。この時代の「法-文化圏」は近代的帝国のグローバルな拡張とも重なり合う広がりを持ってはいたが、規範の適用においてはローカル社会の創造的流用を促した。第一章「人道の地政学――ハワイにおける赤十字事業と人道主義をめぐる法文化の変容」において、牧田義也は、二十世紀転換期のアジア太平洋地域における国際人道主義運動の展開を、ハワイにおける赤十字人道支援事業に焦点を当てて考察する。国際赤十字運動の人道「法－文化圏」で前提とされる一国一社の単一原則が、日米両帝国の前哨地とも言うべきハワイにおいて覆される状況を、国際規範の土着化と人道支援事業のグローバル化という観点から解き明かす。第二章「人種と資源保全――二十世紀前半の北米地域における公共信託法理の悪用とアジア系漁民排斥」では、イギリス帝国の慣習法を継承する北米「法－文化圏」において、自然資源管理の原則である公共信託法理が人種主義と結びつく過程を、今野裕子がアメリカとカナダの事例を比較しつつ分析する。資源保全を名目としたアジア系漁民の排斥が、両国における連邦と州の緊張関係の中どのように進展したのかが明らかになる。

第二部「越境活動が創出する『国民』理念」は、主に二十世紀前半に留学や伝道のため国境を越えて移動し、異文化間の仲介役となった個人のエージェンシーに焦点を当て、彼ら・彼女らの思い描く国民像に、参照枠となる「法－文化圏」の規範が与えた影響や突きつけた課題を浮き彫りにする。「法－文化圏」変容の一つの転機となるのが第二次世界大戦である。戦時中やポストコロニアル社会という特殊な文脈において、ナショナルな規範がグローバルな「法－文化圏」の規範と衝突し、影響を与え合う様相が明確化される。第三章「部族と普遍の間――Z・K・マシューズの原住民法研究から見る南アフリカ市民権要求の論理」において、上林朋広は、南アフリカの解放闘争に重大な役割を果たした黒人知識人Z・K・マシューズの政治思想を検証し、彼が主張した南アフリカ市民権理念の淵源を辿る。マシューズが一九四〇年代に入ってから唱えた、人種を超越した市民権思想は、単純な国際的権利言説の借用によって編み出されたものではなく、欧米への留学によって得られた人類学的知見というフィルターを通して西欧的人権「法－文化圏」の思想を援用したという新説が提示される。第四章「帝国のはざまで――戦時下アメリカに帰国した来日宣教師」では、石井紀子が、太平洋戦争前に日本で活動したアメリカ人宣教師の戦時における選択について考察を展開する。文化の仲介者でもあった彼ら・彼女たちが、アメリカ国民としての義務とキリスト教「法－文化圏」の行動規範である普遍主義とのはざまで葛藤したこと、また戦時の奉仕活動の選択にジェンダー規範が大きく作用したことが明らかにされる。

第三部「グローバル化とアメリカ政治文化」は、冷戦期アメリカの政治文化に対する国際的な「法－文化圏」の影響を考察する。第二次世界大戦後アメリカは超大国となるが、一方でグローバルな「法－文化圏」の影響力を無視した政策形成を行うことが困難な立場に置かれていた。第五章「難民の『ワークフェア』――一九六〇年代アメリカの福祉改革と国際的な人道援助の規範」において、小滝陽は、第二次世界大戦後のヨーロッパで展開した人道援助に関わる実践論理の「法－文化圏」が、一九六〇年代のアメリカにおいてキューバ難民救済行政を取り込んでゆく過程を明らかにする。難民女性に対し援助からの「自立」が求められる中で、ジェンダー化された就労の強制という、二十世紀末アメリカ福祉改革の基調が形成されたことが示される。最終章である第六章「相克する人権と主権――アムネスティ、イスラエル、アメリカ例外主義」では、佐藤雅哉が、国際的非政府組織であるアムネスティ・インターナショナルの唱道する人権規範に、アメリカ支部が異議を申し立てた背景を、一九七〇年代の国際情勢と絡めつつ、人権と国家主権の衝突という観点から考察する。本来であれば国際組織の一員である支部は、国家を超越し、本部の形成する「法－文化圏」に属する存在であるが、アムネスティUSAの反発は、一国内の政治的な文脈が法文化を共有する緩い連合体の限界を突き付けた事例であると言えるだろう。

以上のように、本書所収の論文は扱う主題が多岐にわたるが、共通してトランスナショナルな事象を考察対象とすることは既述の通りである。繰り返しにはなるが、具体的には次の二点において、トランスナショナルな実証研究が試みられている。第一に、本書で扱われる法概念や規範そのものが一国を超えて共有されている。そのような空間に「法－文化圏」という呼称を与えたのは、国家や地域とは位相の異なる操作概念としての「圏」を措定することで、集団や個人の行動や態度を律する規範や理念の所在を明確化できると想定したためである。第二に、いずれの事例も人・思想・制度の国際的連関や越境的移動が、法文化の変容・変質・流用に寄与している。赤十字社の国際的な事業拡大と日米両帝国の拡張、アジア系漁民の北米地域への移動、南アフリカの活動家による欧米留学、アメリカ人宣教師の日米間移動、キューバ難民のマイアミへの流入と難民政策に関わった行政官の国際移動、そして国際NGOの組織拡大といったように、国際的契機が法文化の内実を更新する、あるいは変化を促す結果を招いている。国際的な法文化が特定の場や集団、個人を経由して変化する過程を追うことは、グローバルな現象がローカルに改造される事象を検証する「グローカル化」[27]の研究手法に近似している。しかし、グローカル化研究がローカルな創造性によってグローバルな仕組みが機能するメカニズムに関心を向けるとすれば、本書の研究は、「法－文化圏」の広がりによって惹起されるローカルな衝突や対立、矛盾や葛藤をテーマにしている点が異なる。

以上のように本書は、法制史研究における大きな流れを踏襲しつつ、新たな近現代史の見方を提示することを目指す。これまでも法制史研究は人類学や社会学など諸分野との連携によって発展を遂げており、近年ではさらに思想史や文化史、社会史との接合による研究も進んでいる。[28] 本書の執筆陣は、特に個人や集団と社会との関わりに強い関心を抱いており、これら対象の思想や行動を記述・分析することで、法文化のもたらす緊張や折衝過程を描出することに精力を傾けた。法文化は人的つながりの前提であり、また人的つながりを通じて形成されるものである。「法‐文化圏」という視角の導入が、法制度というハード、社会・文化というソフトの両面から、一国史の持つ限界を乗り越える新たな鍵を提供することになろう。

【注】

（1）Lynn Hunt, *Writing History in the Global Era* (New York: W. W. Norton, 2014), 44-46.（長谷川貴彦訳『グローバル時代の歴史学』〔岩波書店、二〇一六年〕）

（2）浅野有紀『法多元主義——交錯する国家法と非国家法』（弘文堂、二〇一八年）一一—一二頁。

（3）Thomas Duve, "Global Legal History: A Methodological Approach," *Oxford Handbooks Online*, January 10, 2017, https://www.oxfordhandbooks.com/view/10.1093/oxfordhb/9780199935352.001.0001/oxfordhb-9780199935352-e-25.

（4）Ian Tyrrell, "Reflections on the Transnational Turn in United States History: Theory and Practice," *Journal of Global History* 4 (2009): 454-56. Thomas Bender, ed., *Rethinking American History in a Global Age* (Berkeley: University of California Press, 2002) も参照。

（5）Tyrell, "Reflections," 462-71. トランスナショナル・ヒストリーと問題関心や方法論を共有するグローバル・ヒストリーについては、Sebastian Conrad, *What Is Global History?* (Princeton, NJ.: Princeton University Press, 2016)（小田原琳訳『グローバル・ヒストリー——批判的歴史叙述のために』〔岩波書店、二〇二一年〕）参照。コンラートによると、グローバル・ヒストリーはトランスナショナル・ヒストリーよりもグローバルな構造が社会に変化を及ぼす際の因果関係に注意を払うという（第三章参照）。

（6）Thomas Bender, *A Nation among Nations: America's Place in World History* (New York: Hill and Wang, 2006); and Ian Tyrell, *Transnational Nation: United States History in Global Perspective since 1789* (Basingstoke: Palgrave Macmillan, 2007).（藤本茂生・山倉明弘・吉川敏博・木下民生訳『トランスナショナル・ネーション――アメリカ合衆国の歴史』〔明石書店、二〇一〇年〕）

（7）Erez Manela, "The United States in the World," in *American History Now*, ed. Eric Foner and Lisa McGirr (Philadelphia: Temple University Press, 2011), 205 and 208-9.

（8）Erez Manela, *Wilsonian Moment: Self-Determination and the International Origins of Anticolonial Nationalism* (New York: Oxford University Press, 2007); and Sarah B. Snyder, *Human Rights Activism and the End of the Cold War: A Transnational History of the Helsinki Network* (New York: Cambridge University Press, 2011).

（9）Madeline Y. Hsu, *Dreaming of Gold, Dreaming of Home: Transnationalism and Migration between the United States and South China, 1882-1943* (Stanford, CA: Stanford University Press, 2000); and Deborah Cohen, *Braceros: Migrant Citizens and Transnational Subjects in the Postwar United States and Mexico* (Chapel Hill: University of North Carolina Press, 2011).

（10）Bernard Bailyn, *Atlantic History: Concepts and Contours* (Cambridge, MA: Harvard University Press, 2005), esp. 59-62.（和田光弘・森丈夫訳『アトランティック・ヒストリー』〔名古屋大学出版会、二〇〇七年〕）。Nicholas Canny, "Writing Atlantic History; or Reconfiguring the History of Colonial British America," *Journal of American History* 86, no. 3 (1999): 1093-114 も参照。

（11）David Armitage and Alison Bashford, "Introduction: The Pacific and its Histories," in *Pacific Histories: Ocean, Land, People*, ed. Armitage and Bashford (Basingstoke: Palgrave Macmillan, 2014), 11-13. 以下も参照：Matt Matsuda, *Pacific Worlds: A History of Seas, Peoples, and Cultures* (Cambridge, NY: Cambridge University Press, 2012).

（12）たとえば、Special Issue: Conversations on Transpacific History, *Pacific Historical Review* 83, no. 2 (May 2014).

（13）Hunt, *Writing History*, 62-65 and 77.

(14) Elizabeth Dale, "Reconsidering the Seventeenth Century: Legal History in the Americas," in *A Companion to American Legal History* ed. Sally E. Hadden and Alfred L. Brophy (Chichester, West Sussex, UK: Wiley-Blackwell, 2013), 9.

(15) Robert J. Steinfeld, *The Invention of Free Labor: The Employment Relations in English and American Law and Culture, 1350-1870* (Chapel Hill: The University of North Carolina Press, 1991); Rogers M. Smith, "Fierce New World: The Colonial Sources of American Citizenship," chap. 2 in *Civic Ideals: Conflicting Visions of Citizenship in U.S. History* (New Haven: Yale University Press, 1997); Mary Sarah Bilder, *The Atlantic Constitution: Colonial Legal Culture and the Empire* (Cambridge, MA: Harvard University Press); and Hidetaka Hirota, *Expelling the Poor: Atlantic Seaboard States and the Nineteenth-Century Origins of American Immigration Policy* (New York: Oxford University Press, 2017).

(16) Lauren Benton, *Law and Colonial Cultures: Legal Regimes in World History, 1400-1900* (New York: Cambridge University Press, 2002); A. J. B. Johnston, "Borderland Worries: Loyalty Oaths in *Acadie*/Nova Scotia, 1654-1755," *French Colonial History* 4 (2003): 31-48; and Philip J. Stern, "British Asia and British Atlantic: Comparisons and Connections," *William and Mary Quarterly* 63, no. 4 (2006): 693-712.

(17) Clara Altman, "The International Context: An Imperial Perspective on American Legal History," in *A Companion to American Legal History*, 543-61.

(18) Mary L. Dudziak and Leti Volpp, "Introduction: Legal Borderlands: Law and the Construction of American Borders," *American Quarterly* 57, no. 3 (2005): 595-97.

(19) Moon-Ho Jung, "Outlawing 'Coolies': Race, Nation, and Empire in the Age of Emancipation," *American Quarterly* 57, no. 3 (2005): 677-701.

(20) Altman, "The International Context," 555.

(21) Sally Engle Merry, *Colonizing Hawai'i: The Cultural Power of Law* (Princeton, NJ.: Princeton University Press, 1999).

(22) "Growth in United Nations Membership, 1945-Present," United Nations, accessed December 28, 2020, https://www.un.org/en/sections/member-states/growth-united-nations-membership-1945-present/index.html; "Charter of the United

Nations," United Nations, accessed April 5, 2020, https://www.un.org/en/charter-united-nations/index.html; and "Preamble," United Nations, accessed April 5, 2020, https://www.un.org/en/sections/un-charter/preamble/index.html.

(23) Gøsta Esping-Andersen, *The Three Worlds of Welfare Capitalism* (Princeton, NJ.: Princeton University Press, 1990). (岡沢憲芙・宮本太郎監訳『福祉資本主義の三つの世界――比較福祉国家の理論と動態』〔ミネルヴァ書房、二〇〇一年〕)

(24) "Offices," Greenpeace International, accessed April 5, 2020, https://www.greenpeace.org/international/explore/about/worldwide/; and "Values," Greenpeace International, accessed April 5, 2020, https://www.greenpeace.org/international/explore/about/values/.

(25) Adam M. McKeown, *Melancholy Order: Asian Migration and the Globalization of Borders* (New York: Columbia University Press, 2008).

(26) Marilyn Lake and Henry Reynolds, *Drawing the Global Colour Line: White Men's Countries and the International Challenge of Racial Equality* (Cambridge: Cambridge University Press, 2008).

(27) Roland Robertson, "Glocalization," *The International Encyclopedia of Anthropology*, September 5, 2018, https://doi.org/10.1002/9781118924396.wbiea2275; and Duve, "Global Legal History."

(28) Hadden and Brophy, "Introduction," in *A Companion to American Legal History*, 2.

第一部

帝国と法規範のローカリゼーション

第一章　人道の地政学
――ハワイにおける赤十字事業と人道主義をめぐる法文化の変容

牧田　義也

はじめに

一九一八年一一月一八日、アメリカ赤十字（American Red Cross, 以下、米赤）ハワイ支部長E・D・テニーは、同支部の年次大会に集まった聴衆に対して次のように演説した。「赤十字とは、憐れみの心の世界的な標準化なのです。あらゆる文明化された国民のもとへと赴き、欠乏、困苦、苦難があるならば、どこであろうと共通の人道に基づいて奉仕を行うのです。赤十字は人種、宗教的教義、政治的立場の相違によって分け隔てしません」[1]。

長く続いた第一次世界大戦が漸く停戦に至った一週間後、支部長テニーが語った赤十字のこの理念は、北太平洋の群島ハワイにおいて特殊な意味を帯びた。ハワイ準州の人口構成は、北米大陸の諸州とは大きく異なっていた。大戦中に同準州を視察したフランク・ダブルデイは、米赤本部に対して、「ハワイの六つの群島の人口は、ご存知のとおりおよそ二五万人です。このうち七万五千人は読み書きができません。褐色、黒色、黄色の人種が二二万人を数えています」と報告している[2]。米赤ハワイ支部婦人労働局によれば、戦時下の同準州における救護事業は「赤十字の記章を身につけた多くの女性、ハワイ人、中国人、日本人、イギリス人、フランス人、アメリカ人、さらに他の諸国民とともに」遂行された。同局は「ハワイ準州において、赤十字の精神はすべての国籍の人々を動かす」と主張する。(3) ハワイではこうした多様な人口構成を背景として、「人種、宗教的教義、政治的立場の相違」を超えた公平な奉仕という赤十字の理念が、国家間及び国民間の協力と連帯という元来の目的を超えて、地域内の様々な集団を、人道の名の下に地域社会へと包摂・統合していく役割を果たした。本章は、独自の発展を遂げたハワイの赤十字事業に焦点を当てて、欧米地域を中心に発達した人道主義をめぐる従来の法文化が、二十世紀前半のアジア太平洋地域において変容していく過程を考察する。

国際赤十字運動は二十世紀転換期までに、国民国家を基礎単位とする人道支援の法制度を、戦時救護事業を中核に据えて整備したことで、近代人道主義の国民化（nationalization）と軍事化（militarization）を同時に促進してきた。(4) 一八六三年に創設された赤十字国際委員会（International Committee of the Red Cross）は、国際法に基づいて各国赤十字社が協働し、戦場での敵味方の区別ない傷病兵の救護を実施する制度的枠組を構築した。(5) まず一八六三年一〇月に採択された赤十字規約において、各国政府は戦時の必要に応じて陸軍医療部門を支援する団体を設置することが定められた。(6) 当該団体は従来の民間人道支援とは異なり、政府の公認の下で戦時救護活動を遂行することで、実質的に準公的機関として位置づけられた。次いで一八六四年八月に欧州一二ヵ国によって締結されたジュネーヴ条約は、赤十字救護事業の中立（neutrality）原則を明示した一方で、中立的地位の証左となる標章発行は「其交附方ハ陸軍官衙ニ於テ之ヲ司トルヘシ」と規定した。同条約は、赤十字組織に該当する各国救護団体を、あくまで各国政府の判断の下で戦時活動を認められる補助的機関として位置づけた。[7]そして一九〇六年七月のジュネーヴ条約改定では、各国政府の認可に基づく救護団体は「陸軍ノ法律規則ニ服従スヘキモノ」と規定され、赤十字組織は軍隊付属機関として法的な位置づけを付与された。[8]こうして初期の赤十字事業は国民国家の制度的枠組を前提として、各国政府の指導下で人道支援を遂行するとともに、軍隊付属機関として人道主義の軍事化を進行させた。そして、ジョン・ハチンソンが指摘するように、軍隊付属機関として戦時救護を推進した赤十字組織は、二十世紀転換期には寄付金や奉仕労働を募って、国民の資力を戦争遂行に動員する愛国主義的機構へと変質していった。[9]

欧州地域を中心に発展した国際赤十字運動のこのような全般的趨勢から、アジア太平洋地域における人道支援事業は逸脱していた。二十世紀転換期に至る国際赤十字運動は、人道主義の国民化・軍事化を推進する過程で、欧州地域における国民国家の制度的枠組を前提として、赤十字組織の単一（unity）原則を確立していった。赤十字組織を一国一社に限定する単一原則は、一八七〇年代に赤十字国際委員会委員長グスタヴ・モワニエによって提唱され、二十世紀転換期には標章乱用に対する法的規制を争点として議論された。一九〇六年のジュネーヴ条約改定第二七条は、「本條約ニ依リ権利ヲ享有スルモノ以外ノ個人又ハ協會」が赤十字の呼称・標章を使用することを禁じている。この単一原則はその後、一九六五年の赤十字国際会議において、赤十字基本原則の一つとして定式化され、赤十字国際委員会副委員長であったジャン・ピクテによって公式見解を付されて現在まで維持されている。[10]しかし、十九世紀半ば以降に労働移民の国際移動が加速し、複数の帝国がせめぎ合う中で多様な人々が混淆したアジア太平洋地域において、[11]国民国家モデルに基づく赤十字の単一原則は、国際法規範としての実効性を喪失していた。植民地統治下で諸集団の分断と階層化が進行した同地域では、「国民」を基礎単位としてきた赤十字事業は大幅な変容を余儀なくされたのである。本章は、北太平洋地域における人の国際移動の結節点となり、日米両国の勢力圏が重複したハワイに注目して、欧州諸国の国民国家制度に根差した赤十字人道主義の国際的な法文化が変貌していく地域的な様相を明らかにする。

本章は、アジア太平洋地域の赤十字事業に照準を合わせることで、二十世紀前半の国際人道支援とその法文化をめぐる歴史的視野を拡張する。同時期の国際赤十字運動に関する従来の諸研究は、欧州地域における赤十字国際委員会と各国赤十字社の動向に分析を集中させてきた[12]。米赤の人道支援事業も、主に欧州諸国の赤十字事業との関係・対比を通じて叙述され、特に同社が急成長する契機となった第一次世界大戦中の欧州戦線における救護活動や、大戦後の中東欧諸国での復興事業等に焦点が当てられてきた[13]。しかし、米赤は二十世紀転換期以降、アジア太平洋地域におけるアメリカの勢力伸長を背景として、域内各地に支部組織を設立し、第一次世界大戦期には圧倒的な会員数・資金力を基盤として、同地域で事業規模を拡張していた[14]。また、同時期の東アジアでは、日本赤十字社（以下、日赤）が急成長し、植民地を中心として海外支部組織を整備しつつあった[15]。こうして巨大赤十字組織が北太平洋の両岸に出現したことで、二十世紀前半のアジア太平洋地域は、赤十字運動の国際的動向を左右する地政学的な重要性を帯びたのである。そのなかで、国際的な移動・流通の中継拠点となったハワイでは、日本人移民の大流入とともに、日米両国の赤十字社の活動が、国民・国家の境界を越えて重複することになった。本章は、米西戦争から第一次世界大戦を経て、一九二〇年代に至る黎明期のハワイ赤十字事業を分析対象とする。そして、同地における赤十字人道主義の理念と実践が、国民・国家間の水平的な連帯を促進する国際的装置から、植民地的状況下で階層化された多様な集団を、垂直的に統合・統制する地域的装置へと変化したと論ずる。ハワイ赤十字事業の分析は、現代に至る国際人道支援とその法文化の長期的な変容過程を、北太平洋における海の境界地帯（borderlands）から捉え直す契機となるであろう。

一　米西戦争とホノルル赤十字社

米西戦争を契機として始まったハワイの赤十字事業は、創始時点で既に国民・国家の制度的枠組から逸脱していた。アメリカ本土と太平洋戦線を往復する米艦隊の中継・補給拠点となった戦時下のハワイでは、開戦後まもなく傷病兵の救護や福利事業の需要が認識された。一八九八年六月六日午後四時、ホノルル市内のＹＭＣＡ議事堂に参集した「三〇〇名近い著名な婦人たち」は、ホノルル赤十字社（Honolulu Red Cross Society）の創設を決議した。[16] ただし、米赤歴史編纂官Ｒ・Ｒ・シェパードソンが指摘するように、米軍兵士の救護・福利を目的として設立されたこの赤十字組織は当初、米赤にとって「海外の、そして法律上は外国の『支部』」にとどまった。[17] ハワイ併合を求める合同決議が連邦議会下院を通過するのは同年六月一五日、上院を通過するのは七月四日である。アメリカ併合以前のハワイ共和国で創設されたホノルル赤十字社は、厳密には米赤傘下の赤十字組織とは認められなかった。王政派新聞『インディペンデント』は、「この都市に赤十字社の支局を設立しようとする運動は、［ハワイの］併合を望む世論感情を、アメリカにおいて創出しようとする別の活動に資するものである」と批判した。[18] 七月七日にウィリアム・マッキンリー大統領が合同決議に署名すると、翌日には米赤本部のスティーヴン・バートンが、ホノルル赤十字社を米赤支局（branch）として承認する旨をハワイに伝達した[19]。しかし、ハワイのアメリカ併合が公示されたのは八月一二日である。この間ホノルル赤十字社は帰属が不明瞭なまま事業を遂行した。

ホノルル赤十字社の組織は、「国民」を成員の資格要件とはせず、群島内の多様な集団を包摂した。同社社長には駐ハワイ米国公使の妻ハロルド・M・セウォル夫人が選任され、第一副社長はハワイ共和国大統領の妻サンフォード・B・ドール夫人が務めた一方で、第二副社長にはハワイ王家のカイウラニ王女が就任した[20]。こうしてアメリカ・ハワイ共和国・ハワイ王家が協働する執行部体制を整えた上で、ホノルル赤十字社は、財務・購買・訪問・花卉・看護部隊・裁縫・遊興の七委員会を組織した。各委員会の実務運営を担ったのはすべて女性であり、同社は実質的に婦人団体として活動した[21]。また、ホノルル赤十字社の活動開始にあたって、報道発表では赤十字事業の公平（impartiality）原則が強調された。「赤十字社は『信条、国民、性別』によって差別しない。人間の身体的な苦しみ以外には目を向けない。人種的な区別を一切しないが故に、いかなる政治的制度よりも広範に及ぶ[22]」。日本人移民が増加の一途を辿った十九世紀末のハワイにおいて、赤十字は「日本の平野からそびえたつ富士山の大きく壮麗な円錐形」の頂に喩えられ、全人類の「普遍的な教会」になると謳われた[23]。さらに、アメリカ併合前後のハワイでは、複数の赤十字社の事業が重複した。例えば戦争中、ボストン出身のアメリカ人マージュ・F・マローニは、「アメリカ合衆国の赤十字社の会員になること」を希望する書簡を、会費二ドルと共に米赤本部に送付している。ただし、ホノルルで教師として働いていたマローニは、この時既にホノルル赤十字社の会員であり、同時に日赤の会員にもなっていた[24]。米西戦争期のハワイでは、国民・国家の境界を越えて複数の赤十字社が事業を展開していたのである。

ホノルル赤十字社は、発足直後から精力的に活動を展開した。同社は市内ベレタニア通り・アラパイ通り交差点の「児童庭園」敷地内に赤十字病院を開設し、傷病兵に対する看護活動を開始した。この赤十字病院は、ハワイ併合後の八月一五日に独立記念公園内に米軍病院が開設され、同月二三日に全傷病兵の転院が完了するまでの間、ホノルルにおける軍隊看護の補完機関として機能した。また、同病院施設から二マイル離れたヌウアヌ通り沿いの同社本部では、健常兵を対象とする福利活動が実施された。[25]これらの看護・福利活動は、広範囲に及ぶ資金調達によって支えられた。慈善音楽会や自転車競技会が開催され、その収益はホノルル赤十字社に寄付された。[26]島嶼間汽船運航会社は、赤十字関係者の運賃を免除するとともに、収益の一部をホノルル赤十字社に寄付した。[27]その一方、ハワイ群島の住民の中には、アメリカ本土の赤十字組織に直接寄付を行うことを選択した者もいた。ハワイ島オラア地区のコーヒー農場主たちは、カリフォルニア州赤十字協会に、生コーヒー豆七七〇ポンドを寄付した。農場支配人P・ペックは、同協会代表W・B・ハリントン夫人に対して、「国籍に関係なく、ハワイ原住民も含めて、ほとんどすべての者たちが喜んで［寄付に］応じてくれたことに驚きました」と告白している。[28]米西戦争期のハワイには複数の赤十字社が介在し、群島各地の様々な住民を巻き込んで戦時事業が進められたのである。

米西戦争期のハワイ赤十字事業で、女性が主導的な役割を果たしたことは、米軍の男性当局者との間で摩擦を引き起こした。『パシフィック・コマーシャル・アドヴァタイザー』紙は、「赤十字と軍隊」と題した記事で、赤十字社と「軍隊との関係は常にデリケートなもので、同社が軍規に服していないが故に、同社が行う提案は、軍医やその配下の職員からの素早い反発を招きやすい」と指摘している。[29]ホノルルに寄港する米軍当局者の一部は赤十字事業を、男性兵士の軍隊規律に対する婦人団体の侵害として捉えた。一八九八年九月二七日、駐ハワイ米軍統括官チャールズ・キングは、ホノルル赤十字社に宛てた書簡で、「称賛と嘲笑」を交えながら、「婦人たち」の活動を非難した。(30) キングによれば、ある宿営地では、兵士が軍隊内で提供される食事には手をつけず、「日曜の昼頃、多数の日焼けした、元気で若い者たちが、あなたがたのパンとジャムを嬉々として食べていました」。キングはこれを規律違反と捉え、「あなたがたが兵士たちに時間と金を費やすことをもはや許可できません。これ以上の献身などなさらぬよう、彼らに代わって強く要請します」と通告した。(31) こうした非難に対して、一部の女性関係者は強く反発した。イリノイ州出身の赤十字看護師エセル・ヴァーノンは、ホノルルの米軍病院の杜撰な管理を「犯罪的な怠慢であり、アメリカ国民に対する恥辱」として告発し、軍医担当者の不始末のために、およそ一〇〇人の兵士の命が犠牲になったと主張した。「私たちの新たな植民地で、親切なアメリカ人女性が時折大きな犠牲を払いながら、良質な水と汚染のない食物を、腸チフスに罹った兵士たちに提供していなければ、もっと多くの命が犠牲になっていたことでしょう(32)」。

アメリカ併合に前後する転換期のハワイにおいて、ホノルル赤十字社の国際的地位は同群島とアメリカ本土の間で揺れ動いていた。国際赤十字運動の単一原則に基づくならば、アメリカ併合前の段階では、ホノルル赤十字社は形式上、アメリカの赤十字組織ではなく、ジュネーヴ条約未加盟のハワイ共和国における非公式人道支援団体であった。実際、ホノルル赤十字社は、米赤に支局として編入される以前、独立組織として国際赤十字運動に直接接触していた。一八九八年六月六日の創設会議の時点で、議長を務めた医師ウォーカー・マックスウェルは、「団体は国際協会によって認可を受けるはずだ」と指摘し、赤十字国際委員会に対してホノルル赤十字社の承認を求めるよう進言した。(33) 同社は設立後すぐに「ハワイの赤十字を国際機関の支部にする」ために、ジュネーヴの赤十字国際委員会本部に通知を送付する決定を下している。[34]その後、ハワイ群島のアメリカ併合に伴い、ホノルル赤十字社は米赤に編入されてハワイ支局となったため、結果的に赤十字国際委員会への承認要請は立ち消えになった。ただし、ホノルル赤十字社創設の時点では、同社は米赤に帰属しない独立赤十字社として構想されていた点を見落としてはならない。ホノルル赤十字社書記エミリー・P・デイは、この間の経緯について、同社設立から米赤編入に至る「それまでの間、私たちは一つの赤十字社として行動してきました」と説明している。[35]米西戦争後、米赤ハワイ支局（branch）は、支部（chapter）へと拡充・再編された。しかし、一九一一年一二月、同支部は平時の活動停滞を理由に一旦解体されることになった。[36]

二　第一次世界大戦と米赤ハワイ支部

第一次世界大戦は、ハワイの赤十字事業が再活性化する契機となった。一九一四年九月、ハワイ準州では戦争孤児・未亡人の救済を目的として、ハワイ戦時救護委員会（War Relief Committee of Hawaii）が設立された。同委員会は、ハワイ王国で司法長官を務めたウィリアム・R・キャッスルを議長として、総額一五万四千ドルの寄付を集めた。[37]一九一七年、アメリカの参戦後まもなく、戦時救護委員会は米赤のホノルル・ハワイ支部へと改組された。また同時期、ハワイ島には米赤ヒロ支部が設立され、カウアイ島リフエとマウイ島には米赤の補助機関（auxiliary）が設置された。こうして各島で始まった赤十字事業は、一九一八年三月一六日、米赤ハワイ支部に統合され、群島各地の事業はハワイ、マウイ、カウアイ、ホノルルの四支局の管轄に分割・再編された。米赤ハワイ支部は補助機関を廃止した一方で、ホノルルの支部事務局に寄付その他物品を直接送付する部隊（unit）を、西カウアイ、コハラ、コナ、ナアレフ、パハラに設置した。ハワイ支部長には元準州知事ジョージ・カーターが就任し、ウィリアムの息子で法律家のアルフレッド・L・キャッスルが書記・事務局長を務めた[38]。第一次世界大戦の総力戦体制下で、米赤ハワイ支部は準州の政治的有力者を執行部に迎え、ハワイ全島を網羅した戦時支援事業を展開した。

米赤ハワイ支部の活動は、群島内の多様な集団を巻き込んで進められた。支部婦人労働局は、包帯・病院用品・編物の製造と難民支援のために、国籍を問わず多くの女性を動員した。ハワイ支部の戦時活動報告書によれば、ハワイ王国元女王リリウオカラニが赤十字事業を支援して以来、旧王宮の広間は婦人労働局の作業のために提供され、「ハワイ人、中国人、日本人、イギリス人、フランス人、アメリカ人」等、様々な国籍の多くの女性が協力して「担当分の包帯と衣類を『あちら側』の兵士や難民に送ってきました[39]」。同局は、こうした協働が多様な集団間の社会的紐帯を強化する方向に作用したと評価している。「すべての国籍の者たちが、人道という偉大なる大義のために手を取り合いました。この仕事によって、準州はより良い場所になったはずです[40]」。一方で、ハワイ支部内でも、州兵その他の戦時動員者の家族支援業務を担当した民間援護局にとっては、群島の「国際色豊かな住民」構成が問題を生んだ。同局は、一時貸付金の手配等、一九一九年九月までに総計二三三九件に及んだ家族支援を、「ハワイ人、フィリピン人、日本人、中国人、ポルトガル人、その他地球上のほとんどあらゆる人種」に対応して実施しなければならなかった[41]。

米赤ハワイ支部は、群島内の多様な集団に対して、集団毎の個別対応を推進することで、赤十字事業への支持を広げていった。一九一九年五月の時点で、ハワイ支部の会員数は総計五万一一五九名に達していた（表1）。ハワイ支部が多様な集団を赤十字事業に組み入れ、短期間で急成長を遂げる上で、課題となったのが言語であった。例えば、ハワイ支部基地事業局は、一九一七年四月六日以降の米軍除隊者に対して六〇ドルの報奨金が支払われるという告知を、中国語・日本語・ポルトガル語・ハワイ語・「フィリピノ語」で印刷して発送するとともに、エスニック新聞にも各言語で告知文を掲載することで、各言語集団に伝達した。(42) ハワイ支部の会員募集活動でも、集団毎の多言語対応が進められた。カウアイ支局長ウォルター・マクブライドは、管轄地域内の農場で会員募集活動を行うにあたって、赤十字事業について説明した回状を日本語と

写真1　第一次世界大戦期のアメリカ赤十字ハワイ支部作業場の女性スタッフ（1918年頃）
第一次世界大戦からシベリア出兵に至る時期、アメリカ赤十字ハワイ支部は群島内の多様な集団を戦時救援事業に動員した。所蔵：Hawaii State Archives. Honolulu, Hawaii.

表1　第一次世界大戦期のアメリカ赤十字ハワイ支部会員数（1917年10月－1919年5月）

	オアフ島	ハワイ島	マウイ島	カウアイ島	モロカイ島	総計
会員数（人）	25,862	4,105	14,327	6,429	436	51,159

出　典：*Combined Report of the Executive Secretary and Field Representative, Hawaiian Chapter, American Red Cross, For the Period of the War* (Honolulu: Honolulu Star-Bulletin, 1919), 18.

「フィリピノ語」で用意するよう、支部事務局に対して依頼している。[43] 支部事務局は、広告代理店を介して回状を複数言語で作成・配布すると同時に、同様の宣伝文を『加哇新報』その他の地域新聞に掲載した。[44] また、現地での会員勧誘活動も、出身国・地域別に形成された各集団のネットワークに依存した。オアフ島の日本人移民に対する勧誘活動では、在ホノルル総領事諸井六郎の指揮下で、日本人委員会(Japanese Committee)が日本人自身の手で組織された。ホノルル市域の日本人移民に対する会員勧誘状況は、同委員会から支部事務局に直接報告された。市域外の農場における勧誘状況は、各地区委員長を経由して支部事務局に連絡された。中国人移民集団も、活動範囲はホノルル市域に限定されたものの、同様の委員会を設置して勧誘活動を行った。[45]

第一次世界大戦期のハワイでは、群島内の日本人移民集団の存在を背景として、日米両国の赤十字社の活動範囲が、国民・国家の境界を越えて重複した。[46] ハワイ準州では、日本人移民が十九世紀後半以降増加し、一九一七年には総数一〇万人を超えた。[47] 一九〇七年四月、日赤はハワイ特別委員部を設立し、在ホノルル日本総領事に特別委員長を委嘱した。ハワイ特別委員部は、一九〇七年末までに非日系人六二人を含む一七二七人の会員を集めた。[48] 一九一六年には、ハワイ群島における日赤会員総数は七千人を超えた。同年オアフ島で開催された特別委員部の会員総会では、「社員ノ参会シタルモノハ殆ト千名ニ及ビ非常ノ盛況ヲ呈シ」た。[49] 第一次世界大戦期のハワイでは、こうして日赤に組織化された日本人移民が、並行して米赤の活動にも動員された。アメリカの大戦参戦後、ホノルルの日本総領事は日赤の特別委員長を務めると同時に米赤の支部執行委員会役員を兼務した。[50] マウイ島の日本語紙『馬哇新聞』は、「同胞諸君は進んで[アメリカ]赤十字に応募せよ、是れ米国の募に応ずるは即ち連合軍を援くる為めなれば吾が日本帝国に尽すと何等撰ぶ所なく報国の誠心を発揮するは実に此機」と訴えた[51]。このようにハワイ群島の日本人移民は、日米両国の赤十字社によって動員され、双方の活動に従事した。ハワイの赤十字事業は、日米の狭間で国民・国家の境界を越えて展開したのである。

第一次世界大戦中、米赤ハワイ支部の事業拡大は、日本人移民コミュニティの協力を得ることで実現した。総領事諸井六郎の要請を受けて結成された日本人委員会は、委員長に就任したハワイ日系商工会議所会頭の指導下で、米赤ハワイ支部の戦時事業に対する日本人移民の支持を獲得していった[52]。同委員会は、薬局経営者の石井勇吉や医師の毛利伊賀等、日露戦争期からハワイで日赤の支援活動を推進してきた移民社会の有力者を委員に加えて、第一次世界大戦期には米赤の支援活動を支えた[53]。また、同委員会には布哇仏教青年会（Young Men's Buddhist Association）事務局長の村田龍一も参画し、米赤ハワイ支部の活動は本派本願寺をはじめとする群島内の日系仏教団体の支援も受けることになった[54]。そして、一九一八年五月六～一一日に実施された米赤ハワイ支部の第二回戦時資金獲得運動では、同委員会は日本人七八二九名から寄付金を集めている[55]。戦時資金獲得運動では、副領事夫人が代表を務めた日本婦人協会が中心となって、日本人女性が五月六日に開催された赤十字パレードに参加し、中国人女性とともに注目を集めた[56]。パレードを取材した『ホノルル・スター・バレティン』紙は、北太平洋の群島ハワイにおける赤十字事業の独特な様相を次のように描写している。「日本人女性たちの長く流れるような着物の装いと、赤十字の白い婦人帽を被った中国人たちのまるで男のような衣装は、東洋と西洋との違いを際立たせるとともに、星条旗に忠誠を誓う東洋人たちの人道主義の精神を引き立たせた[57]」。

ただし、ハワイの日本人移民一般への「人道主義の精神」の浸透については、一定の留保をつける必要がある。赤十字事業への寄付・奉仕は、「ドーゼ応募せざるべからざる事」であり[58]、必ずしも個人の自発的意志に基づいて行われたわけではなかった。例えば、オアフ島アイエアのホノルル農場会社では、賃金月額四〇ドル以上を稼ぐ労働者は月額の一％を、その他の労働者は月額一〇セントを賃金から天引きするかたちで、一九一八年五月から一二月まで米赤ハワイ支部に寄付することを「全員で合意した」[59]。米赤ハワイ支部は、アイエアの農場で働く人々がこの期間に月賦で支払う総額を、二四〇〇ドル以上と見積もっている[60]。しかし、この「合意」形成に、末端の農場労働者がどの程度関与できたのかは不明瞭である。また、ホノルルの輸入商会社長E・O・ホワイトは、「赤十字の忌避者は、兵役忌避者と同様にまったく悪質だ」と述べ、同社の全従業員に対して赤十字事業への寄付を説諭している[61]。戦時下のハワイでは、赤十字事業への協力は、人道主義の理念に基づく個人の自発的行為では必ずしもなく、社会的な義務として集団的に要請されたのである。

三　赤十字人道主義と社会統合／統制

第一次世界大戦期のハワイ赤十字事業は、日本人移民にとってアメリカへの忠誠を顕示する機会にもなった。一九一八年四月、ハワイ島ケアラケクアの日本人住民が結成した米日兵士保護連盟は、「この国に対する我々の忠誠と愛国心を示す」手段のひとつとして、赤十字事業への参加を掲げた[62]。移民たちは米赤の会員になることで、アメリカ社会の一員として公的に承認されることを期待した。大戦中、ハワイ支部事務局長アルフレッド・キャッスルは、ワシントンDCの米赤本部に対して、群島内の新規入会者に会員資格証書を付与するよう依頼している。その際、キャッスルは米赤本部に、「当地の東洋人たちにとって、ワシントンからの資格証書は、地元で署名されたどんな文書よりもはるかに効き目があるのです」と書き送った。[63] 一部の日本人移民は、赤十字事業を軍役に代わる戦争参加の代替的手段と考えていた。ハワイ島ヒロ在住のオカノ・タイキチは、選抜徴兵制度下で第一級に分類されたが、彼が実際に徴兵されることはなかった。「米国政府は、私が外国人（日本生まれの日本人）だから召集しないのだ」と考えたオカノは、米軍入隊に代わる戦争参加の手段として、米赤の戦時救護事業に志願した。オカノは米赤ハワイ支部宛ての書簡で、「アメリカ合衆国の赤十字」は「早い段階で戦場に赴く機会を私に与えてくれる」と考えたと率直な志望動機を伝えている。[64]

同様に戦時救護事業に志願した神田重英の経験は、米赤の組織上「特異な事例」となった。[65] 一九一八年五月、マウイ島ワイルクに住んでいた神田は、欧州戦線に赴いて米赤の救護事業に参加することを志願した。米赤ハワイ支部は、神田の申し出を「アメリカ人以外の服務は受け付けていない」として謝絶した。[66] 二一歳で日本からハワイに渡った神田は、志願当時四六歳になっていたが、アメリカ市民権を有していなかった。しかし、神田は諦めなかった。神田はハワイ支部長ジョージ・カーターを説得し、アメリカ本土に単身渡航して、米赤本部に欧州事業への参加を直訴した。カーターも、米赤本部宛ての書簡で「当地の日本人と、アメリカに対する彼らのいや増す忠誠」を説明し、神田の欧州救護団参加を許可するよう促している。[67] その後渡欧した神田は、最終的に在フランス米赤救護団への参加が認められた。[68] ただし、米赤の戦時救護に従事しながらも、神田の帰属意識には日米間の振幅がみられた。フランス・パリ滞在中の神田は、ハワイの日本語紙『馬哇新聞』への通信で、「当国にては私人としてに非らず米赤十字に参加致したる次第に候へば小生の一挙一動は悉く日・本帝国の名に関し候事なれば相当の資格は保ち行かざる可らず」と心境を語っている[69]。第一次世界大戦期、日本人移民のアメリカ帰化や市民権についての法的・政治的な議論の先行きは未だ不透明であった。アメリカ社会の成員資格に関する不明瞭さを背景として、神田をはじめとするハワイの日本人移民は、米赤戦時事業への参加・寄付を通じて居住国であるアメリカへの忠誠を示そうとした一方で、その帰属意識は日米の狭間で揺れ動いていた。

　アメリカ社会の成員資格をめぐる忠誠と承認の政治力学が作用する中で、ハワイの赤十字事業は人道支援の国際的装置から、群島内の多様な集団を統合・統制する地域的装置へと変化していった。第

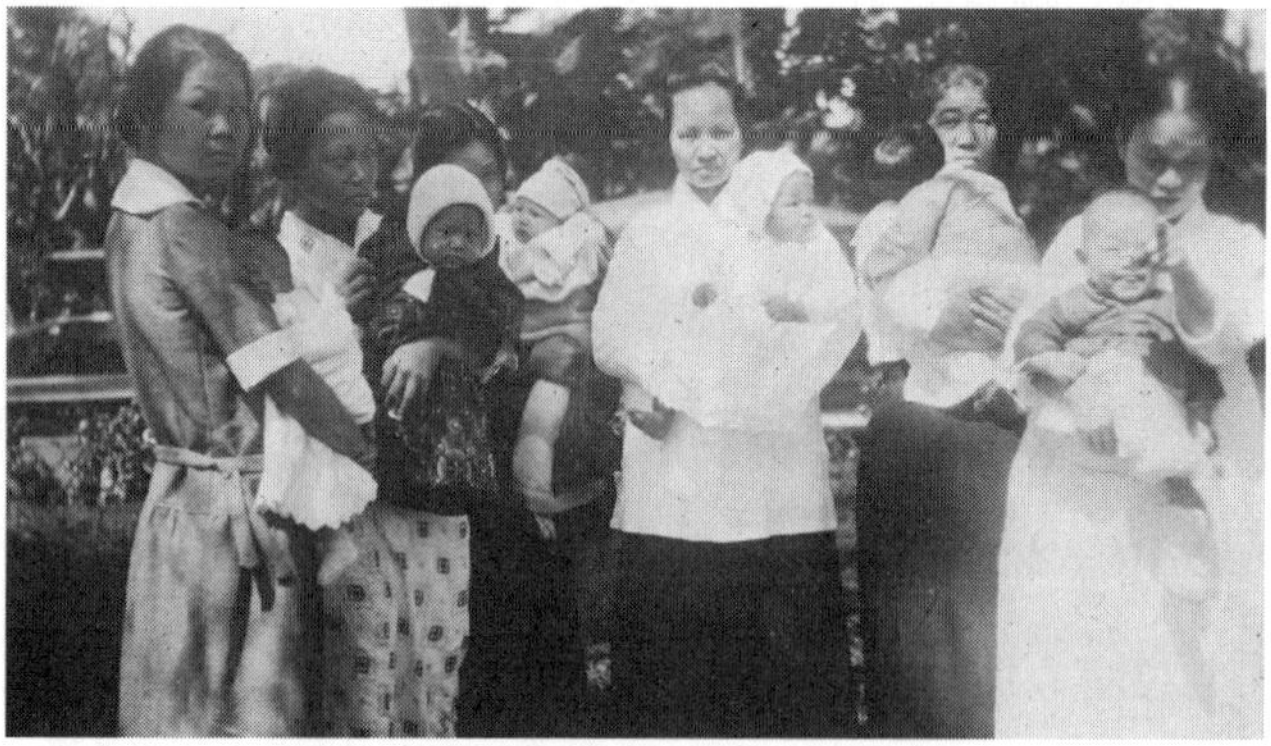

写真２　ハワイ島ヒロの赤十字育児相談会に参加するアジア人女性たち（1920年代）
所蔵：Library of Congress Prints and Photographs Division. Washington, DC.

表２　ハワイ島地域看護事業の集団別月間診療件数（1921年12月）

（人）

ハワイ人	87	フィリピン人	3	朝鮮人	1
日本人	198	アメリカ人	6	中国人	9
ポルトガル人	80	イギリス人	1	その他	15
プエルトルコ人	5	スペイン人	1		

出　典：Report of Catherine S. Bastin for the month of December 1921. Hawaii Branch, Hawaiian Chapter. RG200. Entry 783.3: Hawaiian Chapter. Health, General. National Archives and Records Administration, College Park.

一次世界大戦中、米赤ハワイ支部は戦時救護を共通の目的に据えることで、地域内の多様な集団を国民・国家の境界を越えて動員した。米赤ハワイ支部は「『あちら側』の兵士のためだけでなく、［準州内の］すべての諸国民のより緊密な協調のために働く」ことを自負し、戦時事業での協働経験が、人種・民族・国籍等で分断された諸集団を一つのハワイ社会に統合する契機になると考えた(70)。ただし、大戦が終結すると、ハワイ支部が戦時事業で企図した「諸国民のより緊密な協調」は、保健衛生分野を中心とする平時事業を通じて、群島内の諸集団に対する社会統制（social control）へと転換されていった。大戦後に開始された地域看護事業（community nursing）と青少年赤十字事業（Junior Red Cross）は、ハワイにおいて平時の赤十字事業が担った社会統制の機能を例示する。

第一次世界大戦後、ハワイ島ヒロで開始された米赤の地域看護事業は、赤十字の平時事業をめぐる国際的動向と地域的要請の双方を反映していた。一九一九年に創設された赤十字社連盟（League of Red Cross Societies）は、国際赤十字運動の活動領域を、戦時事業から平時事業へと拡大した。同連盟は、米赤戦時評議会議長ヘンリー・デイヴィソンの提唱の下、連合国赤十字各社の賛同によって設立され、国際連盟規約第二五条によって国際的に認証された(71)。従来の赤十字国際委員会が戦時救護を中心に活動したのに対して、新設の赤十字社連盟は、「健康の増進、疾病の予防、困苦の緩和」を標榜して(72)、保健衛生分野に重点化した平時事業を推進した。そして、アジア太平洋地域では、日米の赤十字社が同連盟の方針に沿って、両国の勢力圏を中心に各地で保健衛生事業を牽引した(73)。ハワイの地域看護事業は、こうした国際的動向の影響下で開始された一方で、諸集団の垣根を越えた保健衛生水準の向上という地域的要請を受けて進展した。大戦後、米赤ハワイ支部はハワイ島福祉局の依頼を受けて、同島ヒロ市内を中心に地域看護事業を始動させた。一九二〇年一二月、ハワイ島で米赤の地域看護事業を推進するために、公衆衛生看護師キャサリン・バスティンがアメリカ本土から着任した(74)。バスティンが「この自給自足で、保守的で、世界の外側のような町」と形容したヒロには、サトウキビ農場で働くアジア人移民が集住していた(75)。同地の地域看護事業は、こうした移民集団を実質的な対象として実施された（表2）。

ハワイ島における地域看護事業は、移民集団の生活環境への介入を伴った。ヒロに赴任したバスティンはまず、市内の公立学校で生徒の健康調査を実施し、各校に診療所を設置した。生徒・児童の診療は、彼らの生活習慣に干渉し、保護者を含む家庭環境に介入する機会を看護師に提供した。バスティンは米赤本部宛の書簡で「私は生徒を個別に診療するだけでなく、できるかぎり両親や保護者にも会うようにしました。これが家庭への入口となったのです」と説明している(76)。ただし、移民の家庭生活への干渉・介入は困難を伴った。バスティンによれば、「東洋人には、我々とは異なる多くの慣習があり」、例えば「日本人は理解があり、子どもたちの健康に注意を払う気がある」一方で、「アメリカ的な考え方には心を開いていな」かった(77)。バスティンの後任看護師ヴェラ・ラシュは、移民家庭の消極的抵抗に直面した。ラシュは、ヒロ市内の診療所で育児相談会を毎月開催し、低体重児の経過観察を定期的に行った。低体重児の氏名は一覧表にして壁に貼り出され、経過観察で標準体重に達した乳幼児は、氏名に赤い取消線が引かれ、その横に「正常（normal）」と記入された(78)。しかし、こうした育児の管理と標準化は、移民世帯に必ずしも受容されなかった。例えば一九二三年三月、育児相談会の新規登録児は一名のみ、医療相談会を訪れた母親も一名にとどまった。ラシュは「母親の何人かは出席を約束していたのですが、彼女たちに関心をもたせるのはとても難しいのです」と弁明している(79)。日本人移民の多くは、疾病の際は日本人医師による治療を選択した。ある日本人女児は、「資金がすべて尽きたことで」ようやく米赤の診療所を訪れている。[80] このようにハワイ島の地域看護事業は、保健衛生という医療的問題の背後に、移民集団をめぐる介入と抵抗の政治力学をはらんでいた。

米赤ハワイ支部の平時事業は、集団間の垂直的な階層秩序を補完する役割を果たした。一九二二年にハワイ教師協会の協力の下で開始された青少年赤十字事業は、まもなく群島内のほぼ一〇〇％の学校生徒を無料会員として動員し、移民児童を主対象として赤十字理念の啓蒙・普及活動を展開した。[81] ハワイにおける青少年赤十字事業は、保健教育や奉仕や協調等の基本理念の教化を通じて、アメリカ市民権をもつ移民二世児童に対してアメリカ社会の文化・規範を伝達し、彼らの同化を促進する役割を果たすと考えられた。米赤ハワイ支部は青少年赤十字事業について、「アメリカ化という観点でみたとき、良きシティズンシップに関するこの訓練は、ハワイにおいて事業の価値を計り知れないものにする」と主張している。[82] 毎月各学校で配布される『青少年赤十字ニュース』その他の補助教材は、都市部から離れた農場周辺の公立学校に通う移民児童にとって、英語学習の副読本になるとともに、「アメリカ化のための効果的な働き」が期待された。[83] ただし、ハワイ支部事務局長マーサ・アームストロングは、青少年赤十字事業における白人と非白人の分離に注意を促している。アームストロングによれば、白人児童が通う「私立学校で設立される青少年事業は、公立学校［の事業］からは全く独立していなければならない」。[84] 私立学校に子どもを通わせる白人世帯は、非白人の移民児童が通う公立学校が、自身が納めた税金で維持されることに強く反発していた。そのため、「『ハオレ』の学校で東洋人児童のために資金を集めるあらゆる事業は、少なくとも納税者には、特に不人気」となった。[85] このように青少年赤十字事業は、一方では公立学校を舞台に移民二世のアメリカ社会への同化を促しつつ、他方では白人児童と非白人児童の人種的・階級的な階層秩序を補強した。

青少年赤十字事業のこうした展開は、非白人移民の法的・社会的地位に関するハワイ社会の認識が、アメリカ本土とは異なっていたことを示唆している。二十世紀初頭、アメリカ本土では、日本人移民に対する排斥運動が激化していた。一九二二年のオザワ判決から一九二四年の排日移民法制定に至る帰化・移民法制の結果、日本人移民一世は「帰化不能外国人」として、法的にはアメリカ市民権の埒外に置かれた。また、日本人移民が集住したカリフォルニア州では、移民の土地所有・借地権を制限・禁止する外国人土地法が成立する等、日本人移民に対する社会経済的な圧迫も強められた。同じ時期、アメリカ本土では、東南欧系移民を主対象として、アメリカ社会・文化への移民の同化を促す所謂アメリカ化運動が各地で実施された。これに呼応して、一部の日本人移民は「米化」運動を独自に推進した。しかし、本土社会では日本人移民の同化能力は人種的観点から疑問視され、一般的なアメリカ化運動の対象には必ずしもならなかった[86]。これに対して、一九二〇年代のハワイにおける青少年赤十字事業は、先述の通り二世児童を中心として、日本人移民をアメリカ化運動の主対象に位置づけていた[87]。ハワイにおいて、日本人移民は人口構成上の多数派であり、基幹産業の労働力として群島の社会経済的発展を支えていた。アームストロングは、青少年赤十字事業を通じて移民のアメリカ化を促し、支配的な文化・制度の下で諸集団が協調するハワイ社会を実現することが、「利他的な動機はなくても、群島の経済的発展にとって絶対的に必要である」と率直に認めている[88]。そして、諸国民の協調と連帯を謳う赤十字人道主義は、様々な移民集団を人種的に階層化しつつ、ハワイの社会・経済構造に組み込むための理念的装置として作用した。「奉仕の精神と好感情を異なる国籍の子どもたちの間で育む」という青少年赤十字の国際的理念は[89]、各国の児童・生徒間の国際的な交流と相互理解の涵養という当初の事業目的を超えて、地域内の多様な集団をハワイ社会の階層秩序に編入する地域的機能を担ったのである。

おわりに

北太平洋の群島ハワイにおいて赤十字事業は、国民・国家の境界を越えて多様な集団が協働する一つの契機となった。ハワイ赤十字事業は、群島のアメリカ併合に前後する米西戦争期、国民・国家の単一性を前提とするジュネーヴ条約の埒外で開始された。また、日米両国の赤十字社の活動範囲が重複し、日本人移民が両社の活動に動員されたハワイ赤十字事業の実態は、従来の国際赤十字運動が前提としてきた一国一社の単一原則から乖離していた。そして、こうした特異な事業環境を背景として、赤十字人道主義はハワイ準州において、社会的な統合と統制の装置として機能するようになったのである。

一九二〇年代に至るハワイの赤十字事業は、人道主義をめぐる法文化圏の歴史的変動を反映していた。法文化とは、実定的な法と法制度を支える共有された文化的基盤を指す包括的範疇である[90]。そして、法文化圏とはこの共有の範囲であり、その理念的・空間的な拡がりは時代とともに変化する。人道主義(humanitarianism)の思想は、西洋自然権思想の「人間」(humanity)観念を出発点とし、他者の困苦に対して同じ「人間」として同情する「共感の動員」を理念的支柱に据えて、十九世紀以降の欧州諸国で普及した[91]。ただし、十九世紀前半の人道支援事業の多くは、奴隷制廃止運動や宗教伝道、植民地社会事業等を中心として、海外植民地の奴隷・原住民に対する遠距離擁護活動（long-distance advocacy）の形態をとった。[92] そのため、これらの人道支援事業は、関連する帝国法制の拡充と連動しつつ、欧州地域を越える広域的な法文化圏を形成した。これに対して、十九世紀後半に開始された国際赤十字運動は当初、赤十字国際委員会の承認を受けた「文明国」間の戦時救護を目的としていた。[93] その結果、赤十字人道主義の法文化圏は一部の例外を除いて、ジュネーヴ条約を批准可能な国民・国家制度を整備した欧米諸国を中心として、限定的に形成された。しかし、第一次世界大戦中に植民地の人的・物的資源が赤十字の戦時救護事業に動員され、戦後には非欧米地域でも赤十字組織の設立が相次いだ。[94] こうして一九二〇年代、国際赤十字運動が欧米地域の外部へと地理的に拡張された結果、国民・国家を制度的基盤とした旧来の赤十字人道主義の法文化は、各地の植民地的状況下で変容を迫られることになった。本章が分析対象としたハワイの事例は、赤十字人道主義をめぐる法文化圏が非欧米地域に拡大していく二十世紀前半のこのような国際的動向と、その帰結を先駆的に反映していた。

アメリカの「法と社会」に関する近年の歴史研究は、国境を越えた法文化の連関と、境界地帯におけるその変容が、アメリカの法制度全体に対して与えた影響を指摘している。植民地期以来、北米大陸各地の法制度は、イギリスをはじめとする複数の帝国の影響下で多元的に構築されてきた。[95] 欧州・アフリカ・南北米大陸を結ぶ人・モノの移動と植民は、大西洋を跨いだ法文化の国際連関を引き起こすとともに、既存の地域的な法文化を変容させる「法の翻訳」が各地で生じた。[96] 欧州起源の諸法は、先住民との折衝等、南北米大陸の社会環境の中で再文脈化され、異なる解釈を付与された一方で、翻って欧州その他地域の法文化にも影響を及ぼした。[97] このような法文化の転用／横領（appropriation）は、奴隷制度が全国的に政治争点化した十九世紀半ばにも顕在化した。深南部における黒人の訴訟行動を分析したキンバリー・ウェルチは、黒人原告が私有財産権を重要視する既存の法文化を逆手にとり、財産所有権者として訴訟を起こすことで、白人が支配的な法廷で自らの権利を主張したことを明らかにしている。[98]また、境界地帯における法文化の衝突と変容は、奴隷制度自体の動揺を引き起こした。アン・トゥイティは、彼女が「アメリカの合流点」と呼ぶ奴隷州と自由州の境界地帯における黒人奴隷の移動と、それに起因する自由身分確認訴訟が、奴隷制度をめぐる新たな法文化を創出したと指摘する。[99]さらに、アメリカ社会は十九世紀を通じて、国内市場経済が拡充する過程で固有の法文化を創出した一方で、二十世紀初頭の労働立法運動が端的に示すように、市場経済の規制・管理は、大西洋を越えた法文化の国際連関の中で議論された。[100]このように二十世紀に至るアメリカの法制度は、異なる法文化の広域的な連関と、その局地的な衝突・変容を契機として形成されてきた。日米の勢力圏が重複する境界地帯で、人道主義の国際的潮流と社会統合の地域的要請が交差したハワイの事例は、その意味でアメリカ法制史の例外ではなく、むしろその基本的構造を引き継いでいた。

アジア太平洋地域における国際赤十字運動の展開は、人道主義の法文化が二十世紀を通じて地球規模で変容していく一つの起点となった。第一次世界大戦前後、アジア太平洋地域へと拡張された国際赤十字運動は、域内各地の植民地的状況を背景として、国民・国家の制度的枠組を超えた人道支援事業を展開した。[101]しかし一九二〇年代半ば以降、同地域における赤十字事業の社会的影響力は急速に低下した。一九二五年に国際連盟保健機関の伝染病情報局がシンガポールに設置されて以降、赤十字社連盟の保健衛生事業は教育・普及活動へと限定されていった。[102]ハワイにおける赤十字事業も縮小を余儀なくされた。国際的な協力・

協調の場面では、汎太平洋連合（Pan Pacific Union）や後続する太平洋問題調査会（Institute of Pacific Relations）が台頭した。[103]その一方で、大戦後に赤十字事業が担った地域的な社会統合・包摂の役割は、公立学校その他の現地組織が果たすようになった。米赤ハワイ支部は、一九三〇年代までに大半の事業を休止した「骨組みだけの組織」となり、その活動は実質的に軍事基地関連事業に限定された。[104]さらに、一九四九年のジュネーヴ諸条約とその後の一連の追加議定書は、人道主義の道義的責務を、主権国家の法的責務として国際人道法の枠内で規定した。こうして第二次世界大戦後、人道主義の法文化は国民・国家の制度的枠組に回収されたかにみえた。しかし、二十世紀後半の国際情勢の変化とともに、人道主義の法文化は再び動揺する。同時期、「第三世界」の脱植民地化が進行した結果、新興独立国に対する人道支援に国際機関や国外の支援団体等、非国家主体が介在する事例が増加した。[105]また、ルワンダ虐殺やコソボ紛争等、一九九〇年代の紛争形態の変化は、緊急時の「人道的介入」を通じて国家主権が相対化される事態を発生させた。[106]二十世紀の国際政治史を長期的視座から振り返るとき、世紀初頭のアジア太平洋地域は、赤十字人道主義の法文化が国民・国家の境界を越えて拡張される歴史的淵源であったと言えよう。

【注】

（1）Opening Address of Chairman E. D. Tenney, Esq., at the Hawaiian Chapter of the American Red Cross, 18 November 1918. RG200 : Records of American National Red Cross, Entry 783.2ah: Hawaiian Chapter, History. National Archives and Records Administration (NARA), College Park, MD.

（2）"The Membership of 33,000 and What It Means." Report No. 5, submitted by Mr. and Mrs. Frank N. Doubleday, 29 December 1917. RG 200, Entry 783.2: Hawaiian Chapter, Organization and Administration. NARA, College Park. 牧田義

也「人道・帝国・植民地――第一次世界大戦期のアジア太平洋地域における国際赤十字運動」『人道研究ジャーナル』八巻（二〇一九年）五〇―五一頁を参照。

（3）Report of the Department of Women's Work, Hawaiian Chapter, 18 November 1918. RG200, Entry 783.2, NARA, College Park.

（4）牧田義也「人道と人権――歴史的視座の課題と展望」『歴史評論』八四四号（二〇二〇年）五―一五頁。なお、同運動の現在の呼称は、国際赤十字・赤新月運動。

（5）国際赤十字運動の歴史については以下を参照。John F. Hutchinson, *Champions of Charity: War and the Rise of the Red Cross* (Boulder: Westview Press, 1996); Pierre Boissier, From Solferino to Tsushima: History of the International Committee of the Red Cross (Geneva: Henry Dunant Institute, 1985); André Durand, *From Sarajevo to Hiroshima: History of the International Committee of the Red Cross* (Geneva: Henry Dunant Institute, 1984); Michael Barnett and Thomas G. Weiss, *Humanitarianism Contested: Where Angels Fear to Tread* (London and New York: Routledge, 2011); and François Bugnion, *The International Committee of the Red Cross and the Protection of War Victims* (Geneva: Macmillan, 2012).

（6）Resolutions of the Geneva International Conference. Geneva, 26-29 October 1863. 初期赤十字組織の国際法上の地位については、河合利修「政府の人道分野における補助機関としての赤十字社と日本赤十字社」『人道研究ジャーナル』二巻（二〇一三年）、九七―九八頁、井上忠男「訳者による解説」ジャン・ピクテ（井上訳）『解説赤十字の基本原則――人道機関の理念と行動規範』（東信堂、二〇一六年）一一五―一二二頁。

（7）Convention for the Amelioration of the Condition of the Wounded in Armies in the Field. Geneva, 22 August 1864.

（8）Convention for the Amelioration of the Condition of the Wounded and Sick in Armies in the Field. Geneva, 6 July 1906.

（9）Hutchinson, *Champions of Charity*, 202-78. See also Christopher Capozzola, *Uncle Sam Wants You: World War I and the Making of the Modern American Citizen* (New York: Oxford University Press, 2008), 99.

（10）Proclamation of the Fundamental Principles of the Red Cross, the Twentieth International Red Cross Conference,

Vienna, 1965; Jean Pictet, *The Fundamental Principles of the Red Cross: Commentary by Jean Pictet* (Geneva: Henry Dunant Institute, 1979).

(11) 牧田「人道・帝国・植民地」。同「広域圏・国際連関・越境空間――国際的視座の課題と展望」『歴史評論』七九二号（二〇一六年）五一一八頁。

(12) 註４参照。こうした研究動向の中で、二十世紀転換期に急成長を遂げた日本赤十字社の歴史は、例外的に注目を集めてきた。See Hutchinson, *Champions of Charity*, 203-24; 黒沢文貴・河合利修編『日本赤十字社と人道援助』（東京大学出版会、二〇〇九年）、Oliver Checkland, *Humanitarianism and the Emperor's Japan, 1877-1977* (London: St. Martin's Press, 1994); and Sho Konishi, "The Emergence of International Humanitarian Organization in Japan: The Tokugawa Origins of the Japanese Red Cross," *American Historical Review* 119, no. 4 (October 2014): 1129-53. また、中国における赤十字組織に関する初期の動向については、Caroline Reeves, "From Red Crosses to Golden Arches: China, the Red Cross, and the Hague Peace Conference, 1899-1900," in *Interactions: Transregional Perspectives on World History*, ed. Jerry H. Bentley, Renate Bridenthal and Anand A. Yang (Honolulu: University of Hawai'i Press, 2005), 64-93.

(13) See for example Marian Moser Jones, *The American Red Cross from Clara Barton to the New Deal* (Baltimore: Johns Hopkins University Press, 2013); Julia F. Irwin, *Making the World Safe: The American Red Cross and a Nation's Humanitarian Awakening* (New York: Oxford University Press, 2013); Heather Jones, "International or Transnational?: Humanitarian Action during the First World War," *European Review of History* 16, no. 5 (October 2009): 697-713; and John Branden Little, "Band of Crusaders: American Humanitarians, the Great War, and the Remaking of the World," Ph.D. diss., University of California, Berkeley, 2009; Little, "An Explosion of New Endeavours: Global Humanitarian Responses to Industrialized Warfare in the First World War Era," *First World War Studies* 5, no. 1 (2014): 1-16.

(14) Caroline Reeves, "American Red Cross as Agent of U.S. Expansion," in *Imperialism and Expansionism in American History: A Social, Political, and Cultural Encyclopedia and Document Collection*, vol. 3, ed. Chris J. Magoc and David Bernstein (Santa Barbara: ABC-Clio, 2015), 895-97.

(15) Yoshiya Makita, "The Ambivalent Enterprise: Medical Activities of the Red Cross Society of Japan in the Northeastern Region of China during the Russo-Japanese War," in *Entangled Histories: The Transcultural Past of Northeast China*, eds. Ines Prodoehl, Frank Gruener, and Dan Ben-Canaan (London: Springer, 2013), 189-203; and "The Alchemy of Humanitarianism: The First World War, the Japanese Red Cross, and the Creation of an International Public Health Order," *First World War Studies* 5, no. 1 (2014): 117-29.

(16) *Pacific Commercial Advertiser*, 7 June 1898.

(17) R. R. Shepardson, Historical Officer, to R. D. Jameson, Consultant Historian, 30 October 1947. RG200. Entry 161.1: Hawaiian Red Cross Society (Beginnings of Red Cross in Hawaii, 1898-1912). NARA, College Park.

(18) *Independent*, 7 June 1898.

(19) Shepardson to Jameson, 30 October 1947.

(20) Shepardson to Jameson, 30 October 1947; *Pacific Commercial Advertiser*, 7 June 1898.

(21) *Hawaiian Gazette*, 10 June 1898.

(22) *Pacific Commercial Advertiser*, 13 June 1898; *Hawaiian Gazette*, 14 June 1898.

(23) *Pacific Commercial Advertiser*, 13 June 1898; *Hawaiian Gazette*, 14 June 1898.

(24) Marge F. Maroni to the president of the American Red Cross, 8 July 1898. Clara Barton Papers, Series: Red Cross File, 1863-1957, Box 122, Folder: Auxiliaries and Memberships. Correspondence, January-July 1898.

(25) Shepardson to Jameson, 30 October 1947; *Pacific Commercial Advertiser*, 16 and 23 August 1898.

(26) See for example *Evening Bulletin*, 17 June 1898; *Hawaiian Star*, 16, 17 and 18 June 1898.

(27) *Pacific Commercial Advertiser*, 14 August 1898.

(28) *Hilo Daily Tribune*, 2 July 1898.

(29) *Pacific Commercial Advertiser*, 5 August 1898.

(30) Shepardson to Jameson, 30 October 1947.

（31）*Pacific Commercial Advertiser*, 5 October 1898.
（32）*Pacific Commercial Advertiser*, 1 July 1899.
（33）*Pacific Commercial Advertiser*, 7 June 1898.
（34）*Pacific Commercial Advertiser*, 9 June 1898.
（35）Emily Parker Day to the president of the American Red Cross, 19 July 1898. Clara Barton Papers, Series: Red Cross File, 1863-1957, Box 122, Folder: Auxiliaries and Memberships. Correspondence, January-July 1898.
（36）Chairman of the Central Committee, the American Red Cross, to H. G. Dillingham, Secretary, Hawaiian Chapter, 26 February 1912; H. G. Dillingham to Charles L. Magee, 22 January 1912. RG200. Entry 783: Hawaiian Chapter. NARA, College Park.
（37）Report of Hawaiian Chapter for Quarter Ending March 31st, 1918（7 May 1918）, 1. RG200. Entry 783.2ah: Hawaiian Chapter, History. NARA, College Park.
（38）Report of Hawaiian Chapter for Quarter Ending March 31st, 1918, 1-2.
（39）*Combined Report of the Executive Secretary and Field Representative, Hawaiian Chapter, American Red Cross, For the Period of the War* (Honolulu: Honolulu Star-Bulletin, 1919), 5. なお、リリウオカラニは第一次世界大戦のさなか、一九一七年一一月一一日に死去した。
（40）*Combined Report of the Executive Secretary and Field Representative*, 4.
（41）*Combined Report of the Executive Secretary and Field Representative*, 10-11.
（42）*Combined Report of the Executive Secretary and Field Representative*, 12-13.
（43）W. D. McBryde to George R. Carter, 11 April 1918. M-414: Red Cross, Folder 4: Correspondence: McBryde, W.D., Hawaii State Archives.
（44）George R. Carter to W. D. McBryde, 20 April 1918; E. Catherine Judd to McBryde, 23 April 1918. M-414, Folder 4, Hawaii State Archives.

（45）"Instructions for Red Cross Drive," n.d., c.May 1918. M-414, Folder 10: Organization, Administration, etc., Hawaii State Archives.

（46）牧田「人道・帝国・植民地」五一—五二頁。

（47）飯田耕二郎「ハワイにおける日本人の居住地・出身地分布——一八八五年と一九二九年」『人文地理』四六巻一号（一九九四年）八七頁参照。

（48）日本赤十字社『日本赤十字社史稿』（日本赤十字社、一九一一年）二七九頁。

（49）「布哇特別委員部より社員総会の状況報告」日本赤十字社文書B-一四一一——二七八八、日本赤十字豊田看護大学赤十字史料室。

（50）Alfred L. Castle to James G. Blaine, 13 September 1917; Alfred L. Castle to Elliot Wadsworth, 3 July 1917. RG200. Entry 783.2ah. NARA, College Park.

（51）『馬哇新聞』一九一八年五月七日。

（52）K. Yamamoto to James A. Rath, 20 April 1918. M-414, Folder 9: Correspondence: S to Y, Hawaii State Archives.

（53）Memorandum on the Japanese Committee for American Red Cross Campaign, n.d. M-414, Folder 9; and Iga Mori to James A. Rath, 21 April 1918. M-414, Folder 5: Correspondence: M to R, Hawaii State Archives.

（54）Y. Imamura to George R. Carter, 25 April 1918. M-414, Folder 3: Correspondence: D to L, Hawaii State Archives.

（55）*Honolulu Star-Bulletin*, 14 May 1918.

（56）K. Yamamoto to James A. Rath, 4 May 1918. M-414, Folder 9, Hawaii State Archives.

（57）*Honolulu Star-Bulletin*, 6 May 1918.

（58）『馬哇新聞』一九一八年五月三日。

（59）James Gibb to James Rath, 10 May 1918. M-414, Folder 3, Hawaii State Archives.

（60）James Rath to James Gibb, 11 May 1918. M-414, Folder 3, Hawaii State Archives.

（61）E. O. White to the Committee for the Second Drive, 7 May 1918. M-414, Folder 3, Hawaii State Archives.

（62）American-Japanese Soldiers' Protective Union, "Declaration," Kealakekua, Hawaii, n.d., c.April 1918. M-414, Folder 1: Correspondence: A to Cr, Hawaii State Archives. See also *Honolulu Star-Bulletin*, 27 April 1918.

（63）Alfred L. Castle to James G. Blaine, 13 September 1917. RG200. Entry 783.2ah. NARA, College Park.

（64）Taikichi Okano to George R. Carter, 27 May 1918. M-414, Folder 5: Correspondence: M to R, Hawaii State Archives.

（65）George R. Carter to Otis H. Cutler, 16 May 1918. M-414, Folder 2: Correspondence: Cutler, O.H., Hawaii State Archives. 神田重英の来歴については、飯田耕二郎「香蘭女塾と神田重英」沖田行司編『ハワイ日系社会の文化とその変容——一九二〇年代のマウイ島の事例』（ナカニシヤ出版、一九九八年）八四—一〇五頁参照。

（66）Carter to Cutler, 16 May 1918. See also Rev. Rowland B. Dodge to George R. Carter, 13 May 1918. M-414, Folder 3, Hawaii State Archives.

（67）Carter to Cutler, 16 May 1918; and a letter of Recommendation for Shigehusa Kanda, 16 May 1918. M-414, Folder 2, Hawaii State Archives.

（68）*Combined Report of the Executive Secretary and Field Representative*, 21-22.

（69）『馬哇新聞』一九一八年一〇月四日。強調点引用者。

（70）Report of the Department of Women's Work, Hawaiian Chapter, 18 November 1918.

（71）Hutchinson, *Champions of Charity*, 285-345; Clyde E. Buckingham, *For Humanity's Sake: The Story of the Early Development of the League of Red Cross Societies* (Washington, DC: Public Affairs Press, 1964); and Bridget Towers, "Red Cross Organisational Politics, 1918-1922: Relations of Dominance and the Influence of the United States," in *International Health Organisations and Movements, 1918-1939*, ed. Paul Weindling (Cambridge: Cambridge University Press, 1995), 36-55.

（72）*Bulletin of the League of Red Cross Societies* 1, no. 1 (15 May 1919), 4.

（73）牧田「人道・帝国・植民地」五五—五七頁。

（74）Annual Report of American Red Cross Nursing Service, Hawaii Branch, November 15, 1920 to December 1, 1921; and

Report of Red Cross Public Health Nurse, January 1, 1921 to July 1, 1921. Hawaii Branch, Hawaiian Chapter. RG200. Entry 783.3: Hawaiian Chapter. Health, General. NARA, College Park.

（75）Catharine S. Bastin to Elizabeth G. Fox, n.d. RG200. Entry 783.3. NARA, College Park.

（76）Bastin to Fox, n.d. 強調点引用者。

（77）Report for the month of December 1921. Hawaii Branch, Hawaiian Chapter. RG200. Entry 783.3. NARA, College Park.

（78）Report for the month of March 1923. Hawaii Branch, Hawaiian Chapter. RG200. Entry 783.3. NARA, College Park.

（79）Report for the month of March 1923. Hawaii Branch, Hawaiian Chapter.

（80）Report for the month of January 1923. Hawaii Branch, Hawaiian Chapter. RG200. Entry 783.3. NARA, College Park.

（81）Memorandum on the Junior Red Cross Activities in Hawaii, c.December 1922. RG200. Entry 783.4. Hawaiian Chapter. Junior Red Cross. NARA, College Park.

（82）Memorandum on the Junior Red Cross Activities in Hawaii, c.December 1922.

（83）Memorandum on the Junior Red Cross Activities in Hawaii, c.December 1922.

（84）Martha G. Armstrong to Arthur W. Dunn, 15December 1921. RG200. Entry 783.4. NARA, College Park.

（85）Armstrong to Dunn, 15December 1921.

（86）松本悠子『創られるアメリカ国民と「他者」――「アメリカ化」時代のシティズンシップ』（東京大学出版会、二〇〇七年）二二七―七三頁。

（87）ハワイにおける日本人移民の「アメリカ化」と「米化」については、藤原孝章「日系市民と米化」沖田編『ハワイ日系社会の文化とその変容』一五六―八三頁、及び同書各章の関連記述を参照。

（88）Armstrong to Dunn, 15December 1921.

（89）Armstrong to Dunn, 15December 1921.

（90）法文化の定義は、Lawrence M. Friedman, "The Concept of Legal Culture: A Reply," in *Comparing Legal Cultures* ed. David Nelken (London and New York: Routledge, 2016 [1997]), 34を参照。See also Roger Coterrell, "The Concept of Legal

Culture," *Comparing Legal Cultures*, ed. Nelken, 13-31; David Nelken, "Thinking about Legal Culture," *Asian Journal of Law and Societiy* 1 (2014): 255-74; and Alberto Febbrajo, ed., Law, Legal Culture and Society: Mirrored Identities of the Legal Order (London and New York: Routledge, 2019).

(91) 近代西洋における「人間」観念については、Ruti G. Teitel, "For Humanity," *Journal of Human Rights* 3, no. 2 (June 2004): 225-37, esp. 225-26; and Fabian Klose and Mirjam Thulin, eds., *Humanity: A History of European Concepts in Practice from the Sixteenth Century to the Present* (Göttingen: Vandenhoeck & Ruprecht, 2016).「共感の動員」については、Richard Ashby Wilson and Richard D. Brown, "Introduction," in *Humanitarianism and Suffering: The Mobilization of Empathy*, ed. Wilson and Brown (Cambridge: Cambridge University Press, 2009), 4-18. See also Thomas W. Laqueur, "Mourning, Pity, and the Work of Narrative in the Making of 'Humanity'," in *Humanitarianism and Suffering*, 31-57, esp. 41-45.

(92) Peter Stamatov, *The Origins of Global Humanitarianism: Religion, Empires, and Advocacy* (New York: Cambridge University Press, 2013); Margaret Abruzzo, *Polemical Pain: Slavery, Cruelty, and the Rise of Humanitarianism* (Baltimore: Johns Hopkins University Press, 2011); Andrew Porter, "Trusteeship, Anti-Slavery, and Humanitarianism," in *The Nineteenth Century*, vol. III of *Oxford History of the British Empire* (Oxford, UK: Oxford University Press, 1999), 198-221; and Alan Lester and Fae Dussart, eds., *Colonization and the Origins of Humanitarian Governance: Protecting Aborigines across the Nineteenth-Century British Empire* (Cambridge: Cambridge University Press, 2014).

(93) Makita, "The Ambivalent Enterprise," 192-96. 文明標準については、Gerrit W. Gong, *The Standard of "Civilization" in International Society* (Oxford: Clarendon Press, 1984); and Prasenjit Duara, "The Discourse of Civilization and Pan-Asianism," *Journal of World History* 12 (2001): 99–130. また、特にハワイの法文化と文明化論の関係は、Sally Engle Merry, *Colonizing Hawai'i: The Cultural Power of Law* (Princeton, NJ: Princeton University Press, 2000).

(94) Makita, "The Alchemy of Humanitarianism," 122-25.

(95) Hamar Foster, Benjamin L. Berger, A. R. Buck, eds., *The Grand Experiment: Law and Legal Culture in British Settler*

Societies（Vancouver: University of British Columbia Press, 2008）; and Lauren Benton and Richard J. Ross, eds., *Legal Pluralism and Empires, 1500-1850*（New York: New York University Press, 2013）.

（96）Foster, Berger, and Buck, "Introduction: Does Law Matter? The New Colonial Legal History," in *The Grand Experiment* ed. Foster, Berger, and Buck, 8.

（97）Saliha Belmessous, ed., *Native Claims: Indigenous Law against Empire, 1500-1920*（New York: Oxford University Press, 2012）; Yanna Yannakakis, "Beyond Jurisdictions: Native Agency in the Making of Colonial Legal Culture," *Comparative Studies in Society and History* 57, no. 4（2015）:1070-82; Kristalyn Marie Shefveland, "The Many Faces of Native Bonded Labor in Colonial Virginia," *Native South* 7（2014）: 68-91; Warren M. Billings and Brent Tarter, eds., *"Esteemed Bookes of Lawe" and the Legal Culture of Early Virginia*（Charlottesville, VA: University of Virginia Press, 2017）. デイヴィッド・アーミテイジが指摘する独立宣言の世界史的な影響は、北米大陸から欧州その他地域への法文化の再伝播としても理解できる。David Armitage, The Declaration of Independence: A Global History（Cambridge, MA: Harvard University Press, 2007）.

（98）Kimberly M. Welch, *Black Litigants in the Antebellum American South*（Chapel Hill, NC: University of North Carolina Press, 2018）.

（99）Anne Twitty, *Before Dred Scott: Slavery and Legal Culture in the American Confluence, 1787-1857*（New York: Cambridge University Press, 2016）. See also Kelly M. Kennington, *In the Shadow of Dred Scott: St. Louis Freedom Suits and the Legal Culture of Slavery in Antebellum America*（Athens, GA: University of Georgia Press, 2017）; Edie L. Wong, *Neither Fugitive Nor Free: Atlantic Slavery, Freedom Suits, and the Legal Culture of Travel*（New York: New York University Press, 2009）; and Sarah L. H. Gronningsater, "'On Behalf of His Race and the Lemmon Slaves': Louis Napoleon, Northern Black Legal Culture, and the Politics of Sectional Crisis," Journal of the Civil War Era 7, no. 2（2017）: 206-41.

（100）Amalia D. Kessler, *Inventing American Exceptionalism: The Origins of American Adversarial Legal Culture, 1800-1877*（New Haven, CT: Yale University Press, 2017）; Susanna L. Blumenthal, *Law and the Modern Mind: Consciousness and Responsibility in American Legal Culture*（Cambridge, MA: Harvard University Press, 2016）; and Daniel T. Rodgers,

Atlantic Crossings: Social Politics in a Progressive Age (Cambridge, MA: Belknap Press, 1998).

(101) 牧田「人道・帝国・植民地」五五―五七頁。

(102) Norman Howard-Jones, *International Public Health between the Two World Wars: The Organizational Problems* (Geneva: World Health Organization, 1978), esp. 16-28, 44-45; Weindling, ed., *International Health Organisations and Movements, 1918-1939*、安田佳代『国際政治のなかの国際保健事業――国際連盟保健機関から世界保健機関、ユニセフへ』（ミネルヴァ書房、二〇一四年）。

(103) Tomoko Akami, *Internationalizing the Pacific: The United States, Japan and the Institute of Pacific Relations in War and Peace, 1919-1945* (London: Routledge, 2002); Akira Iriye, *Global Community: The Role of International Organizations in the Making of the Contemporary World* (Berkeley: University of California Press, 2002); and Ian Tyrrell, *Reforming the World: The Creation of America's Moral Empire* (Princeton, NJ: Princeton University Press, 2010), esp. 191-226.

(104) Ernest J. Swift to John F. Gray, 12 June 1925. Quotation from Gray to Swift, 30 June 1925. RG200. Entry 783.2. NARA, College Park. ただし、米赤の活動停滞は、必ずしもハワイの人道支援事業全体の停滞を意味したわけではなく、準州に林立した慈善・福祉・宗教団体間で、事業内容・人員の「不必要な重複」を回避する意図もあった。Riley H. Allen to James K. McClintock, 12 June 1929. RG200. Entry 783.2. NARA, College Park.

(105) 五十嵐元道『支配する人道主義――植民地統治から平和構築まで』（岩波書店、二〇一六年）。

(106) Michael Barnett, *Empire of Humanity: A History of Humanitarianism* (Ithaca, NY: Cornell University Press, 2011), 161-239; and Barnett, "Human Rights, Humanitarianism, and the Practices of Humanity," *International Theory* 10, no. 3 (2018): 314-49.

第二章　人種と資源保全
――二十世紀前半の北米地域における公共信託法理の悪用とアジア系漁民排斥

今野　裕子

はじめに

十九世紀後半から二十世紀初頭にかけ、グローバルな政治変動や経済構造の再編に伴う人の移動が盛んになると、中国や日本から大量の労働移民がアメリカやカナダへ渡航するようになり、これを受けて北米西海岸地域では、アジア系移民排斥運動が活発になった。アジア人に対する排斥事例については、既に多くの先行研究が詳らかにしている。このうち、漁業に携わったアジア系移民に対する制限や取締りについても、これまで日本人移民史研究などにおいて明らかにされてきた。

では、具体的にこれら漁民の排斥や妨害を可能にし得た根拠とは何だったのだろうか。本章では、イギリスから一定の政治的自立を達成しながら、法制面ではイングランド慣習法《コモンロー》の伝統を受け継いだアメリカ及びカナダの漁業を例にとり、「公共の利益」という規範が、白人至上主義というローカルな秩序概念によって悪用され、漁民や公民の白皙化（白人化）が推進された過程を跡付ける。連邦政府あるいは州政府は公民の委託を受けて資源保全のための法制度を整えたが、その過程で限りある資源を利用する権利に制限を設ける必要が生じた。権利を行使できる者とできない者を峻別する段階で、従来は想定されていなかった「人種」という要素が捻じ込まれ、水域や漁業資源へのアクセスが不可能な集団が創出された。

世紀転換期から二十世紀前半の両国を比較することで、一口に公益と言っても、それを担保する統治主体の相違により、アジア系漁民排斥の手続きや道程が異なっていたことが明らかになる。限りある資源を枯渇させないため、漁業権を制限するためのライセンス制度が導入されたが、アメリカの場合は州が、カナダの場合は連邦がその運用主体となった。両国における政治上そして市民権法上の違いは、人種主義的政策に微妙な違いをもたらし、アメリカ（本章で扱うのはカリフォルニア州。以下、カ州）では漁民集団間の序列化が、カナダでは公民の再定義が、法的根拠に即した形で展開された。同じ「法–文化圏」に属しながら、両国における相違がどのように生まれたのかを示すのが、本章の目的である。

本章の主題に密接に関連するのが、北米漁業史研究と公共信託法理に関する一連の論文群であるが、これまで両分野はほとんど交わることなく別個の展開を見せてきた。北米漁業史研究の中でも、特に日本人移民に関連したものは近年多く発表されており、これらは主に日本の研究者の手によるもので、漁民の社会史や、渡航先の国における排斥に関わる政治や外交を中心に取り扱う傾向がある。[1] このアプローチを漁民中心型と呼ぶとすれば、北米に基盤を置く研究者は環境や食、ボーダーランドなど、特定の視点から構築した議論を実証するために漁業史を書くという、非漁民中心型アプローチを採る。[2] 他方、公共信託法理に関する研究は、一九七〇年のジョセフ・サックスの論文発表を嚆矢とし、環境史研究の発展と歩みを共にしてきた。[3] 一九八〇年にカリフォルニア大学デービス校で大規模なシンポジウムが開催されたのを契機に、さらなる研究と分析が進められ、その成果は資源保全をめぐる法廷闘争の場でも参照されてきた。[4]

本論考は、北米漁業史における非漁民中心型アプローチを採用するが、公共信託法理に関する論文からも多大なる影響を受けている。ただし、公共信託法理の新たな適用事例を紹介し、自然保護行政に関する提言を行うことは目的としていない。この論考の研究史上における貢献は、従来の研究では比較的手薄であった法制史面から漁業史の考察を行っている点、また環境史の分野では後景化しがちな人種を議論の中心に据えている点である。法制史面から漁業に迫った研究書にはアーサー・マクイーボイが一九八六年に上梓したカ州漁業史に関する良書があるが、イングランド慣習法と近現代の北米漁業史を接続させる試みは希少であり、本論考の提示する新しい視角であると言える。本章での議論を通じ、近年専ら環境法の分野でのみ注目を集める法原理が、「公民」に包摂される側の利益を守るため、期せずしてローカルな政治によって集団排除のため悪用されたことを示すとともに、北米「法－文化圏」における資源管理と人種主義の連動性を明らかにすることが本論考の目指すところでもある。

一　公共信託法理とは

本質的には自然資源は誰のものでもないはずだが、広大な河川や沿岸域が統治者にとって境界線を伴う「領土」となったとき、そこに生息・回遊する魚類も含め、適切な管理を行う責任者が必要となった。野生生物という経済的利益も生み出す資源を放置することは、濫獲による枯渇という「コモンズの悲劇」を招きかねず、ひいては統治領土内における公民の利益が損なわれることになる。北米地域では、貴重な自然資源の管理主体の決定にあたり、イギリスから引き継いだ「公共信託法理（public trust doctrine）」という概念が適用されてきた。これは、海岸や河川、野生生物などの自然資源を統治主体が所有し、公民（the public, peopleなどの語が用いられる）の利益のために保護するという原則である。

慣習法によれば統治主体は国王であり、したがって前浜（foreshore）及び河航水域（navigable waters）の川床は国王が臣民の利益のために所有し、これら水域における人民の航行権及び漁業権が侵されることのないように資源の保護に努めなければならないとされた。[5] しかし、イギリスから独立したアメリカでは、国王に替わって「各州の州民」が主権者となったため、これら人民が「すべての河航水域及びその川床に対する絶対的な権利」を持つと解釈されたのである。[6] 一方、一八六七年の連邦結成により自治領となったカナダでは、引き続き国王が公共の用益のため海岸や河航水域を所有し、人民の航行権・漁業権を保障する公的な受託者であると規定された。[7]

それでは、アメリカとカナダにおいて、それぞれ公民から信託を受けて実質的に資源を管理する行政機構は、どのような法的手続きを経て確定したのだろうか。以下、それぞれの国について鍵となった判例を紐解き、公共信託法理の適用における両国の違いを浮き彫りにする。

二　誰が公民の信託を受けるのか（アメリカにおける州有原則）

アメリカでは十九世紀末、河川や沿岸域のみならず、野生生物の帰属をめぐっても公共信託法理が適用され、州民がその所有権を有するとともに、その管理は州政府に委ねられるという原則が確立した。

アメリカの公共信託法理は、かつての本国イギリスの法原則を援用しつつ、より独立国家アメリカとしての主体性が強調されたものとなった。イングランド慣習法では野生生物は国王の所有物とされたが、これを捕獲する許可は土地所有者である貴族に与えられた。すなわち、捕獲前の野生生物の所有権は国王に帰属するが、これを狩って所有する権利は、社会階層上位に位置する一部の土地持ちの貴族にのみ付与されたのである。(8)独立後のアメリカには同様の狩猟許可制度は存在せず、野生生物は単純に捕獲した者の所有物となった。つまり、狩猟者はたとえ土地所有者でなくとも捕獲した分だけ野生生物を個人の所有物とすることができた。しかし、これが無制限の濫獲を招き、野鳥の絶滅やバイソン等大型猟獣類の減少をもたらしたため、十九世紀後半には野生生物捕獲を規制する必要性が生まれたのである。(9)

では、具体的には誰が捕獲を規制するのだろうか。これを決定付けたのが、一八九六年の「ギア対コネチカット州事件(10)」における連邦最高裁判所判決である。州内で捕獲・保有される猟鳥の、州外への輸送がコネチカット州法に違反するとして争われたこの裁判で、最高裁は州内で仕留められた野生生物に対する州の権限を認め（つまりコネチカット州法を支持し）、ローマ法以来共同所有物とされてきた野生生物に関し、州は「州民の利益のための信託として」(as a trust for the benefit of the people) 権利を行使又は規制を実施すべきであり、州民とは別に政府が利益を得るための特権としてこの権力を使ってはならないと裁定した。(11)つまり、野生生物の所有は、イングランド慣習法下では国王の特権であったのに対し、アメリカでは州民の権利であり、州民の委託を受けた州政府がその利用に関する規制を行うこととなった。そして、「信託の対象物を最もよく保護し、将来にわたって州民の利用権を保障するような法律を制定することは、州議会の責務である」ことが確認された。(12)この原則に従い、アメリカでは魚類を含む野生生物に関する規制は、州政府が担ってきたのである。(13)自然資源の州民による所有と州による規制、すなわち「州有」(state ownership) 原則は、「ワイルドライフ・トラスト」とも呼ばれ、一九七〇年代以降、環境法学者が自然保護のために援用すべく研究を重ねている。[14] なお、州有原則は一九七九年の最高裁による「ヒューズ対オクラホマ州事件[15]」判決で、憲法の州際通商条項に抵触する場合は認められないとして覆されたものの、[16] 通商条項や、州民以外への差別を禁じた平等保護条項及び特権免除条項に違反しない範囲で自然保護を目的とする限りにおいては否定されていないと解釈され、事実、現在に至るまで野生生物の管理は州によって行われている。[17]

このように、アメリカにおいて野生生物は州民の利益のための管理が原則化していたため、漁業に関する法規も州によって異なっていた。そして、それは州議会が漁業法改正の舞台となり、州民の利益という大義名分の下、州民＝公民に含まれないアジア人を排除するための舞台装置が整えられたことを意味した。

三　誰が公民の信託を受けるのか（カナダにおける州と連邦の対立）

州有原則が十九世紀末までに確立されていたアメリカとは違い、カナダでは漁業に関する立法管轄権をめぐって連邦と州の対立が二十世紀初めまで続いた。一八六七年、カナダ自治領の成立に伴い制定された「英領北アメリカ法」によれば、沿岸及び内水面漁業に関してはカナダ議会、すなわち連邦政府が立法管轄権を有するが、[18] 一方で土地や鉱山など自然資源の所有は国防目的の接収を除けば各州 (province) に帰し、[19] また「州内における財産及び市民権」については州が包括的な立法管轄権を有するとされた。[20] つまり、英領北アメリカ法は、漁業に関する立法権を連邦議会に認めながら、実際に漁業が営まれる沿岸域や河川そのものの所有は各州に帰したため、漁業規制を行う権限の主体が曖昧になってしまったのである。そのため、州と連邦の間で管轄権をめぐる法廷闘争が繰り広げられた。

二十世紀初頭には日系漁民が多数入り込んでいたブリティッシュ・コロンビア州（以下、ＢＣ州）も漁業立法管轄権をめぐって連邦政府と争ったが、一九一三年のイギリス枢密院司法委員会による判決によって、連邦政府の優位性が認められる形で決着した。ＢＣ州は一八七一年に連邦に加盟したが、その際に鉄道敷設のための公有地を連邦政府へ譲渡していた。争点となったのは、同州がこの土地上の水域において、貸借権やライセンスの付与などを通じ、専用漁業権を漁民に対して与えることができるか否かであった。慣習法上、水域は河川の下流にあたる「感潮域」（tidal waters）と、潮の干満の影響を受けない「非感潮域」（non-tidal waters）に分けて考える必要があるが、判決では、そもそも感潮域において漁業権は「公権」（public right）として一二一五年のマグナ・カルタ以来公民に保障されているものであり、この権利の管理と保護は連邦が行うべきであると結論付けられた。一方、非感潮域は私有財産の扱いになるものの、所有権は既に公有地譲渡によって連邦政府に移っており、従って連邦政府ひいては国王の管理下に置かれているとされた。裁判では他に沿岸での漁業権も議論に上ったが、枢密院は、海面の漁業権はイングランド慣習法で長い時間をかけて確立されたものであり、海岸を国王の所有に帰すか否かの問題は別として、公に認められる権利である、という見解を示した。[21] 以上の判決では、沿岸及び潮の干満の影響を受ける河川下流部において、漁業権はその保持が特定州民には限られず、臣民全員に保障される公権として扱われるため、「州内における財産及び市民権」に関する立法管轄権を根拠に州が専用漁業権を付与することはできないという解釈が提示された。一方、連邦政府はもとより沿岸及び内水面漁業に対する立法権限を有していたため、沿岸や河川下流部での漁業に関する規制を行えるのは連邦のみである、という原則が確立されたのである。

以上、アメリカとカナダにおける漁業権をめぐる公共信託法理の適用について小括すると、アメリカでは魚類を含む野生生物の所有は州に属し、州議会が州民のために適切な立法を行うことが求められたが、カナダでは、感潮域における漁業権を公権とした上で、漁業の規制権限を連邦議会に認めた。「公民」の範疇に含まれるのは、アメリカでは特定の州の市民権を持つ者、カナダでは王権の保護下にあるイギリス臣民、という違いがあり、このため公民の利益を担保する統治主体がアメリカでは州、カナダでは連邦という相違が生まれた。

では、具体的に、公共信託法理の「公」の利益を守るため、いかなる政治が展開されたのだろうか。ここからは、二十世紀初頭のアメリカ・カ州とカナダ・ＢＣ州におけるアジア系漁民排斥の法的・政治的闘争を概観し、資源保全という名目が、人種観念に基づく漁民や公民の創造を可能にした背景を明らかにしてゆく。

四　漁民の白皙化（カ州の場合）

野生生物の州有原則が確立するのは前述の通り一八九六年のことであったが、それに先立ち州レベルでの漁業に関する規制は全国で行われていた。カ州では、中国人漁民が排斥の対象となった。一八八二年の排華法成立により、中国人労働者のアメリカ入国が禁止されるまでは、サンフランシスコ湾のエビ漁やサンディエゴのアワビ漁に従事し、成功を収めたのは中国人漁民であった[22]。しかし、同郷出身者同士でかたまり、独特の漁法で白人の取り分まで奪うかのような活躍を見せた中国人漁民は、非難の対象となった。当時の魚類学者や、漁業資源の回復・保全を担当する州魚類委員会は、中国人の濫獲によって魚類資源が枯渇しつつあるとの風聞を無批判に受け入れた[23]。一八七〇年代から一八八〇年代にかけてカ州の沖合や河川における魚類資源が減少したのは事実であったが、気候の変化や鉱山からの土砂による水質の劣化といった複合的要因によるものであり、一集団の濫獲が与えた影響は限られていた。にもかかわらず、原因を中国人漁民の濫獲に帰する乱暴な議論は、カ州における根強い反中国人感情という土台があればこそまかり通ったのである[24]。

一八八〇年四月、中国人漁民排斥を趣旨とした条文を含む「州水域における漁業関連法」が成立した。その前年に改正された州憲法には、「中国人」と題された第一九条が含められたが、憲法制定会議に出席した代議員一五二名のうち約三分の一に相当する五〇名が、中国人排斥を綱領とするカリフォルニア勤労者党の所属であった[25]。第一九条第一項は「浮浪者、貧困者、物乞い、犯罪者、伝染病による病弱者の、あるいはそれらになり得る外国人、そしてそれ以外であっても州の安泰や治安にとって危険又は有害な外国人」がもたらす負担や悪弊から州及び郡市町を守るため、議会が必要な法規を定めることを謳っている。続く第二項と第三項では、州の企業や政府による中国人の雇用禁止が定められ、第四項は「アメリカに帰化不能な外国人の存在は州の安泰にとって危険」であるとして州議会に中国人の移住を認めない権限を与え、「アジアの苦力は人間奴隷の一形態」であるから苦力契約はすべて無効であるとし、そのような労働力を州内に入れた会社や企業は議会の定める刑罰の対象である、と定めた[26]。漁業関連法は、憲法のこれら条項を具現化するために制定された法令のうちの一つであり[27]、「この州の有権者になる資格のないすべての外国人」が、「販売や、販売を目的とした贈答のために、魚類、ロブスター、エビ、貝を釣ることや獲ることは、いかなる種類のものであっても」禁止するとし、違反した場合には二五ドル未満の罰金か三〇日以上の郡刑務所への収監が定められた[28]。

しかし、中国人排斥を目的とした漁業関連法の寿命は短く、成立から二ヵ月後には巡回裁判所によって無効判決が下された。この裁判の原告はサンパブロ湾で漁業に携わったため捕らえられ、三〇日間の投獄を言い渡された中国人たちであった。これに対し被告の州司法長官は、州民による魚類の所有権が認められた「マクレディ対バージニア州事件[29]」の最高裁判決を根拠として抗弁したものの、主張は認められなかった[30]。

「州水域における漁業関連法」が無効とされた論拠は二つある。一つ目は、米中間で一八六八年に締結されたバーリンゲーム条約の第五条及び第六条に規定のある「最恵国待遇」であった。判事はまず、前述のマクレディ判決を参照した。バージニア州では、州民以外の人間が同州の水域でカキや貝類を捕獲あるいは養殖した場合の罰則が定められていた。メリーランド州民のマクレディがバージニア州のウェア川でカキを養殖したとして起訴され、有罪が確定して五〇〇ドルの罰金を科せられたが、これを不服とし、バージニア州法がアメリカ憲法第四条第二節の「特権及び免除条項」に違反するという訴えを起こした。これは、ある州の州民が、他州の州民に与えられた特権や免除もすべて享受できるとした条項である[31]。しかし、判決で訴えは退けられた。州民が漁や養殖を行うための共有地である感潮域や川床を、州は航行権を妨げない限りにおいて専有することが確認され、これは州民による共有財産の利用に際し、州が規制を行うことと同義だとされた。そして、共有財産を使う権利は、州民の有するローカルな市民権はもとより、共同所有者としての財産権から派生しており、「単なる特権や免除ではない」との意見が採用された[32]。

さて、マクレディ判決の結論を中国人漁民に当てはめるとどうなるであろうか。たしかにこの判例を参照するならば、中国出身者はカ州外の人間なので、州の水域や漁業に対し何ら財産権を持たないことになる。しかし、外国人である彼らは実質的には州から許可を得て様々な特権を享受しているのであり、彼らにとって漁業権は財産権の問題ではなく、「特権あるいは好意」であるとの論理が導き出された。これを踏まえると、ドイツ、イタリア、イギリス、アイルランドなどから移住した白人外国人が特に罰則や制限もなくカ州水域で漁業を営めるのに、中国人漁民のみが排除されるのは、中国人から「最恵国の市民又は臣民が享受できる」ものと同じ特権を奪うことになり、差別であって、中国との条約に反するとの見解が示された[33]。

「州水域における漁業関連法」を無効とする二つ目の論拠は、アメリカ憲法修正第一四条の「平等保護条項」に求められる。同条項によると、州は管轄内にいる「何人」（any person）に対しても法の平等な保護を拒むことは許されない。漁業関連法により、中国人がカ州水域で漁業を営むと投獄されるのに対し、ヨーロッパ諸国出身の移民は同様のことを行っても罰せられない状況が作り出された。これは、「中国人を他国民とは別の、全く違う処罰や苦痛、刑罰にさらすこと」に他ならず、平等保護条項に反する。判事はさらに、州憲法や他の排斥法令が制定された経緯も踏まえ、「件の漁業関連法は、州の漁業に関する公共政策の遂行を目的としてではなく、州から中国人を排除する政策を実行するための手段として可決

されたに過ぎず、条約の規定にも反する」と喝破した。(34)

漁業関連法の無効化により、中国人がカ州の「公民」に包摂されたというわけではなかったが、少なくとも「公」の財産である州水域を、政治的思惑により白人のみに確保しようとする試みは、司法の介入により脆くも崩れ去った。同様の立法と司法の綱引きによる「公」の悪用と揺り戻しは、外国人漁民中の一大勢力が日本人に代わってからも繰り返し立ち現れた現象であった。

一八八二年の排華法成立により中国からの労働移民が禁止され、中国人漁民の数も減少すると、代わってカ州民の敵意は、二十世紀初頭から同州で漁業を営むようになった日本人に向けられた。日本人は主にモントレーのアワビ漁に携わったほか、ロサンゼルスやサンディエゴに拠点を置き、マグロ・イワシ漁を盛んに行った。ある統計によれば、一九二〇年代前半にカ州で漁業ライセンスを付与された漁民のうち日本人の割合は、常に二〇%台前半を記録していた。(35)日本人により同州の港に水揚げされた漁獲物は、缶詰食品として加工・販売された。太平洋戦争前のカ州では日本人のほか、クロアチア、イタリア、ポルトガルなどヨーロッパ諸国から移住した外国人も漁民として活躍したが、中国人同様、排斥の対象とされたのはアジア系である日本人であった。さらに、排華法により十九世紀末以降移民自体が下火となった中国人移民とは違い、日本人は一九〇七〜〇八年の日米紳士協約による移民規制後も家族の呼び寄せによる移民が続いており、水産業における貢献度も、ロサンゼルス商工会議所会頭をして「日本人（漁業）が禁止されればイワシ缶詰業は実質終了するだろう(36)」と言わしめるほどであった。また、日本人漁民が活躍した時代は、漁船の動力化と大型化が進行した時期とも重なり、探照灯や無線機器を装備した中・大型漁船に乗り組み、中米沖にまで出漁する日本人の機動力は、太平洋を挟んで日米両国の関係が緊迫する中、州民の危機感を煽るのに十分な材料であった。日本人の排除を目論む議員や活動家らは、州民の愛国心に訴えたり、メキシコ方面にも出漁した日本人漁船を国防上の脅威とみなしたりするなど、排日的な発言を繰り返しつつ、州議会を通して日本人の操業を不可能にするべく行動した(37)。

もとよりカ州は公民の利益を守るという名目の下に、議会を通じて漁業資源保全のための立法活動を精力的に行ってはいたが、一方で日本人を「排除する政策を実行するための手段として(38)」提出された法案も相当数に上った。日本人漁民排斥のための法案は、商業目的の漁業を行うにあたって取得が義務付けられる漁業ライセンスの申請条件を日本人にとって不利にしたものである。カ州で漁業ライセンス取得が法制化されたのは一八八七年であり、一九〇九年以降は公海上で営利目的の漁業を行う者は一年更新のライセンスを申請することが求められた(39)。

日本人によるライセンス取得に障壁を設けるために法案提出者がまず目をつけたのは、アメリカ市民権であった。第二次世界大戦中から戦後にかけて人種による帰化権の制限が撤廃されるまで、アメリカへの帰化を許されていた外国人は長い間「自由白人」（一七九〇年以降）あるいは「アフリカ生まれの外国人及びアフリカ系の人」（一八七〇年以降）に限られ、日本人はアメリカの市民権取得の資格を有しなかった(40)。さらに一九二二年の最高裁による「タカオ・オザワ対合衆国事件(41)」判決により、日本人の白人性が否定されると、「帰化不能外国人」としての日本人の立場が確立した。排日漁業法案は帰化資格を漁業ライセンス申請の条件として盛り込むことで、白人も含む外国人一般ではなく、日本からの移民のみに焦点を絞り漁業から排除することを目的とした。法案の文言に「日本人」を盛り込まず、間接的表現を用いながら実質的に日本人の排除を狙ったのは、外交的配慮及び憲法修正第一四条の平等保護条項が理由である。[42]

排日漁業法案にはまた、カ州又はアメリカにおける一定期間の居住歴が条件として盛り込まれることもあった。実際に州議会を通過したのがサンディエゴ郡選出のジョージ・バワーズ州下院議員によって一九三三年に提出された、[43]「ライセンス申請の直前まで国内に継続して一年間住んだ者にのみ商業的漁業ライセンスの発行を許可する」とした法案である。[44]バワーズ法案では市民権の有無は不問であったものの、法案通過は当時メキシコのエンセナダに居住して、サンディエゴから赴くアメリカの日本人所有船で漁撈に携わっていた約一五〇名の日本人漁業労働者にとっては痛手であった。一九二四年の移民法改正によってアメリカへの新規入国が不可能になった日本人の労働者を雇うための苦肉の策であったが、その実態は排日政治家の知るところとなったのであろう。[45]

しかしながら結果として、日本人漁民の排斥は完全には成功しなかった。カ州議会には一九一〇年代初めから一九四五年までほぼ毎会期排日漁業法案が提出され、その総数は少なく見積もっても五〇件は下らない。多くの法案は、前述の市民権と居住期間の両方を条件に盛り込んでおり、文言も似通っていた。一方で、この種の法案はいくつかの例外を除くと議会で真剣に取り扱われた形跡は乏しく、議員投票に付される前の段階で「漁業狩猟委員会」(Committee on Fish and Game) において握りつぶされた。日本人移民には圧倒的に農業従事者が多く、日本人の農地所有を阻止する外国人土地法（一九一三年成立、一九二〇年改正）は多くの州民の支持を集めたが、漁業問題への人々の関心は限定的であった。また、一九二四年に先述の移民法改正により日本人の移民が禁止されたため問題の重要性が薄れたこと、日本人漁民を貴重な労働力とみなした缶詰会社が後ろ盾に回ったことなど、排日漁業法が成立しなかった理由は他にもいくつか考えられる。

例外的に通過したのが一九三三年のバワーズ法案だったが、その一時的な衝撃も、二年後の州控訴裁判所による違憲判決によってかき消された。「T・アベ対カリフォルニア州漁撈狩猟委員会（Fish and Game Commission）事件」において、原告の日本人漁民は漁業ライセンスを取得して州外の海域で操業していたが、彼の雇った六名の船員は州の漁業狩猟法第九九〇項に定められた一年の国内居住要件を満たさなかったためライセンスを取得できず、州の漁業狩猟委員会から司法手続きを取ると脅されていた。(46) 件の日本人漁民とはメキシコ近海で操業していた阿部徳之助であり、この裁判の時点では不明だが、一九三九年にはサンディエゴでサウザン・コマーシャル会社という漁業会社を経営し、日本人を使ってメキシコや中米方面の公海で操業していた。(47) 裁判では被告の漁業狩猟委員会が敗訴したが、根拠となったのは憲法修正第一四条の平等保護条項であった。判事は過去の判例から、平等保護条項によって、市民も外国人も区別なく私法上の権利や市民権が守られ、同時に双方同等の負荷も課せられる対象であることを確認した。(48) この原則に照らすと、公海で捕獲される魚類のカ州への水揚げに漁業ライセンスを要求しながら非居住民にその取得を許さないのは、「不平等な要求であり、同じ職業で同じ状況下にある他者に比べ、該当する種別の人々により重い負担をかける」ものであり、カ州の漁業狩猟法は「居住を根拠にした種別のみが行われていることからもわかるように、特定の職業に就く非居住民を差別する意図が明らかである」と述べ、違憲判決を下した。ただし、判事は、州外の海で捕獲された魚をカ州に水揚げする際に州居住者と非居住者を分け隔てることが問題であって、州水域における漁業に関しては別問題であると釘を刺すことも忘れなかった。(49)「外国人が当事者の場合、公有地又は州民の共有財産や資源の規制・分配に関するような州法、ひいては州内の不動産の移転に関する法には、憲法による保障が適用されない」とする過去の判例も参照している。[50] 公共信託法理自体を否定したのではなく、公民の信託という大義名分を掲げる州議会が、差別的かつ本来の管轄を超えた決定を行ったことに対し、司法が異議申し立てを行ったのであった。

一九四一年一二月の太平洋戦争開戦によって日本がアメリカの敵国となるに及び、ようやく排日漁業法は成立に至ったが、[51] 戦後の一九四八年、その適用において疑義が呈されると、今度は連邦最高裁判所が州の決定を覆した。「トラオ・タカハシ対漁撈狩猟委員会（Fish and Game Commission）事件」では、「帰化不能」者へのライセンス発行を禁ずる漁業法を擁護した、カ州政府及び州最高裁判所の論拠が精査された。日本人移民の高橋虎男は、[52] 当時カ州水域外であった三マイル以上沖合の海（すなわち公海）において は、帰化不能外国人であっても商業的漁業に携わるライセンスを得られると主張した。[53] これに対し、州政府は、「カリフォルニアが、非州民の居住者とは区別される、すべてのカリフォルニア州民の受託者として、海岸から三マイル以内の魚類を所有する」という州有原則の観点から、「魚類の供給を保全するため」に外国人を排除するのは妥当であり、また回遊性の高い魚が実際に公海で獲られたものかを判断するのは困難なため、三マイル以上沖合での漁業も規制できるとの見解を示した。[54]

カ州の主張に対し、最高裁は根拠を三点挙げて反論した。まず、排日漁業法は魚類保全のための方策であるとする州の主張が「強く否定」され、同法は日本人のみを標的とする人種的反感の延長上にあるとする原告の立場が支持された。[55] 第二に、アメリカ憲法にも反論の根拠が求められた。憲法によれば移民や帰化を管理する権限は連邦政府にあり、正規入国を果たした外国人の州内への移動や居住に関して州が差別的立法を行う権利はないことが指摘された。また、憲法修正第一四条の平等保護条項は、市民のみならず外国人を含む「すべての人々」に適用されるので、合法的にアメリカに住む人々は「どの州でも」市民と同等の法的特権を享受できることが確認された。(56) そして第三に、最高裁は州有原則を部分的に否定した。沿岸三マイル以内の魚類に対する州の所有権という概念そのものは覆されなかったものの、合法的に暮らす外国人を漁業から排斥する正当な理由としては不十分であることが述べられた。つまり、従来は差別的な法であっても州有原則にその正当性の根拠を求めることができたが、「タカハシ事件」判決により、たとえ公民の利益を守る装いを施してあっても、アメリカに合法的に住む人々が人種や市民権の有無によって差別を受ける可能性があるような州法は認められないことが明白になったのである。(57)

カ州では一九四九年に法改正が行われ、漁業ライセンスの取得に際しての条件が取り払われた。改正後の法には、「商業的漁業ライセンスは誰に対しても発行することができる」という単純な一文が挿入された。(58)「公民」の共有財産や利益を脅かす存在としての「帰化不能外国人」は、カ州の政治に対する司法の介入により、戦後四年を経て、少なくとも表面的な法の文言からは消え去ることとなった。

二十世紀前半のカ州において漁業ライセンスの持つ意義は、公民と公民以外の人々にとって異なっていた。公民にとって漁業権は公権であり、無制限の濫獲を防ぐためのライセンスは権利を制限するものであった。それに対し、そもそも漁業権を持たない外国人にとって、ライセンスは州から与えられる特別の許可であり、好意であった。つまり、公民にとっては枷でしかないライセンスが、非公民にとっては特典に該当したのである。

カ州で展開されたのは、漁民がヨーロッパ系移民や白人住民に限定されてゆく動きであり、(59)「公民」の定義自体が変化したわけではなかった。しかし、日本人の帰化が許可されていたカナダでは、人種による排斥が、結果として漁民だけではなく「公民」そのものの白皙化を促すこととなった。

五　公民の白皙化（BC州の場合）

州の「公益」を守るため、州議会が漁業規制の名目で人種主義的な法案を通す可能性を有していたカ州とは違い、カナダのBC州では、日本人漁民を公共の利益のため排除する主役となったのは連邦であった。先述の通り、カナダでは主に商業漁業の営まれる感潮域の漁業権は「公権」として認められており、その権利を制限することは連邦政府にのみ許されていた。濫獲を防いで資源を適切に管理するため、十九世紀末から二十世紀初頭にかけ、連邦政府はライセンスの発行によって網や罠、漁民の数を制限する方針を採用した(60)。

缶詰会社は経済的負担を減らす必要から、漁民の数を絞る方針に協力し、談合によって各缶詰会社に一定数の漁船を割り当てるボート・レーティングという方式を導入した。ボート・レーティングは、まず地域の缶詰会社が寄り合って全体の漁船数を設定した後、各缶詰工場への漁船数の割り当てが行われた。漁業ライセンスは各缶詰工場に割り当てられた漁船数に基づいて発行され、これが必然的に漁民の数を制限することになった。缶詰会社にとっては、漁民数を抑えることで漁場への移動輸送コストを削減でき、また魚価値上げの団体交渉を防ぐことができるというメリットがあった。こうして資源保全を目的とする連邦政府と、経済的利益を守りたい企業側の思惑が一致し、一九一〇年にはスキーナ河、リバース・インレット、ナース河が含まれる第二漁区の割当数を連邦政府から指示するに至った。既存の缶詰会社への漁船数割り当ては連邦政府お墨付きの方策となり、新たな缶詰会社の新規参入を防ぐことにもつながった。[61]

このように、漁業ライセンスは濫獲防止のため漁民数を制限することを目的として採用された仕組みであり、必ずしも特定の人種・エスニック集団を排斥することが狙いではなかった。しかし、カ州と同様、日本人がBC州の漁業に本格的に参入すると、白人漁民との間に軋轢が生まれた。特にフレーザー川の鮭漁は日系漁民によって支えられており、一九〇一年には同州で発行されたライセンス四七二二件中、日系人の取得したものは四割強にあたる一九五八件に上り、鮭缶詰工場にとって貴重な戦力となっていた。[62]現場で直接の競合相手になる白人漁民にとって日本人の活躍は望ましいものではなく、同州の政治家たちも政争の道具として日系人の漁業問題を取り上げた。[63]だが、アメリカとは違い、カナダの州議会には漁業規制を行う権限がなく、BC州がライセンス発行停止に向けた行動を起こすことは不可能であった。さらに、カナダの漁業ライセンス取得にはイギリス臣民であることが条件として求められたが、日本人を「帰化不能外国人」としたアメリカとは違い、カナダでは日本人の帰化が認められていた。カナダには一九四七年まで国籍という概念が存在しなかったため、帰化は「カナダに在住するイギリス臣民」というステータスを得ることを意味した。ただし、他人の帰化証明書を使いライセンスを取得するなどの不正行為も報告されている。[64]

州議会に感潮域での漁業に関する立法管轄権がなかったことから、日系漁民へのライセンス発行数を制限する排日政策を推し進める主体となったのは、BC州民の意向を汲んだ連邦政府であった。一九一三年には第二漁区においてボート・レーティングによって缶詰工場に割り当てられたライセンス数が減らされ、代わりに白人漁民が缶詰工場から独立して取得できるライセンス数が増やされた。缶詰工場紐付きのライセンス受給者は、先住民と日本人となった。全ライセンス発行数には依然として制限が設けられたが、缶詰工場の管理下に置かれない漁船のライセンスは白人漁民に対し優先的に発行された[65]。しかし、日系漁民を使い続ける既存の缶詰会社による鮭漁の独占が続くと、さらに白人漁民の利益を守るため、ボート・レーティング廃止と新規缶詰工場の参入を求める声が上がった。連邦政府はこの要請にもかかわらず工場数やライセンス数に制限を加える方針を検討していたが、第一次世界大戦後の不況下で雇用を創出する必要が生じると、帰還兵士に優先的にライセンスを与える方針を採用した[66]。さらに一九二〇年にはついに方針転換し、刺し網、巾着網、トローリングによる漁業、及び缶詰工場に対するライセンスの制限を撤廃した門戸開放政策を発表した。これにより、ライセンス数を限るのではなく、漁期を制限するなど別の方法を用いた資源保全が試されることとなった。ただし、門戸開放の恩恵を受けるのは白人のイギリス臣民に限られ、日系漁民へ発行されるライセンスは前年の数を上回らないこと、という条件が示された[67]。また、白人漁民がボート・レーティングの対象から外されていたのに対し、日系漁民はカナダに帰化していても、引き続き缶詰会社を通してしかライセンスを得ることができなかった[68]。

排日方針をより強固にする要因となったのは、一九二二年に任命された王立委員会の勧告である。委員長ウィリアム・ダフ以下六名の連邦下院議員で構成された同委員会には、四名のBC州漁業地区選出議員が含まれた。ダフ委員会は門戸開放に反対する缶詰会社の要求を受けて設けられた調査委員会であったが、白人漁民の雇用は促進しようとする一方、日系漁民に対しては漁業ライセンス発行数を前年より四〇％削減すべしという勧告を行った[69]。既に連邦政府は一九二二年から日系漁民へのライセンス発行数を減らす方針を採っており、日系トロール漁船は三分の一にあたる三三四隻に削減されていた。新たなライセンス削減方針により、缶詰工場は漁船で雇える日系人の数に制限を設けざるを得なくなった[70]。

BC州選出議員の声を受け、日系漁民に対するライセンス発行数を制限した連邦政府であったが、この方針が覆されるのには一九二九年の裁判を待たなければならなかった。一九一四年漁業法とその関連法をめぐって争われた同裁判では、BC、ケベック、オンタリオの三州と、日系漁民が連邦政府を相手取って闘い、前年カナダ最高裁判所で勝訴したものの、判決を不服とする連邦政府が上告し、イギリス枢密院司法委員会の決定にまで持ち込まれた[71]。同裁判では、ライセンス発行に関わる案件のほかに、魚加工業の管轄も争点となった。後者に関しては、連邦政府は魚缶詰工場や加工工場を規制する権限を持たず、従ってこれら設備を、ライセンス制度を通じて管理することはできないとの判決が下された。魚缶詰業や加工業が、英領北アメリカ法第九一節により連邦政府の管轄下に置くと定められた「沿岸及び内水面漁業」に該当しないことが確認され、さらに魚缶詰工場や加工工場にライセンスを課すことは「沿岸及び内水面漁業」に関する有効な立法に付随するものであるという上告側の主張も退けられたのである。つまり、水揚げされ、市場用に加工された魚は既に「財産」であり、連邦政府の管轄外に置かれるという解釈である。また、日系漁民にとってより重要であったもう一つの争点であるライセンス発行に関しては、BC州のライセンスに関する規定が参照され、連邦政府の漁業大臣にはライセンスを与える裁量権はあっても、正しく申請を行った者のライセンスを取り上げることはできないという解釈が採用された[72]。これにより、BC州の意向を汲んでいたとはいえ、これまで排日的な政策によって日系漁業コミュニティを危機に晒してきた連邦政府が、恣意的にライセンスを取り上げることはできないことが決定的になった。つまり、日本人であっても帰化手続きを経てイギリス臣民となれば、その公権を連邦政府は犯すことができないことが改めて確認されたのである。

一九二九年の判決は日系漁民にとっての勝利を意味したが、実際には排斥に終止符が打たれたわけではなかった。既に判決以前のライセンス削減政策が日系漁業に打撃を与えていたばかりでなく、この判決にもかかわらず、連邦政府は一九三〇年代になっても日系漁民の排斥政策を策定・実行し続けた。その結果、一九二二年に三千人近くいた日系人漁民は、一〇年後にはその約三分の二にまで数を減らした。同時期に白人漁民は三千人弱から七千人以上に、また先住民漁民は一五〇〇人ほどから二倍近くも数を増やしている。[73]白人漁民を「公」とみなし、その権利を守るために差別的な方策を施行した連邦政府に一矢報いたものの、多くの日系漁民が漁場から締め出されたのも事実であった。

カナダ・BC州とアメリカ・カ州のアジア系漁民排斥史が決定的に異なるのは、移民の帰化可能性をめぐる経緯である。日本人がイギリス臣民として「公民」の地位を手に入れることができたカナダでは、彼らを排斥するにあたり、公民そのものを「本物のイギリス系」臣民と「後から来た日系」臣民とに分け後者を排除するという、「公民の白皙化」が推し進められた。一方、臣民でもなければ白人でもない先住民の漁業が認められていたため、カナダにおける「漁民の白皙化」には初めから限界もあった。

元来カナダはアメリカに比べて中央集権的で州権が弱く、イギリスの自治領であったため外交権を持たず、イギリス帝国の意向を尊重する必要もあった。そのため、ローカルな要求のみに基づいて外国人を排斥する政策を実行することは極めて難しかったと言える。特に日本政府の体面を傷つけ、日英関係を損ないかねない法案は、州議会で可決されても連邦政府によって否認される傾向があった[74]。一方で、連邦政府は一九二〇年代以降人種に基づく漁業ライセンスの制限を積極的に推し進めた当事者でもあり、日本人漁民はむしろ州政府と組んで訴訟を起こさざるを得なかった。第一次世界大戦を経てカナダでもナショナリズムが盛り上がり、カナダの外交的自立を促したマッケンジー・キングが一九二一年に首相となったことで、二十世紀初頭に比べると連邦政府がイギリス本国の方針を尊重する傾向が薄れたのだろうか[75]。

皮肉にも、法律上「公民」となったことにより、日本人漁民は他のカナダ人と同じように、資源保全の観点から公権としての漁業権を制限される立場に置かれた。カ州もカナダの連邦政府も、人種主義的な排斥の道具としてライセンスに目をつけたことは共通していたが、一方ではライセンスの発行停止が特典の剥奪を意味するのに対し、他方では本来与えられていた権利が制限されることに他ならなかった。いずれにせよ、本来的なライセンスの意義である資源の適正な保全という目的に対する誠実さは、政治的思惑によって失われ、特定人種集団の排斥を実現するための手段へとその本質を変化させていった。

おわりに

十九世紀後半以降、資源管理のための行政機構が整備される中、通底する法文化を持つアメリカとカナダでは、誰が権利の制限を行うのかをめぐって州と連邦の綱引きが繰り広げられ、独自の法制度が構築されていった。アメリカでは、州固有の漁業法や管理体制が野生生物の州有原則によって追認されると、州に属する資源の利用をめぐって人種間の序列化が図られた。公民の共有財産を守るという名目の下、信託を受けたカ州議会は特定人種の排除政策を法に織り込もうと企て、しかしその試みの多くが失敗に終わり、結果として非公民が公民の財産を利用し続けるというアイロニーが黙認された。一方で、時局によっては排他的な漁業法案が通過することもあったが、憲法の平等保護条項等を根拠に政治の暴走を司法が食い止め、太平洋戦争後には日本人移民に市民権申請の資格が与えられるよりいち早く、公共信託法理の悪用によって奪われた公民財産の利用許可を、その時点では公民になれる可能性のなかった日本人漁民に与えている。

他方、自治領カナダでは、漁業管轄権の所在が曖昧なまま、漁業の拡大とアジア系移民の受け入れが同時進行した。カナダがアメリカと大きく異なった点はイギリスとの関係であり、自治領である以上本国の意向を汲んだ連邦政府の影響を無視することはできなかった。日系漁民を多く抱えたＢＣ州にとって特に障害となったのは日英同盟であり、イギリスと日本の関係が良好である限り、日本人がカナダに帰化しイギリス臣民となることは可能であって、漁業ライセンスの取得条件に市民権の有無を含めることは無意味であった。また、そもそも州は漁業ライセンスを管理する権限を持たなかった。ただし、連邦政府も州の内情を把握した上で、人種によるライセンスの発行制限を積極的に推し進め、ある意味州以上に日本人漁民を排除する方向性を打ち立てたのである。皮肉なことに、カナダでは日本人漁民はイギリス臣民となり、公民として自然資源を共有する立場にあったのにもかかわらず、政策によってその利用から次第に排除されていった。一方で、アメリカと同様、カナダでも日系漁民の有用性を知悉していたのは缶詰業界だった。法的には公民でありながら、政策の運用によって公民の範疇から外された日系漁民を支えたのは、結局のところ公民としての法的地位ではなく、確実な技術力によって缶詰会社から勝ち得た信頼であった。

北米「法－文化圏」において、公共信託法理は現在、自然保護の観点からその重要性が唱道されている。しかし、限りある資源の利用を制約する基準が必要となったとき、不寛容の時代においてはそれが集団間の序列化を加速する危険性を孕んでいることを、北米漁業史は今に伝えている。

【注】

（1）新保満『カナダ移民排斥史――日本の漁業移民』新装版（未來社、一九九六年）、杉山茂「一九三〇年代メキシコにおける日本エビトロール漁業と日・墨・米三国関係に関する研究」科学研究費補助金（基盤研究（C）（2））研究成果報告書（静岡大学、二〇〇八年）、河原典史『カナダにおける日本人水産移民の歴史地理学研究』（古今書院、二〇一一年）、Manako Ogawa, *Sea of Opportunity: The Japanese Pioneers of the Fishing Industry in Hawai'i* (Honolulu: University of Hawai'i Press, 2015).

（2）Arthur F. McEvoy, *The Fisherman's Problem: Ecology and Law in the California Fisheries, 1850-1980* (New York: Cambridge University Press, 1986); Connie Y. Chiang, *Shaping the Shoreline: Fisheries and Tourism on the Monterey Coast* (Seattle: University of Washington Press, 2008); Andrew F. Smith, *American Tuna: The Rise and Fall of an Improbable Food* (Berkeley: University of California Press, 2012); Lissa K. Wadewitz, *The Nature of Borders: Salmon, Boundaries, and Bandits on the Salish Sea* (Seattle: University of Washington Press, 2012); and W. Jeffrey Bolster, *The Mortal Sea: Fishing the Atlantic in the Age of Sail* (Cambridge, MA: Belknap Press, 2012).

（3）Joseph L. Sax, "The Public Trust Doctrine in Natural Resource Law: Effective Judicial Intervention," *Michigan Law Review* 68 (January 1970): 471-566.

（4）Richard M. Frank, "The Public Trust Doctrine: Assessing Its Recent Past & Charting Its Future," *UC Davis Law Review* 45, no. 3 (February 2012): 667-70.

（5）Kate Penelope Smallwood, "Coming Out of Hibernation: The Canadian Public Trust Doctrine,"（LL.M. thesis, University of British Columbia, 1993）, 23-27; Gann v. Free Fishers of Whitstable, 11 HL Cas 192, 207-8（1865）; and Williams v. Wilcox, 112 ER 857, 864（1838）. 漁業権はより一般的な公権である航行権に含まれる（Smallwood, 23）。

（6）Smallwood, 46; and Martin v. Waddell's Lessee, 41 U.S. 367, 410-11（1842）.

（7）Smallwood, "Coming Out of Hibernation," 80-81. アメリカでもカナダでも河航水域の定義が拡大的に解釈され、長大な河川や巨大湖も公共信託の範囲に含められる（Smallwood, 46-47 and 85-87; and Illinois Cent. R. Co. v. State of Illinois, 146 U.S. 387 [1892]）。

（8）Michael Blumm and Lucus Ritchie, "The Pioneer Spirit and the Public Trust: The American Rule of Capture and State Ownership of Wildlife," *Environmental Law* 35, no. 4（Fall 2005）: 681-84.

（9）Blumm and Ritchie, 686-92.

（10）Geer v. State of Connecticut, 161 U.S. 519（1896）.

（11）*Id.* at 529.

（12）*Id.* at 534; and Magner v. People, 97 Ill. 320, 334（1881）.

（13）Blumm and Ritchie, "The Pioneer Spirit and the Public Trust," 699-701; and McEvoy, *The Fisherman's Problem*, 115-16.

（14）Blumm and Ritchie, "The Pioneer Spirit and the Public Trust," 693; and Frank, "The Public Trust Doctrine," 667-70.

（15）Hughes v. Oklahoma, 441 U.S. 322（1979）.

（16）*Id.* at 322-23.

（17）*Id.* at 342-43; and Blumm and Ritchie, "The Pioneer Spirit and the Public Trust," 704-10. Montana v. Fertterer, 841 P.2d 467, 470（Mont. 1992）も参照。

（18）H. Scott Fairley, "Canadian Federalism, Fisheries and the Constitution: External Constraints on Internal Ordering," *Ottawa Law Review* 12, no. 1（1980）: 269; and British North America Act, 1867, c. 3, s. 91（12）.

（19）Fairley, "Canadian Federalism, Fisheries and the Constitution," 269-70; and British North America Act, 1867, ss. 109

and 117.

(20) Fairley, "Canadian Federalism, Fisheries and the Constitution," 270; and British North America Act, 1867, s. 92 (13).

(21) Fairley, "Canadian Federalism, Fisheries and the Constitution," 274-76; and British Columbia (Attorney General) v. Canada (Attorney General), [1914] A.C. 153 (P.C.) (appeal taken from British Columbia).

(22) McEvoy, *The Fisherman's Problem*, 75-79.

(23) McEvoy, 101, 103 and 112.

(24) McEvoy, 83-84 and 103.

(25) Noel Sargent, "The California Constitutional Convention of 1878-9," *California Law Review* 6, no. 1 (November 1917): 7; and Hyung-chan Kim, "An Overview," in *Asian Americans and the Supreme Court: A Documentary History*, ed. Hyung-chan Kim (New York: Greenwood Press, 1992), 9-10.

(26) Calif. Const. of 1879, art. XIX (superseded 1952).

(27) *In re* Ah Chong, 2 F. 733, 733-34 (1880).

(28) An Act Relating to Fishing in the Waters of This State, California Statutes § 116 (1880).

(29) McCready v. Virginia, 94 U.S. 391 (1876).

(30) *Ah Chong*, 2 F. at 734-35.

(31) *McCready*, 94 U.S. at 392.

(32) *Id.* at 394-95.

(33) *Ah Chong*, 2 F. at 736-37.

(34) *Id.* at 737.

(35) G. G. Conner to N. B. Scofield, interoffice correspondence, 20 February 1939, F3735: 711, Department of Natural Resources Records, California State Archives, Sacramento.

(36) "Loss to Port Seen in Bill," *Los Angeles Times*, February 20, 1927.

（37）今野裕子「戦前のカリフォルニア州における排日漁業法をめぐる闘い」『移民研究年報』第二二号（二〇一六年）六三―七九頁。

（38）*Ah Chong*, 2 F. at 737.

（39）武富敏彦から河相達夫への通信、大正一五年一〇月二七日、J.1.1.0.J/X1-U1-5 外国ニ於ケル排日関係雑件　米国ノ部　漁業法関係、外務省外交史料館、東京、An Act to Regulate the Violation of Fishing, and to Provide Therefrom Revenue for the Propagation, Restoration, and Preservation of Fish in the Waters of the State of California, California Statutes § 197, s. 3 (1909).

（40）An Act to Establish an Uniform Rule of Naturalization, 1 Stat. 103 (1790); an Act to Amend the Naturalization Laws and to Punish Crimes against the Same, and for Other Purposes, 16 Stat. 254 (1870); an Act to Revise the Laws Relating to Immigration, Naturalization, and Nationality; and for Other Purposes, Pub. L. No. 414, 66 Stat. 163 (1952); 加藤洋子『「人の移動」のアメリカ史――移動規制から読み解く国家基盤の形成と変容』（彩流社、二〇一四年）一〇八頁、一一八―一一九頁注一四、一一四頁、一五二頁注一三、及び一八五―八六頁。アメリカでの一定期間の居住歴も条件であった。

（41）Takao Ozawa v. United States, 43 S. Ct. 65 (1922).

（42）T. Abe v. Fish and Game Commission of the State of California et al. 9 Cal App. 2d 300 (1935); and Togo Tanaka, "Pre-Evacuation Pressure Group Activity in Southern California: Personality Sketches (1) Lail Thomas Kane," 30 May, 1943, 18-19, folder A 16.260, Japanese American Evacuation and Resettlement Records, Bancroft Library, University of California, Berkeley.

（43）Assembly Final History, California Legislature, 50th Sess. 12 (1933).

（44）A.B. 852, California Legislature, 50th (1933).

（45）杉山「１９３０年代メキシコにおける日本エビトロール漁業」三〇頁、日本人メキシコ移住史編纂委員会編『日本人メキシコ移住史』（日本人メキシコ移住史編纂委員会、一九七一年）一九六頁、農林省水産局編『海外水産調査』（海洋漁業振興協会、一九三八年）三二六―三二七頁、佐藤敏人から廣田弘毅への通信、昭和八年九月一八日、J.1.1.0.J/X1-U1-5.

（46）*T. Abe*, 9 Cal App. 2d at 301.

（47）堀公一から廣田弘毅への通信、昭和一〇年一二月一〇日、吉田寛から堀内謙介への通信、昭和一四年四月二六日、相墨久治から在ロサンゼルス帝国領事館への通信、一九三九年四月二四日、J.1.1.0.J/X1-U1-5.

（48）*T. Abe*, 9 Cal App. 2d at 304.

（49）*Id.* at 306.

（50）*Id.* at 304; Truax v. Raich, 239 U.S. 33 (1915); and *In re* Kotta, 187 Cal. 27 (1921).

（51）An Act to Amend Sections 427, 428, and 990 of the Fish and Game Code, Relating to Hunting and Fishing, and the Issuance of Licenses Therefor, California Statutes § 1100, s. 3 (1943); and an Act to Amend Sections 427, 428, and 990 of the Fish and Game Code, Relating to Hunting and Fishing, and the Issuance of Licenses Therefor, California Statutes § 181, s. 3 (1945).

（52）南加州日本人七十年史刊行委員会編『南加州日本人七十年史』（南加日系人商業会議所、一九六〇年）一八三頁。

（53）Torao Takanashi v. Fish and Game Commission et al., 334 U.S. 410, 412-14 (1948).

（54）*Id.* at 417-18.

（55）*Id.* at 418.

（56）*Id.* at 418-20.

（57）*Id.* at 420-21; and Blumm and Ritchie, "The Pioneer Spirit and the Public Trust," 703.

（58）An Act to Amend Sections 990 and 990.1 of the Fish and Game Code, Relating to Commercial Fishing Licenses, California Statutes § 200, s. 1 (1949).

（59）一方で出生地主義を採用するアメリカでは、日系二世以降の世代であれば市民として漁業ライセンスを取得することができ、数の上では一世に及ばないものの、太平洋戦争前夜には二世漁民も商業漁業に従事した。

（60）Frank Millard, "Early Attempts at Establishing Exclusive Rights in the British Columbia Salmon Fishery," *Land Economics* 83, no. 1 (February 2007): 26-30.

（61）Millard, 29-30. 一九一〇年一二月二二日の枢密院勅令では、バンクーバー島北端より北の第二漁区で操業する鮭缶詰工場が一覧表記され、工場ごとに船の割り当てが定められた（Extract from *The Canada Gazette* of Saturday, January 7, 1911 in "Fishery Regulations British Columbia Respecting Licences to Canneries and Individual Fishermen as Affecting Japanese and Policy of British Columbia Govt [Government] in Prohibiting Holders of Provincial Timber Licences from Employing Japanese and Chinese," 1913, RG2, Privy Council Office, Series A-1-a, Library and Archives Canada [hereafter LAC], Ottawa）。漁区については新保『カナダ移民排斥史』六〇頁及びWm. Duff et al., British Columbia Fisheries *Commission 1922: Report and Recommendation*（Ottawa: F. A. Acland, 1923）, 9参照。

（62）飯野正子『日系カナダ人の歴史』（東京大学出版会、一九九七年）一八二頁注三〇、Royal Commission on Chinese and Japanese Immigration, *Report of the Royal Commission on Chinese and Japanese Immigration*（1902）, 340.

（63）飯野『日系カナダ人の歴史』八四―八五頁、Royal Commission, *Report of the Royal Commission on Chinese and Japanese Immigration*, 342-45.

（64）飯野『日系カナダ人の歴史』八四頁及び一八二頁注三〇、Royal Commission, *Report of the Royal Commission on Chinese and Japanese Immigration*, 347; and Duff et al., *British Columbia Fisheries Commission 1922*, 13.

（65）Millard, "Early Attempts at Establishing Exclusive Rights," 30; Joseph Gough, *Managing Canada's Fisheries: From Early Days to the Year 2000*（Sillery: Septentrion, 2007）, 202; and "P. C. 3088," 20 December 2013, in "Fishery Regulations British Columbia . . . ," 1913, RG2, Privy Council Office, Series A-1-a, LAC.

（66）Millard, "Early Attempts at Establishing Exclusive Rights," 31-33; and Gough, *Managing Canada's Fisheries*, 202.

（67）Millard, "Early Attempts at Establishing Exclusive Rights," 33.

（68）Gough, *Managing Canada's Fisheries*, 203 and 205.

（69）飯野『日系カナダ人の歴史』八六頁、Gough, *Managing Canada's Fisheries*, 204-5; and Wm. Duff et al. *British Columbia Fisheries Commission*, 12.

（70）Gough, *Managing Canada's Fisheries*, 205; and Wm. Duff et al. *British Columbia Fisheries Commission*, 11.

（71）Reference as to Constitutional Validity of Certain Sections of The Fisheries Act, 1914, S.C.R. 457（1928）. 枢密院司法委員会は英領植民地における最終司法判断を行う機関である。カナダの連邦最高裁判所は一八七五年に設置されるが、さらに上告して枢密院司法委員会で決着を図るという仕組みが一九四七年まで採用されていた。なお、枢密院は州政府よりの判断を行うことが多かった（加藤普章『カナダの多文化主義と移民統合』〔東京大学出版会、二〇一八年〕四三―四四頁）。

（72）Fairley, "Canadian Federalism, Fisheries and the Constitution," 279; and Reference re: Fisheries Act, 1914（Can.）, A.C. 111（1930）（P.C.）（appeal taken from Canada）.

（73）飯野『日系カナダ人の歴史』八八頁、農林省水産局『海外水産調査』二八八頁、Rigenda Sumida, "The Japanese in British Columbia"（MA thesis, University of British Columbia, 1935）, 250.

（74）飯野『日系カナダ人の歴史』二一一―二一二頁。

（75）ノーマン・ヒルマー「帝国同盟の興隆と衰退　一九一四～一九三一年」、木村和男、フィリップ・バックナー、ノーマン・ヒルマー『カナダの歴史――大英帝国の忠誠な長女　一七一三―一九八二』（刀水書房、一九九七年）一七四―七九頁。

第二部

越境活動が創出する「国民」理念

第三章　部族と普遍の間
――Z・K・マシューズの原住民法研究から見る南アフリカ市民権要求の論理

上林　朋広

はじめに

南アフリカ（以下、南ア）の政治家・知識人であったZ・K・マシューズ（Z. K. Matthews）は死後に出版された自伝の中で、彼が南ア黒人として国内初となる学士号取得を目指してフォートヘア大学で学んでいた当時、ダイニングホールで繰り広げられた議論について回想している。時は一九一九年であり、話題は民族（nation）という言葉についてであった。

ウィルソン大統領が一四ヵ条を公表した時に、小規模民族の自決権（self-determination for small nations）というフレーズがアフリカ人の耳に留まったのだ。彼の言う『民族（nation）』の中に私たちは含まれているのだろうか。この言葉は、私たち、すなわちアフリカの黒人のことも意味しているのだろうか。フォートヘアで私たちはこれ以外のことはほとんど話さなかった。(1)

　歴史家エレツ・マネラが示したように、ウィルソンが提示した民族自決の原則は、ウィルソンが当初想定していたヨーロッパという地域を超えて、植民地支配下にある世界中の人々の行動を喚起することとなった。[2]マシューーズの回想に見られるように、南アのアフリカ人も例外ではなく、一九一二年に設立されたばかりの南アフリカ原住民議会（South African Native National Congress. 一九二三年に現在の名称であるアフリカ民族会議（African National Congress. 以下、ANC）に改称）もアフリカ人の権利を直接訴えるために、宗主国の首都ロンドン、そして講和会議開催中のパリに代表団を派遣している。ANCの請願は、しかし、マネラの描いた他の地域の独立運動家たちの要求と同様、聞き入れられることはなかった。[3]マシューーズは請願が失敗に終わった理由を、アフリカ人を特定の「部族」に結び付ける植民地統治政策に帰する。

私たちは南アフリカに住んでいるが、南アフリカ国民として認められることはない。実際に白人の指導者が、南アフリカ「国民（nation）」について語るとき、彼らが想定しているのは白人のみである。国民の人口が挙げられるとき、その数字は白人だけである。［それに対して］我々は「部族的」（tribal）な存在として自身を認識することを求められるのである。すなわち、我々はコーサ族である、あるいはツワナ族である、あるいはズールー族であるなどと。これらの部族のどれも進むべき道を自身で決めることのできる民族の名簿に登録されてはいないのだ。[4]

マシューーズの回顧するフォートヘア大学での民族自決の原則をめぐる議論は、南ア史における中心的な問いである「南アフリカ人とは誰か」に正面から向き合うものであった。

この問いに対する答えは所与のものではなく、人種隔離撤廃を求める運動の中で形成されてきた。[5] 南アにおける解放運動の歴史を扱った多くの研究を踏まえ、大掴みに捉えるならば、アフリカ人の尊厳の回復を唱え、アフリカ人主導の運動を目指すアフリカニズムと、人種に基づかない南ア市民権の確立を目指す非人種主義の二つの方向性があったとまとめることができるだろう。[6] そして、マシューズは、アフリカ人も選挙権を持っていたケープ植民地におけるリベラリズムの思想的伝統を受け継ぎ、かつ国際的な視野を持った非人種主義の立場に属していたと一般的には考えられている。例えば、南アにおける人権思想の歴史をたどったデュボウは、「アフリカ人の主張（Africans' Claims in South Africa）」や「自由憲章（Freedom Charter）」という解放運動の思想的要綱を規定した文書の策定におけるマシューズの影響を指摘する。[7] しかし、この人物像からは、マシューズが人類学、特に原住民法や「部族」の歴史調査というアフリカ人統治行政と密接に関わる分野の研究と教育を行っていた点が抜け落ちてしまう。

自由憲章は解放後の南ア社会の青写真となった文書であり、「南アフリカに住む人々が平等の権利を持つ」という理念を提示した。[8] しかし、自由憲章の起草を提言したマシューズの活動からは、人種を超えた南ア人としての権利を求めるという運動方針は自明のものではなく、南アフリカの歴史を多人種の関わりという視点で再考することで、初めて可能になったことがわかる。本稿は、マシューズに注目することで、自由憲章制定に至る解放運動の展開を従来強調されてきた人種間の協調ではなく、法的二重体制を敷く人種隔離政策への根源的な批判という側面から検討する。

マシューズの政治思想の発展を、彼の人類学的研究と合わせて分析することで、本稿は、人類学的研究によって得た知見が、マシューズにヨーロッパ人とアフリカ人を分けて統治する植民地体制への批判的視点をもたらし、その後の解放運動における思想的基盤を築くことにつながったと主張する。政治学者のマムダニは、アフリカ国家論における古典的著作『市民と臣民』において、アフリカ植民地統治は都市の文明社会と農村の部族社会という境界を設定し、それぞれを別個の法体系の下に置く、二重化された体制を作り上げたとする分岐国家論を提示した。(9) 本稿は南アにおける分岐国家体制へのマシューズの批判を検討し、解放闘争において彼がいかにして包括的かつ平等な社会を構想しようとしていたかを明らかにする。

マシューズの政治的姿勢の変遷を概観して感じるのは、年を追うごとに急進的な方向へと振れていくということだ。一九五六年に国家反逆罪で法廷に立つまで、マシューズはリベラルな知識人として、またアフリカ人政治家の中での穏健派として、白人政治家たちに認識されてきた。しかし、大学教員としての生活を送ってきたマシューズの晩年は、人種隔離政策を強権的に推し進める国家との対立に費やされた。バンツー教育法後のフォートヘア大学改変（「コーサ族」の部族大学に再編する）への抗議としての辞職、自由憲章の起草の提案、ANC青年同盟に同調しての暴力革命も辞さないという演説での意見表明、そして最後は南アを離れてボツアナ国連大使として訪れていたニューヨークでの客死と、一九五〇年代半ばからの彼の人生は、それまでの教員・研究生活を中心としたものとは対照的に波乱に満ちたものだった。本稿は、マシューズの政治思想を彼の人類学者としての研究と結びつけて論じることで、晩年の国家との対立をそれ以前の彼の政治姿勢からの飛躍として見るのではなく、三〇年代からの人類学研究という地道な日々の歩みによって準備されてきたものとして捉え直す。上記の目的を達成するために、本稿はマシューズの政治思想の展開を、人種隔離への抵抗運動における国際的な権利言説の利用、及び人類学とアフリカ人統治行政の結び付き、という二つの視点から分析する。そのためには、まずマシューズがいかにして人類学を学ぶに至ったのかが明らかにされなくてはならない。

一　ミッション・エリートから人類学者へ

マシューズは、一九〇一年ダイヤモンド鉱山によって発展した都市キンバレーに生まれた。その生涯においてマシューズは、宣教師が設立したアフリカ人教育機関を中心とする南アにおけるリベラリズムの伝統と深い関わりを持っていた。マシューズはアフリカ人のエリート校であるラブデール学院で教育を受け、設立間もないフォートヘア大学に進学し、アフリカ人として初めてとなるアフリカ国内での学士号を取得した。そして一九三六年から一九五九年に辞職するまでフォートヘア大学で、アフリカ人としては二人目の専任教員として教鞭をとった。紛れもなく輝かしい経歴である。

マシューズと宣教及びそれが体現する近代性[10]との関わりは、ツワナ人への宣教の歴史の最初期に改宗した祖父母から始まる家族の歴史を含めて、考えられるものである。マシューズの父は土地を所有し、友人と共同でカフェを経営、また父方の祖父も運送業に携わるなど、典型的なミッション・エリートの家系に生まれた[11]。宣教師が植民地化の過程で、「意識の植民地化（colonization of consciousness）」の先鞭を着けたとするコマロフ夫妻の議論を受け入れるならば、マシューズは、キリスト教への信仰と資本主義の精神が生を意味付ける植民地空間に生まれ育ったと言うことができるだろう[12]。それではなぜミッション教育の枠と考えられる人物が、伝統社会の決まりをあらわす原住民法を専門とし、特定の「部族」の歴史を調査するに至ったのか。この点を明らかにするためには、まず彼の受けた学校教育とともに、ナタール州原住民教育視学官チャールズ・ロラム（Charles T. Loram）との関係に言及しなくてはならない。

●フォートヘア大学

フォートヘア大学に進学するまでのマシューズの経歴はまさにミッション・エリートの典型である。キンバレーで初等教育を終えたマシューズは奨学金を得て、ケープ州グラハムズタウン近郊の町アリスの由緒あるラブデール校に進学する。(13) スコットランド宣教団によって運営され、マシューズの義父ジョン・ボクエ（John Knox Bokwe）を含め多くのアフリカ人エリートを輩出してきた同校でマシューズは優秀な成績を収め、教員からの推薦を受けて、一九一八年に三年前に設立されたばかりのフォートヘア大学に進学することとなった。(14) 当時アフリカ大陸唯一のアフリカ人高等教育機関であったフォートヘア大学には南アフリカ国内だけではなく、南北ローデシア、ニアサランドなど他のイギリス領アフリカからの入学者も受け入れており、マシューズはこの多文化的な環境が、アフリカ人が部族主義を超えて協調する可能性の実質的な証明であったと回想する。(15)

フォートヘア大学卒業後、マシューズは、アメリカン・ボードがナタール州で運営するアダムズ校ハイスクール部門に、初のアフリカ人校長として就任する。アフリカ人の能力に疑問を付す白人社会に、自身をその反証として指し示すことが、校長就任までのマシューズの活動の目的であった。マシューズの経歴は、フォートヘア大学の教師であり、のちに同僚となったD・D・T・ジャバヴとともに、人種ではなく個人の資質を重視するケープ植民地のアフリカ人エリートの自由主義的伝統を最もよく体現している。(16)

しかし、アメリカ・イギリス留学後の一九三六年にマシューズがフォートヘア大学に講師として戻ってきた時に担当した科目は、社会人類学及び原住民法・原住民行政という、文明と未開というヨーロッパの二分法に従えば「未開の人々」により深く関わるものであった。マシューズのこの関心の転換を説明するためには、その背景としてイギリス系南ア人知識人とアフリカ人統治行政の関わりに注意を払いながら、マシューズのアメリカ及びイギリスへの留学とその時期の彼の研究を検討しなくてはならない。

●「バンツー法と西洋文明」

アダムズ校で教員となった後も、マシューズは学位のための勉強をやめたわけではなかった。一九三〇年にマシューズは通信課程で南アフリカ大学から法学学士号（LL.B）を取得する。マシューズを南ア法学界の重鎮、ナタール大学教授のバーシェル（F. B. Burchell）に面会させ、法学の通信教育を受けるように促したのが、当時連邦原住民政策委員会（Native Affairs Commission）の委員を務めていたロラムであった。[17]ロラムはコロンビア大学で博士号を取得し、博士論文に基づいて『南アフリカ原住民の教育』を上梓した。この著作においてロラムは、当時のアフリカ人教育が、学生にヨーロッパの古典を中心とした教養を身につけさせることに重きを置き、その内容がアフリカ人の現実の生活からかけ離れたものとなっていると指摘する。改善策としてロラムは、農業・工芸を中心とした職業訓練の重視を唱えたのである。ロラムは帰国後、ナタール州の主任教育視学官に就任し、アメリカ南部の黒人教育に大きく影響を受ける形で、新カリキュラムの作成など同州のアフリカ人教育の改革を行った。[18]マシューズは、自身がフォートヘア大学に入学するために勉学に励んだのはロラムの著作に代表される学校教育におけるアフリカ人の劣等性という臆見に反証を突きつけるためであったと回想する。[19]

しかし、先に見たマシューズの法学士の取得とともに、その後のイェール大学留学にもロラムの助力が大きく作用していた。ロラムは一九二九年に原住民政策委員会を辞任し、イェール大学の教育学の教授に就任した。その後、ロラムは優秀なアフリカ人教員として注目していたマシューズをフェルプス＝ストークス財団に推薦し、自身の下で学ぶことができるように取りはからったのである。[20]

ただしイェール大学留学の開始時にマシューズの研究関心が定まっていたわけではなかった。マシューズに宛てた手紙の中で、ロラムはイェール大学での専攻として考えられる分野として、教育学、法学、人類学の三つを挙げている。[21]それでは、なぜマシューズは原住民法を研究テーマとして選んだのか。この点については、マシューズの自伝、また残された手紙も明らかにしない。しかし、一九二〇年代後半の連邦におけるアフリカ人統治政策をめぐる議論の状況を考慮すると、法学の素養を持った人材、特にアフリカ人統治行政と関わる分野の専門知識を身につけたアフリカ人エリートが、制定された法律の実施においても、あるいは逆に政策を批判するにあたっても、必要とされる存在であったことがわかる。

一九二〇年代はそれまで連邦成立以前の状況を引き継いで個別に実施されていた四州（ケープ州、ナタール州、オレンジ自由州、トランスファール州）のアフリカ人統治政策の統合が目指された時期であり、同年代にはまた工業化に伴うアフリカ人の都市化に対応するために移動を管理するための法的整備が進められた。二〇年代に制定された法律で特に重要なものが、原住民都市法（Native Urban Areas Act. 一九二三年）と原住民行政法（Native Administrative Act. 一九二七年）である。前者が、労働力需要を基準としてアフリカ人の都市への移動を管理することを目指したのに対して、後者はアフリカ人の居住地区として定められた地区であるリザーブでの統治行政を、連邦総督（Governor-General）を長とし、アフリカ人首長及びその下位職であるヘッドマンを末端に組み込む体制として規定した。原住民行政法は、連邦総督に宣言による立法（law by declaration）を認め、[22]アフリカ人間の紛争を裁定する機関として、首長あるいは白人行政官である原住民監督官（Native Commissioner）が裁定する原住民法廷（Native Court）が定められた。また、原住民法廷において、その裁定は原住民法（Native Law）に依拠すべきであるとされた。[23]一九二七年の原住民行政法は、連邦全体の立法プロセスからアフリカ人統治に関わる法を除外するという点で、マムダニの言う「分権化された独裁制（decentralized despotism）」の法的基礎を築くものであった。[24]

一九二〇年代の人種隔離政策に理論的基礎を提供したのはロラムを含めたイギリス系の知識人たちであったが、彼らはヘルツォーク（J. B. M. Hertzog）政権の進める人種隔離法案に徐々に対立する立場をとるようになる。白人リベラル知識人たちは、人種隔離それ自体に反対していたのではなく、政権が成立を目指す法案が抑圧的であり、アフリカ人の文化を保持することよりも白人の経済的支配に益することが明白であることに反発していたのである。[25]それゆえに、政策への批判としては、ケープ州のアフリカ人の投票権を奪うことが、アフリカ人の政治への参加を奪うという平等の原則に立つ批判の他に、[26]首長や慣習法を利用した政策が、実際にはアフリカ人本来の生活を反映していないという文化を保存するという観点からのものが存在した。この点は、ロラムがカーネギー財団からの資金援助を得てその設立に尽力し、リベラル知識人の意見交換の場として、また調査機関として機能した南アフリカ人種関係研究所（South Africa Institute of Race Relations）での議論に明らかである。彼らは一九二七年原住民行政法及び一九三二年のナタール原住民法典（Natal Code of Native Law）改定の際に、原住民法廷や婚資の支払いなど様々な点において、同法典がアフリカ人の実際の慣習を反映していないという観点から批判的な検討を行っている。[27]以上の状況を踏まえると、ロラムがマシューズを自身の下で学ぶように促した背景には、人種関係研究所に集う白人リベラルと関心を共有するアフリカ人知識人を育成するという目的があったと考えられる。

マシューズの三〇〇ページを優に超える長大な修士論文「南アフリカにおけるバンツー法と西洋文明」[28]は、その期待に十二分に応えるものであった。この修士論文は構成上、アフリカ人の文明社会への参入の実現が人種隔離を通して段階的になされるとする白人リベラルの思考に沿うものに見える。マシューズは、原住民法の定義及びその構成要素（一章・二章）から記述を始め、その後連邦成立以前の各植民地（ケープ、ナタール、及びベチュアナランド[29]）、共和国（オレンジ自由国、トランスファール）における原住民法の法律としての承認の過程（三章）、連邦成立後の原住民法のアフリカ人統治における利用を説明する（四章）。このような叙述の構成を採ったという点で、マシューズの修士論文は既存の研究、とりわけ人種関係研究所の中心人物の一人であるエドガー・ブルッケス（Edgar Brookes）の『南アフリカにおける原住民政策の歴史』[30]に依拠しつつ、アフリカ人統治政策における原住民法の利用に焦点を絞り、そこに人類学的な知見を付け加えたものと捉えることができる。また、論述が現代に近づくにつれて、一九二七年原住民行政法など法律の説明が増えており、実務的な観点からの原住民法の現状の整理という面が強くなる。この点も、政策への批判的な助言を行っていた白人リベラルと関心が共通する点である。

しかし、マシューズの原住民法に関する論考は人種隔離を前提とするブルッケスの著作とは異なり、南アにおいて全国民に共通の一つの法体系を作り出す道筋を示すことを目指すものであった。マシューズは序論において、連邦成立後の南アの課題は「いかにして異なる文化的遺産と人種的背景を持つ多様な人々から南アフリカ国民を作り上げるか」であると指摘する。[31]そして法的側面から見るとこの課題は、ローマン・ダッチ法、イギリス・コモンロー、アフリカ人の原住民法という異なる三つの法体系を、それぞれの特質を損なうことなく調和させることであると主張する。[32]マシューズはこのように目的を述べた後、原住民法の定義・主な要素を挙げ、歴史的な展開を詳細に説明していく。そこでは婚資や紛争の裁定方法、罪を犯した者への罰則についての事例や、基礎となる規範及び法律が言及される。長々と続く個別具体的な解説においては、法の統一によって南ア国民を造るという当初の課題は忘却されたように思えてくる。しかし、マシューズの修士論文は、その最終章において論述の方向性が大きく変化する。原住民法の展望を述べる最後の章においてマシューズは、修士論文執筆当時の南アの法体系は入植者社会の法と原住民法とに分かれているが、将来的には両者を混淆した統一の法が作り出されるべきであると主張するのだ。[33]

入植者社会の法と原住民法の統一を考えていたのは、マシューズに限られていたわけではない。例えば、マシューズ自身引用するブルッケスは、原住民法と入植者社会の法の融合の可能性を指摘する。ただしブルッケス自身はその可能性に言及しながらも、「アフリカ人をヨーロッパ人とは別の人々として維持することが最も望ましい」と述べるように、原住民法を保持することは人種隔離のための支えであると考えられていたのである。[34]それに対して、マシューズはアフリカ人の生活は現在大変な速度で近代化しているため、過去を理想化し原住民法それ自体の保持を目的とするのではなく、状況に合わせてヨーロッパ法と原住民法を統一した法体系を目指すことが唯一とることのできる道であると主張する。[35]

しかし、それまでの章が、実際の法律や文献に基づいて論証されているのに対して、この展望を述べた部分は説得的な論述と言うよりはマシューズの希望となっている。統一した法体系を導くようなアフリカ人の生活の変化を裏付ける作業は、その後のマシューズ自身も関わった人類学的調査を待たなければならなかったのである。

●アフリカ人人類学者としてのマシューズ

修士号を終えた段階で、マシューズはロラムの下に残るのではなく、イギリスに渡り、人類学者ブロニスラフ・マリノフスキー（Bronislaw Malinowski）の下で人類学を学ぶ事を選んだ。マリノフスキーから直接教えを受けた事実は、マシューズをヨーロッパ人人類学者の下で働く現地アシスタントとしてではなく、対等な学者として扱わせるに十分な権威を与えた(36)。

一九三六年に帰国後、マシューズは母校フォートヘア大学に社会人類学及びバンツー研究を教える講師として採用された。バンツー研究は、その内容に原住民法を含むものであり、同科目の設立は、ロラムの提案が承認されたものであった。マシューズは、大学においてその専門を生かし、原住民行政に関わるアフリカ人官吏の育成に携わることが期待されていた(37)。

マシューズの修士論文が近代法と部族法という二重の法体系によって成り立つ南アの統治制度を批判的に整理し、すべての国民を統一された法体系の下に置く一元的な制度を構築することの妥当性を説く法学的研究であったとすれば、マリノフスキーのセミナーを経て三〇年代後半から発表された論文は、人類学的研究に基づいて修士論文の結論を裏付けようとするものだったと考えることができるだろう。

イギリスでの学会発表を基にして、南ア帰国後に発表された二つの小論は、概念的なレベルで南アにおけるアフリカ人統治の前提に疑問を投げかけるものであった。「アフリカ人から見たアフリカにおける間接統治」においては、アフリカ植民地統治における伝統の利用が、首長の権限という一点に集中し、しかも歴史的には首長の権限が臣民によって様々な形で制限されていたという側面を捨象していると批判する。[38] この批判は明示こそしていないが、一九二七年原住民行政法において、連邦総督が最高首長（Supreme Chief）の地位にあり、宣言による立法を行うことができるとした点を踏まえている。この法律の基礎はナタール原住民法典にあり、元をたどればズールー王シャカの伝統に行き着く。[39] それに対して、マシューズの提示する首長像は、シャカのような独裁的な権力者ではなく、臣民の意見を尊重する民主的な統治者である。[40] マシューズはもう一つの論文、「教育を受けた南アフリカ人における部族の精神」においては、マシューズ自身がその典型である都市に住むミッション教育を受けたアフリカ人も、親族ネットワーク、すなわち「部族的なつながり」を失っていないことを指摘し、人類学が真正な伝統を保持した「部族」のみを研究対象として措定し、都市のアフリカ人を等閑視しているという現状が、現代アフリカにおける重大な課題を見落としているのではないかと問題提起を行う。[41] この点は、人類学が実際的な面において価値を持つためには、ヨーロッパ人の文明とアフリカ人の文化との衝突と混淆（当時のことばでは「文化接触（Cultural Contact）」）のプロセスの解明を課題とすべきであり、そのためには都市のアフリカ人を研究対象とすべきであるというマリノフスキーの指摘とも呼応するものである。[42] しかし、この議論は、南アにおける抗議運動の歴史を考えれば、同時に、ミッション教育を受けたアフリカ人からの抗議をアフリカ人の大部分を代表するものではないとして斥けてきた南ア政府への間接的な批判ともなっているのである。[43]

人類学、特に慣習法という点で、マシューズは白人リベラルと関心を共有し、彼らとの人脈を通して自身のキャリアを築いてきた面があるが、マシューズの視点は微妙に異なる。ヘルツォーク政権下でのアフリカ人統治行政に関する立法への白人リベラルの批判は、同政権下で準備された法案が、白人支配を明白に利する形でアフリカ人の伝統を歪曲させた上で利用していることに焦点を当てており、分離それ自体を問題視することはなかった。一方、マシューズの原住民法及び人類学的研究は、アフリカ人社会の可塑性を指摘することで、人々がその人種によって異なる法の下に置かれることのない統一された法制度に基づく南アの実現可能性を追求するものであった。そして、マシューズと白人リベラルとの齟齬は、一九三〇年代を代表する南ア白人知識人の一人、ヘルンレ（R. F. A. Hoernlé）の著作『南アフリカ原住民政策とリベラル精神』に対するマシューズの書評に明らかである。(44)

人種関係研究所の所長を務めるとともに、ヴィットヴァータースランド大学の哲学科教授でもあったヘルンレの著作は、アフリカ人統治における「信託（Trusteeship）」の理念の否定という点で、ブルックスやスマッツを中心とした原住民政策論からの決別を宣言するものだった。(45)ヘルンレは、まだ文明の初期にあるアフリカ人社会への西洋文明の急激な流入を防ぎ、段階的に西洋社会へと「原住民」を引き上げるというトラスティーシップによる人種隔離統治の論理が、実際には白人入植者の利益を確保し、その支配を維持するための口実にすぎなかったと、白人と黒人の分離を規定する様々な法を検討した後に結論する。(46)ヘルンレはこの現実を踏まえると、彼と同様にリベラルな信条を持つ白人には三つの道が残されていると主張する。一つ目は、人種隔離政策を維持したままその改善を目指す方向（Parallelism）、二つ目は人種隔離関連法をすべて取り払う方向（Assimilation）、三つ目は人種間の交渉をできるだけ取り除き、人種ごとに別々の政治体制を造ることを目指す「完全分離（Total Separation）」という方向である。ヘルンレはこのうち、「完全な分離」こそが、リベラルな白人が現実的に望むことができる唯一の方針であると主張する。アフリカ諸国独立という状況において人種隔離政策を正当化するために遂行された後のバンツースタン政策を思わせるようなヘルンレの「完全な分離」という主張を、マシューズは即座には否定しない。現状の段階的な改善の可能性が薄く、人種差別的な法律が廃止されたカラーブラインドな社会が到来したとしても黒人の生活が良くなる保証はないということを考えれば、ヘルンレの提案は真剣に検討するに値すると述べるのである。(47)この書評の論述は、「完全な分離」こそがリベラルが唯一とることのできる立場であるというヘルンレの見解を問題視しながらも、白人リベラルと彼らが体現する分離に基づく体制という考え方と決別しているわけではないことを示している。

しかし、一九四〇年代に入り、ＡＮＣの急進化及び大衆化が進む時期においては、マシューズは人種隔離という考え方を捨て去っていた。これには二つの要因が考えられる。一つ目は、第二次世界大戦及び直後に発表された大西洋憲章や世界人権宣言という国際的な権利の言説と国内のアフリカ人の権利要求を接合する過程で、南ア市民であることの重要性が再認識されたということである。二つ目は、祖父や父が行使してきたケープ州のアフリカ人の投票権が一九三六年信託土地法によって奪われ、その代替として設置された原住民代表委員会の委員をマシューズが一九四二年から務めたことに起因する。政府に対し、アフリカ人の苦境を訴え、また状況の改善をするための政策提言をするものの聞き入れられないという不満の中で、マシューズは入植者社会とアフリカ人社会の分離という実験が失敗に終わったことを訴えるようになるのである。次節ではこの二点を中心に、マシューズの南ア市民であることからくる権利を要求するという立場を検討する。

二　南アフリカ市民権の拡充を求めて

●大西洋憲章から「アフリカ人の主張」へ

一九四一年にアメリカ合衆国大統領ローズヴェルトとイギリス首相チャーチルの連名で公表された大西洋憲章は、ナチス・ドイツとの戦争の目的と、戦後社会の構想を提示した。この憲章は、ローズヴェルトが同年はじめアメリカ国民に向けて発表した「四つの自由」の内容を引き継ぎ、また第一次大戦後ウィルソンが発表した一四ヵ条のうち、領土拡大の否定と民族自決の内容を繰り返し含むものとなっている[48]。大西洋憲章は、外交史家ボグワートが述べるように、発表直後から世界各地で議論され、特にアフリカではチャーチルの大西洋憲章は植民地には適用されないという否定にもかかわらず、戦後の脱植民地化を推進するものとして受け入れられた[49]。しかし大西洋憲章が、人権レジームの端緒として実際に脱植民地化の過程において影響力があったのかについては議論がある。大西洋憲章への言及が、国際的人権規範の独立運動における利用を示しているという立場がある一方で[50]、脱植民地化を求める運動は専ら民族の自決を求めていたのであり、国家を超えた人権という考え方が運動のあり方に影響を与えたわけではないとする立場もある[51]。このような大西洋憲章の反植民地運動全体における影響力を測る議論に対して、ハンターは特定の地域における大西洋憲章の用いられ方を分析する必要性を指摘する。彼女は、タンガニーカのスワヒリ語新聞において個人の権利を重視する国際的な言説が、首長によって臣民は代表される、それゆえに民主化は不要であるという植民地統治と親和的な言説を批判するために用いられていたことを明らかにした[52]。

本節では、ハンターの視点を受け継ぎ、南ア国内の文脈を重視して、同国における大西洋憲章の受容を検討する。大西洋憲章はＡＮＣのような黒人政治団体だけではなく、議会や政党、調査団体など、様々な場で言及されていた。イギリス連邦の一員として参戦を決定した首相スマッツは、その内部に参戦への反対派を多く抱えるアフリカーナー住民に対して参戦の意義と、戦後、特に雇用と福祉の面で（白人内部において）公正な社会が実現されることを説くために、大西洋憲章（及びビバレッジ報告書）に言及した。[53] またアフリカ知識人と関係の深い人種関係研究所や、マシューズのイェール大学留学への資金援助を含め長年にわたり南アのアフリカ人教育を支援してきた、アメリカのフェルプス＝ストークス財団においても、大西洋憲章の南アや他のアフリカ植民地への適用について議論が重ねられていた。[54] しかし、それは大西洋憲章であげられた権利を南ア国内のアフリカ人が得られるような道筋を考えるというのではなく、福祉や政治的権利の現状を調査し、整理するという活動に費やされた。大西洋憲章を検討していた当時の人種関係研究所に対して、ＡＮＣ議長のクマ（Alfred Xuma）は、同研究所が人種隔離政策に対して明白に反対の立場を取らないのはなぜかと問いただす手紙を送っている。[55] 一九三〇年代にはその活動が停滞したＡＮＣであるが、クマ体制のもとで成員の大衆化と政府への対決姿勢を強めることで再び活発化した。[56] 白人リベラルの集う人種関係研究所への質問状は、人種隔離政策の明確な否定というＡＮＣの姿勢を表すものであったのだ。

クマを議長とするＡＮＣの体制において準備され、一九四三年に発表された「アフリカ人の主張」は、その付録として加えられた「権利の章典（Bill of Rights）」とともに国際的な権利言説に依拠しつつ、南アフリカ国家に対してアフリカ人の権利を主張した文書として捉えられている。[57] 実際に、大西洋憲章の世界的な影響を検討する中で、ボグワートはマンデラの自伝に言及し、大西洋憲章は個々の市民が超国家的な法的規範と直接的な関係を有していると示した点で、マンデラのような活動家にとって役立つものであったと主張する。[58] またデュボウも「アフリカ人の主張」がそれまでのＡＮＣの活動において、政治的要望と権利に関する最も大胆で明確な主張であっただけでなく、大西洋憲章で提示された自由を真に普遍化するものであったと述べ、この点においてマシューズの貢献を指摘する。[59]

しかし「アフリカ人の主張」は、国家に先立つ個人の不可侵の権利を主張することに主眼があるのではなく、アフリカ人にも南ア市民としてその権利を享受することを可能にすることを求めることが、その要点であった。「アフリカ人の主張」は大西洋憲章の南アへの適用という形式をとりながら、むしろ南ア国民であることによって付与される権利の充実と、それが人種に関係なく与えられるべきであると主張した文書として読むことができる。この点は、民族自決の原則を再度説いた大西洋憲章の第三条へのコメントに明らかである。「アフリカ人の主張」は、植民地化の過程においてアフリカ人の主権が侵されたとして、その回復を求めると述べる。一方で同文書は、アフリカ大陸の一部地域においては、ヨーロッパ人マイノリティが黒人マジョリティを支配する体制を築いているとして、そのような地域においてはアフリカ人にもヨーロッパ人と同様の権利を認めることを要求すると主張する。[60] また国家の役割を重視する姿勢は、権利の章典にも明確に表れている。アメリカ憲法に付された権利の章典とは異なり、大西洋憲章の検討に続く、ＡＮＣ起草の権利の章典は、南ア連邦のアフリカ人（the African people in the Union of South Africa）はヨーロッパ人が享受するものと同様の完全な市民権を要求するという宣言から始まり、教育、福祉、また労働という諸点においてヨーロッパ人との平等とともに国家の役割の拡大を期待するものとなっている。それゆえにこの文書は、国際的な権利の言説に依拠しつつも、国民であるという事実によって人種を問わずに保障されるべき権利が生じるという論理を展開するのである。そして国民であるということを強調する点において、この文書はケープ州のアフリカ人の投票権を剥奪しアフリカ人統治政策を南ア全体で統一することを目指したヘルツォーク政権の一九三六年原住民信託土地法への反対運動を目的とする全アフリカ集会（All African Convention. 以下、ＡＡＣ）における権利要求の論理とは異なるものである。(61) マシューズも参加したＡＡＣがケープ植民地時代からのアフリカ人の投票権の維持を目的とし、それゆえにアフリカ人自身の文明化の度合いと、アフリカーナーの共和国と対比した上でのイギリス植民地の自由主義の伝統を訴えたのに対して、(62)「アフリカ人の主張」は他の条件を捨象し、南ア国民であるという点に、彼らが主張する要求が保障されるべき論拠を置く。

しかし南ア人であるという国籍の法的輪郭が明確になったのは、「アフリカ人の主張」の作成時点から見てそれほど古いものではなかった。法制史家クラーレンが述べるように、一九一〇年の連邦成立時に南ア国籍という概念は存在しなかった。クラーレンは中国系やインド系などのアジアからの移民の流入を管理する過程、及びアフリカ大陸内において隣接するイギリス領及びポルトガル領植民地からの鉱山へのアフリカ人労働力の導入と管理の過程において、省庁間の管轄をめぐる議論の帰結として国籍の概念が発展してきたと述べる。(63) また、一九三七年の原住民都市法（Urban Areas Act of 1937）は、その主目的はアフリカ人の都市への流入の管理にあるものの、南ア国内のアフリカ人と国外からのアフリカ人を区別し、前者に南ア国籍があることを明確にした上で、前者に条件付きの都市での居住を認めた。クラーレンは、人種間の格差を含みつつも、統一された南ア市民権という外殻を作り出したという点で、一九三七年を法的

な市民権が確立された年として位置付ける。(64)

ただし、一九三六年信託土地法及び一九三七年原住民都市法は、南ア国民のうちアフリカ系の人々の住民のリザーブへの居住を基本とし都市への移住を規制するという点で（南ア国外からのアフリカ人が都市へ入ることはできないとされた）、南ア国民を「原住民」と「非原住民」とに分け、前者は基本的にはリザーブに居住し、都市には労働力として有用な限り居住すべきとするものであった。それゆえアフリカ人は南ア市民権を有していたとしても、その内容は大幅に制限されたものとなっていたのである。

「アフリカ人の主張」は、それまでは分岐した統治体制を法的に基礎付ける、いわば地としてのみしか重要性を持たなかった南ア市民権を前面に押し出し、その権利を主張するのである。この点において、第一次大戦直後のＡＮＣの派遣団との主張の違いは明らかだ。本論文の冒頭で言及したロンドン及びパリを訪問したＡＮＣ派遣団が政治的権利をイギリス臣民として求めるのに対して、「アフリカ人の主張」は南アにおける完全な市民権を要求するのである。(65)

戦時中に急速に進んだ都市化への対応を調査した原住民法委員会（一九四六～四八年開催、通称ファガン委員会）でのマシューズの発言からは、南ア市民権を用いた論理が、アフリカ人統治政策を批判する基礎となっていたことがわかる。彼は、パス法に代表されるアフリカ人の移動を規制する法及びアフリカ人の居住を都市周辺のロケーションに限定する政策が、アフリカ人の福祉を侵害していると主張するのである。(66)都市居住においても、アフリカ人とヨーロッパ人との間で平等が達成されなくてはならないのだ。(67)

●ANCの大衆化と人種隔離政策との決別

「アフリカ人の主張」で示された社会権の要求は、独立後のアフリカ諸国の状況を考えれば、過大なものと見えるかもしれない。しかし、第二次大戦中の南アという時代状況を考えれば、妥当な要求であることがわかる。デュボウは、一九四八年のアフリカーナーを主体とする国民党の選挙での勝利とその後のアパルトヘイト政策の前史としてのみ捉えられがちな一九四〇年代が、実際には様々な可能性に満ちた時代であったと主張する。[68] 特に社会保障という面においては、シーキングスが示したように大西洋憲章やビバレッジ報告書に影響を受けつつその改革が議論されており、例えば人種にかかわらず給付を行う年金制度が計画されていた。[69]「アフリカ人の主張」は大西洋憲章をその枠組みとして利用したものであるが、スマッツのアフリカ人の社会福祉は南アが取り組むべき基本的な課題である、という趣旨の言葉を引用し、第二次大戦中という好機を意識した文書となっている。[70]

しかし、スマッツを首相とする戦時政府のアフリカ人の要求に対する宥和的な姿勢は長くは続かなかった。ヨーロッパ戦線が好転し、実際に戦後社会が視野に入ってくると、スマッツ政権はパス法の取り締まりを強化し、また「アフリカ人の主張」の草稿を送付したクマに対して、扇情的な文書であると批判するなど、アフリカ人の要求に対して強硬な姿勢に転じるのである。[71]

戦時中の期待の高まりと、その後の政府の人種隔離法の取締強化は、アフリカ人知識人にフラストレーションを生み出し、一九四六年には原住民代表審議会（Native Representative Council. 以下、ＮＲＣ）の開催延期につながる。ＮＲＣは一九三六年原住民代表法において、ケープ州のアフリカ人の選挙権の失効を決定する代わりに、アフリカ人が議会に対してアフリカ人に関わる政策への助言を行うための機関として設置された。ＮＲＣの議員は政府の任命と選挙により、マシューズはケープ州の選挙によって一九四二年より議員を務めていた。ＮＲＣの延期は、直接には一九四六年の鉱山ストライキと、それに対する強硬な取り締まりへの反発として決定されたものである。マシューズはＮＲＣを代表して、なぜＮＲＣが機能せず、会合を延期しなければならないのかを説明する文書を作成し、公表した。この文書は、南ア国民としてのアフリカ人の意見を代表し、その権利を守るというＮＲＣに期待された役割が現状の制度では果たせないことを指摘し、一九三六年法に体現される人種隔離という実験が失敗に終わったのだと主張する。[72]

マシューズは、ＮＲＣの延期がストライキによって急に決定されたわけではなく、ＮＲＣの提言が政府によって受け入れられることがないというフラストレーションから生じたものであると述べる。この文書の重要性は、ＮＲＣの決定が労働者の要求も組み込む形で展開されたことであり、ＡＮＣの戦時中からの大衆化を如実に表すものとなっていることだ。一九四六年のストライキは戦後のインフレによる鉱山労働者の窮乏が一因とされるが、ムーディーの論文が明らかにしたように、ストライキへの労働者の動員は、しばしばリクルーターでもあった出身地域のリーダーを介したものであり、その要求も統一されていたわけではない。[73]マシューズのＮＲＣ延期を求める文書、及びその後のＡＮＣにおける活動は、しばしば流動的で無定形であった政府に対する大衆的抗議活動に、明確な権利要求という形で不満に枠組みを与え、形式化するものであったと考えることができるだろう。

ＮＲＣはマシューズの声明からもわかるように、アフリカ人の利益を代表する機関としては機能しなかった。[74]それゆえその評価は低く、研究対象としてもほとんど取り上げられていない。[75]しかしマシューズの委員としての活動から見えてくるのは、ＮＲＣという舞台において当時ＡＮＣに集ったアフリカ人エリートだけでなく、アフリカ人大衆の利益を代表しようとする姿勢である。イェール大学での修士論文においては、マシューズは南アにおける法の統一を目指しながらも、現状における二重の法体系を容認していた。また原住民法からの除外規定（exemption）においても、一度除外されたアフリカ人が実際にヨーロッパ人社会に資するかを決定する保護観察期間を設定することに賛成するなど、その見解はミッション・エリート中心の姿勢を示していた。[76]逆説的なことに、ケープ州でのアフリカ人の投票権を剥奪する代わりに設置されたNRCでの経験が、政治的権利をアフリカ人全体として追求する方向へとマシューズを転じさせたのである。マシューズがNRCの議員として選出されたのは一九四二年の選挙においてであり、彼はケープ州の地方区域（Rural Areas）という区分けから出馬した。[77]政府に対してアフリカ人の声を伝え、統治政策のアドバイスをする役割を、少なくとも名目においては与えられていたNRCにおいて、マシューズは彼自身のようなミッション・エリートだけではなく、すべてのアフリカ人の利益を代表しようと試みたのである。このことは、三六年信託土地法以降深刻化するアフリカ人農家の白人農場からの追い出しへの対策や、アフリカ人労働者の賃金改善を求める原住民政策長官へのマシューズの手紙からも知ることができる。[78]

それではマシューズは、どのような根拠に基づいて南アに住むアフリカ人にもヨーロッパ人と同様の完全な市民権が与えられるべきだという要求を行ったのだろうか。一九四九年に発表された論文「南アフリカにおけるアフリカ人政策」において、マシューズは南アの歴史における近代化の過程を、ヨーロッパから文明が持ち込まれたことを端緒とするのではなく、様々な人種間の協力によって進められたものであり、この国を人種及び部族ごとの居住地域に分けることは不可能であると述べる。そして南アに住むアフリカ人にとって、民族自決とは、完全な市民権を獲得し、ヨーロッパ系住民と同じ立場で政治に参加することを意味すると主張する。[79]次節では、マシューズのこの歴史観が解放運動において持った意味を検討する。

三　自由憲章の起草を目指して――アフリカ・ナショナリズムとの思想的対立

南ア市民権を基礎とした権利要求の公式化が自由憲章の起草の提案であった。これまで自由憲章の起草過程をめぐる議論では、この憲章の作成が解放運動においてアフリカ系、インド系、カラード、及び共産党を中心とした白人急進派を結びつける契機であったという点が強調されてきた。しかし一九五三年のマシューズの呼びかけとその背景を分析することでわかるのは、自由憲章の起草において彼が重視したのは、解放闘争が目指すべき南ア市民権を提示すること自体であるということだ。[80]そしてこの点において、マシューズはANC青年同盟と鋭く対立するのである。マシューズによる市民権に実質を持たせようとする試みから見えてくるのは、アパルトヘイト政策と対峙した際のアフリカ人の姿勢を、保守派（部族主義）―リベラル派―急進派（アフリカ・ナショナリズム）と直線上に並べ、その直線上に活動家を位置付けるという社会科学的な分析でしばしば前提とされる見方では、この時期のマシューズの思想を捉えることができないということである。[81]

マシューズはこの軸から離れて、南ア市民であることからくる権利を拡充することを目指していたのである。国民党政権成立後の一九四九年に発表した「南アフリカにおけるアフリカ人政策」には、マシューズの立場がよく表れている。南アのアフリカ人統治政策の歴史をまとめたこの論考の意義は、白人リベラル派のアルフレッド・ヘルンレの原住民政策論[82]及びＡＮＣの若手急進派の集まりである青年同盟のマニフェスト的文書「行動要綱（Programme of Action）」[83]と比較すると明確になる。先に見たようにヘルンレは一九三九年の段階で、それまでの人種隔離政策がアフリカ人をあるいは文明化し、あるいはその文化を保持するという名目を謳いながら、実際にはアフリカ人を矮小な土地に押し込め、その労働力を搾取する事を目的としていたと批判し、その対応策として人種による完全な政体の分離を主張した。一方でアントン・レンベデ（Anton Lembede）やＡ・Ｐ・ムダ（A. P. Mda）という青年同盟の創設時の中心人物たちが主導してまとめた「行動要綱」は、アフリカ人以外の政治参加に関して不明瞭な部分を残しながらも、アフリカ人が中心となる政治体制を求めて、民族自決を強く主張するものであった。

青年同盟は「行動要綱」のＡＮＣ総会での採択を目指し、一九四九年の議長選での再選を目指すクマに要請を行ったが、運動方針の違いからクマは「行動要綱」の採択を選挙公約に組み込むことを拒否した。[84]その結果、青年同盟はクマに勝つことのできる可能性のある人物としてマシューズに白羽の矢を立て、議長選への立候補と、議長となった際に「行動要綱」のＡＮＣ総会での採択に協力することを依頼したのである。[85]マシューズはこの申し出を断り、結果として青年同盟はタバ・ンチュの医師ジェイムズ・モロカ（James Moroka）を担ぎ出すこととなった。「行動要綱」はアフリカ人中心の運動、及びその帰結としてアフリカ人主体の政府の樹立を目指すことにあり、人種によらない南ア市民権を理想としていたマシューズとは相いれない内容を持っていたため、マシューズの拒否は、当然の帰結と言えるだろう。

マシューズが南ア市民権を運動の目的としていたことは、南アフリカ連邦におけるバンツー地区の社会経済的開発委員会（一九五〇～五四年開催、通称トムリンソン委員会）報告書への批判においても明らかである。アッシュホースが述べるように、一七巻三、七五五ページに及ぶ膨大な報告書は、国民党の政権奪取時にはその輪郭が曖昧であったアパルトヘイト政策を、その理論面においても、また実施していく上での基礎的事実の確認という意味でも基礎を固める重要なものであった[86]。その内容も都市へのアフリカ人の出入の管理から、リザーブ経済の開発、政治権限の移譲など多岐に及ぶ。

多様な論点の中で、マシューズの市民権論の観点から最も重要だと考えられるのが、市民権と関わるリザーブの伝統権威への権力の移譲である。マシューズは、リザーブの伝統権威の中には、権限の移譲を植民地化以前のアフリカ人の主権の回復として喜ぶ向きもあるとしながらも、それが白人政権にとって都合の良い傀儡の体制を生み出すにすぎないことを問題視する[87]。アフリカ人政治家への権力移譲とアフリカ人の帰属の変更を伴う（南ア市民ではなく特定のバンツースタンの市民であるとされる）バンツースタン政策は、アフリカ諸国独立の気運を受けて、アパルトヘイト体制を正当化するための手段として捉えられることが多い[88]。しかし当時の解放運動側からすれば、それは南アのアフリカ人から市民権を奪うことで、運動のよって立つ基盤を破壊する法的な仕組みであったのである。それゆえ、バンツースタン政策への理論的基礎を提供したトムリンソン委員会報告書へのマシューズの批判は、アフリカ人に完全な市民権を与えるという動きが全く見られないばかりか、アフリカ人は南ア市民ではなく、特定のバンツースタンの市民であるとすることで、南ア市民権の基礎を奪おうとする機運さえ見られることに集中する[89]。

完全な市民権を求め、そのために自由憲章の起草を提案するというマシューズの試みは、政府から暴動を扇情する行為であると捉えられた。マシューズは国家に対する反逆者であると糾弾され、他の多くの活動家たちとともに法廷に立つことになる。しかし、モニカ・ウィルソンが述べるように法廷でのマシューズの証言は、南ア市民としての権利を基礎にアパルトヘイト政策を批判するというマシューズの論理を広く知らしめることとなった。この証言において、マシューズはＡＮＣが暴力によって国家を転覆し、権力を握ることを目論んでいるという政府の非難を裏付けがないものとして否定し、ＡＮＣは多人種によって構成される南アにおいて、一つの人種が他の人種を支配するということがない社会を作り出そうとしているのだと主張するのである[90]。

完全な市民権を求めることこそが解放運動の目的であり、その条件はこれまでの南アの歴史によって整えられているというマシューズの主張は[91]、一見して相応しくないと思われる演説の舞台でも繰り返されている。それは一九六四年の世界教会会議での演説であり、そこでマシューズは、闘争の手段として武力を用いることを決定したＡＮＣを擁護しなくてはならないという苦しい立場に置かれていた。この演説においてマシューズはアフリカ人の権利要求の歴史をたどり、武力の使用が強硬な態度をとる政府への不可避の方策であったと主張する[92]。そして、この決定が、共産主義など外部からの影響によってなされたものではなく、ＡＮＣ内部からの必然的な決断であったと強調する。しかし実際には近年の研究が明らかにしたように、ＡＮＣの武装組織「民族の槍（Umkhonto weSizwe）」を率いていた時期のマンデラは、南ア共産党と密接な関係にあり、共産党は武装闘争への方針転換において重要な役割を果たしていた[93]。この演説内容は、マシューズもＡＮＣ議長ルツーリと同様に名目上は指導的立場にありながらも、実際にはＡＮＣ内部における理念達成のための具体的手段をめぐる議論を主導していなかったことを示している[94]。

おわりに

最後に、現在に至るまで残るマシューズの思想的な影響力をまとめて本稿を終えたい。たしかにマシューズは一九五〇年代後半以降ANC内の実権を握っていたわけではなく、また武力闘争への転換の決定に関わっていたわけではなかった。しかしANCの暴力の行使は、マシューズが説いた南アにおける完全な市民権の付与を人種にかかわらず実現するという理想を実現するために為されたのである。他のアフリカ諸国が独立後排他的なナショナリズムの傾向を強めていったことにマシューズは批判的であり、それゆえ体制転換後に白人が人種隔離政策下で得た特権を残すことには否定的であったものの（マシューズは権利の章典の憲法への記載が、そのような目的で使われる可能性があることを認識していた）、南アをアフリカ人の国として規定し、その状態を解放運動の目的として述べるということはなかった。[95]

青年同盟に思想的基盤を提供したレンベデやムダといったマシューズより若い世代の活動家たちが、シャカ統治時代のズールー王国など植民地化以前のアフリカ国家を持ち出して、アフリカ人に主権を取り戻すことを唱えたのに対して、[96]マシューズは南アの歴史を、そこに住む人々が搾取や暴力を伴いながらも一つの国民として統一されていくプロセスとして捉えた。その歴史観は、すべての人種に開かれた宣教の初期に改宗したマシューズの家系や、「部族化」以前のフォートヘア大学での教育という経験に基づいている点で限定されたものと思われるかもしれない。しかしマシューズの人類学的研究から明らかになるのは、人種隔離政策下でそれぞれが独自の文化と発展の路線を持つとされる「部族」が法的カテゴリーとして創出される過程であり、また植民地化以前の状態に戻ることを期待される「部族」が、その輪郭を宣教師や入植者、植民地政府との交渉の過程の中で変容させる歴史であった。植民地化以前のアフリカ人の栄光の時代を求めるという歴史への関心のあり方は、独立後のアフリカ諸国においても広く見られるものではあるが、人々をその「本質的文化」によって分断しようとするアパルトヘイト体制下の南アにおいては、人々を分ける論理を正当化してしまうという危険性を伴った。

それゆえにマシューズは、南アの歴史を多様な人種の統合の歴史と捉えることによって、修飾語のつかない「南ア市民」であるということ自体に意味を持たせ、そこから派生する権利が存在すること、及びその獲得のために行動することを主張したのである。マシューズの思想を理解するということは、「南ア市民としての権利を主張する」というあまりにも単純な運動方針が持つ複雑な含意を把握し、その来歴を明らかにすることに他ならないのである。

【注】

（1）Z. K. Matthews and Monica Wilson, *Freedom for My People: The Autobiography of Z. K. Matthews: South Africa, 1901-1968* (Cape Town: David Philip, 1981), 62.　nationは原文イタリック。

（2）Erez Manela, *The Wilsonian Moment: Self-Determination and the International Origins of Anticolonial Nationalism* (Oxford: Oxford University Press, 2007).

（3）Walshe Peter, *The Rise of African Nationalism in South Africa: the African National Congress, 1912-1952* (Berkeley: University of California Press, 1971), 61-66; Karis Thomas and Gwendolen M.Carter, eds., *Protest and Hope, 1882-1934.* (Stanford, Calif.: Hoover Institution Press, 1972), 137-42.

（4）Matthews and Wilson, *Freedom for My People*, 62.　nation と tribal は原文シングルクウォテーション。

（5）Ivor Chipkin, *Do South Africans Exist?: Nationalism, Democracy, and the Identity of 'the People'* (Johannesburg: Wits University Press, 2007).

（6）アフリカニズムについては、Gail M. Gerhart, *Black Power in South Africa: The Evolution of an Ideology* (Berkeley: University of California Press, 1979)を、非人種主義に関しては、David Everatt, *The Origins of Non-Racialism: White Opposition to Apartheid in the 1950s* (Johannesburg: Wits University Press, 2009)を参照。

（7）Saul Dubow, *South Africa's Struggle for Human Rights* (Auckland Park, SA: Jacana, 2012), 55-63, 70-74.

（8）自由憲章の制定及びその後の運動における活用に関しては、Raymond Suttner, Jeremy Cronin, and Patrick Lekota, *50 Years of the Freedom Charter* (Pretoria, South Africa: Unisa Press, 2006)を参照。ソブクウェのマシューズに関する言及は、同書一一二―一一四頁を参照。また、日本語で読める文献として、木村光豪「南アフリカにおける人権構築の軌跡――アフリカ民族会議の権利要求を中心に」『関西大学法学論集』第六八巻第一号（二〇一八年）九一―一四二頁を挙げることができる。

（9）Mahmood Mamdani, *Citizen and Subject: Contemporary Africa and the Legacy of Late Colonialism* (Princeton: Princeton University Press, 1996).

（10）宣教師の近代性と改宗したアフリカ人知識人との関わりに関しては、David Attwell, *Rewriting Modernity: Studies in Black South African Literary History* (Athens: Ohio University Press, 2005)を参照。

（11）アフリカ人の土地の所有権がミッション・エリートにとって最重要の課題であったことは設立間もないＡＮＣが一九一三年土地法への反対を目的としてイギリスに代表を派遣していることからも明らかである。Keith Breckenridge, "African Progressivism, Land, and Law: Rereading *Native Life in South Africa*," in *Sol Plaatje's Native Life in South Africa: Past and Present*, ed. Brian Willan, Bhekizizwe Peterson, and Janet Remmington, (Johannesburg: Wits University Press, 2016), 175-95. アフリカ人ミッション・エリートにとって運送業が重要な収入源であったことについては、Norman Etherington, *Preachers, Peasants and Politics in Southern Africa, 1835-1880: African Christian Communities in Natal, Pondoland and*

Zululand (London: Royal Historical Society, 1978), 124-26を参照。

（12）Matthews and Wilson, *Freedom for My People*, 9-12.コマロフ夫妻は、「意識の植民地化」を、世界を表象する象徴の意味付け、生産様式、及び言語という三つの側面において宣教師がアフリカ人の世界観に変容をもたらす過程として説明する。John L. Comaroff and Jean Comaroff, "The Colonization of Consciousness in South Africa," *Economy and Society* 18, no. 3 (August 1, 1989): 267-96.

（13）Matthews and Wilson, *Freedom for My People*, 16-29.

（14）Ibid., 30-48.

（15）Ibid., 126-27.

（16）Ibid., 83.

（17）Ibid., 89. バーシェルは一九八二年にナタール原住民法典の改定委員会委員を務めている。Saul Dubow, *Racial Segregation and the Origins of Apartheid in South Africa, 1919-36* (Houndmills: Macmillan, 1989), 118.

（18）C. T. Loram, *The Education of the South African Native* (London: Longmans, Green & Co, 1917); R. Hunt Davis, "Charles T. Loram and an American Model for African Education in South Africa," *African Studies Review* 19, no. 2 (1976): 87-89.

（19）Matthews and Wilson, *Freedom for My People*, 46-48.

（20）Letter from Charles T. Loram to Z. K. Matthews, March 30, 1933, http://uir.unisa.ac.za/handle/10500/4994.　アクセス日：二〇一二年二月二三日。以下すべてのリンクで同様。

（21）Loram to Matthews, March 30, 1933.

（22）ただし、南ア連邦総督は、イギリス王室の象徴的存在であり、実質的な政治権力は有していなかったため、実際には原住民政策長官（the Secretary of Native Affairs）がその役割を担った。

（23）Howard Rogers, *Native Administration in the Union of South Africa* (New York: Negro Universities Press, 1933), 224-33. ただし、原住民法はその性格上、各部族にそれぞれの原住民法があることになり、異なる部族出身者が関わる係争においては、どの原住民法を用いるのかという問題が生じる。Martin Chanock, *The Making of South African Legal Culture*

1902-1936: Fear, Favour and Prejudice (Cambridge: Cambridge University Press, 2006), 353-54.

（24）Mamdani, *Citizen and Subject*, 71-73.

（25）Dubow, *Racial Segregation and the Origins of Apartheid*, 45-50.

（26）Dubow, 47.

（27）Reinallt Jones Papers, A394 C9a Natal Code of Native Law. Correspondence. 1931-1932 及び C9b Natal Code of Native law. Papers. 1931-1932. Historical Papers, Cullen Library, Wits University.

（28）Z. K. Matthews, "Bantu Law and Western Civilization in South Africa: A Study in the Clash of Culture." (Master Thesis, Yale University, 1934), http://uir.unisa.ac.za/handle/10500/5046.

（29）ベチュアナランドは南ア連邦には含まれないが、マシューズがベチュアナランドを事例として取り上げたのは、彼自身の出自によるものと想定される。

（30）Edgar Harry Brookes, *The History of Native Policy in South Africa from 1830 to the Present Day*, 2nd rev. ed. (Pretoria: Van Schaik, 1927). 南アフリカ大学へ提出した博士論文を基にして、一九二四年に出版された本書の初版は、ヘルツォーク政権の人種隔離政策に理論的基礎を提供した。Dubow, *Racial Segregation and the Origins of Apartheid*, 28-29.

（31）Matthews, "Bantu Law and Western Civilization in South Africa," 2.

（32）Ibid., 5. 法の統一によって国民意識を醸成するという観点は奇異に見えるかもしれないが、その背景には、法が社会の一体性を保つものであるという前提がある。例えば以下の引用を参照。"Law is concerned with the regulation of the rights and duties of the members of a particular society. Every society develops a legal system in which is enshrined what it regards as the best arrangement for the maintenance of its solidarity, for the prevention of its disintegration and for its proper adjustment to the environment in which it has to work out its existence." Ibid., 4.

（33）Matthews, "Bantu Law and Western Civilization in South Africa," 354-56.

（34）統一した法体系の実現可能性を論じる文脈で、マシューズは修士論文（ibid., 25）で、Brookes, *The History of Native Policy in South Africa*, 202 に言及している。ただし、引用部分の直後でブルッケスは原住民法を別個の法として維持する必要性を指摘している。Ibid., 206.

（35）Matthews, "Bantu Law and Western Civilization in South Africa," 354-56.

（36）Matthews and Wilson, *Freedom for My People*, 103-5. マリノフスキーのセミナーには、グラックマン（Max Gluckman）、クリゲ（Emily Krige）、そしてスキャペラなどその後南部アフリカの人類学研究を支える人々が集っていた。マシューズの自伝を編集したモニカ・ウィルソンもマリノフスキー・セミナーの出身者である。

（37）NTS 9291 "Minutes of Meeting of Governing Council," National Archives of South Africa, Pretoria. Minutes of Meeting of the Governing Council March 21, 1928（バンツー研究の設立に関して）; Minutes of Meeting of the Governing Council November 8, 1934（マシューズの採用に関して）。

（38）Z. K. Matthews, "An African View of Indirect Rule in Africa," *Journal of the Royal African Society* 36, no. 145（1937）: 433-37.

（39）Matthews, "Bantu Law and Western Civilization in South Africa," 337-40. ナタール州の原住民政策が連邦全体の基礎となったという視点は、David John Welsh, *The Roots of Segregation; Native Policy in Colonial Natal, 1845-1910* (Cape Town, New York: Oxford University Press, 1971) によって提示されている。またアフリカ人統治政策におけるズールー王シャカの独裁的な権力者という構築されたイメージの利用については、Carolyn Hamilton, *Terrific Majesty: The Powers of Shaka Zulu and the Limits of Historical Invention* (Cambridge, MA: Harvard University Press, 1998) を参照。

（40）Matthews, "An African View of Indirect Rule in Africa," 434-35.

（41）Z. K. Matthews, "The Tribal Spirit among Educated South Africans," *Man* 35（1935）: 26-27.

（42）Bronislaw Malinowski, "Practical Anthropology," *Africa: Journal of the International African Institute* 2, no. 3（January 1929）: 22-38.

（43）例としては、一九一三年土地法への南アフリカ原住民会議の反対運動に対するスマッツの反論を挙げることができる。スマッツはケープタイムズ紙に発表された回答においてデュベが議長を務めるSAANCがアフリカ人全体を代表しているという考えは事実とは異なると指摘する。Extract from the "Cape Time," of Thursday, February 26, 1914, Native Land Cat.

Rev. J. L. Dube's Petition: Prime Minister's Reply. Reprinted in Correspondence relating to the Natives Land Act, 1913, including a copy of the Act (Africa, South: Natives Land Act), 19c & 20c HCPP (House of Commons Parliamentary Papers) http://reo.nii.ac.jp/hss/1000000000131190.

(44) Z. K. Matthews, "'South African Native Policy and the Liberal Spirit: Reviews of Professor R. F. A. Hoernlé's Phelps-Stokes Lectures," *Race Relations Journal* 7, no. 2 (1940): 34-37.

(45) ブルックスの原住民政策論については、Brookes, The History of Native Policy in South Africaを参照。ただし、ブルックスは、三〇年代以降アフリカ人統治政策に対する見方を大きく変えている。E. H. Brookes, The Colour Problems of South Africa (Lovedale: Lovedale Press, 1934)を参照。スマッツの統治論に関しては、Jan C. Smuts, *Africa and Some World Problems: Including the Rhodes Memorial Lectures Delivered in Michaelmas Term, 1929* (Oxford: Clarendon Press, 1930)を参照。

(46) Reinhold Friedrich Alfred Hoernlé, *South African Native Policy and the Liberal Spirit: Being the Phelps-Stokes Lectures, Delivered before the University of Cape Town, May, 1939* (Cape Town: University of Cape Town, 1939), chap. 1.

(47) Matthews, "'South African Native Policy and the Liberal Spirit,'" 37.

(48) "The Atlantic Charter," http://avalon.law.yale.edu/wwii/atlantic.asp.

(49) Borgwardt, *A New Deal for the World*; Bonny Ibhawoh, "Testing the Atlantic Charter: Linking Anticolonialism, Self-Determination and Universal Human Rights," *The International Journal of Human Rights* 18, no. 7-8 (November 17, 2014): 842-60.

(50) Ibhawoh, "Testing the Atlantic Charter."

(51) Jan Eckel, "Human Rights and Decolonization: New Perspectives and Open Questions," *Humanity: An International Journal of Human Rights, Humanitarianism, and Development* 1, no. 1 (2010): 111-35.

(52) Emma Hunter, *Political Thought and the Public Sphere in Tanzania: Freedom, Democracy, and Citizenship in the Era of Decolonization* (Cambridge: Cambridge University Press, 2015), chap. 2.

(53) Jeremy Seekings, "The Origins of Social Citizenship in Pre-Apartheid South Africa," *South African Journal of Philosophy* 19, no. 4 (January 1, 2000): 391-92.

(54) SAIRR, "SAIRR Confidential Minutes and Memoranda, AD843 B4.8" (n.d.), Historical Papers, William Cullen Library, Wits University; "Documents Relating to Peace Aims AD1715, SOUTH AFRICAN INSTITUTE OF RACE RELATIONS (SAIRR), 1892-1974" (n.d.), Historical Papers, William Cullen Library, Wits University; Committee on Africa, the War, and Peace Aims, ed., *The Atlantic Charter and Africa from an American Standpoint* (New York: The Committee, 1942).

(55) South African Institute of Race Relations, The Minutes of Executive Committee January 5, 1943. AD3410, Wits Historical Papers.

(56) Gish, *Xuma.*

(57) Dubow, *South Africa's Struggle for Human Rights*, 55-63; Kader Asmal, David Chidester, and Cass Lubisi, eds., *Legacy of Freedom: The ANC's Human Rights Tradition: Africans' Claims in South Africa, the Freedom Charter, the Women's Charter and Other Human Rights Landmarks of the African National Congress* (Johannesburg: Jonathan Ball, 2005), 1-7.

(58) Borgwardt, *A New Deal for the World*, 29.

(59) Dubow, *South Africa's Struggle for Human Rights*, 57.

(60) African National Congress Exactive Committee, "Africans' Claims in South Africa, including 'The Atlantic Charter from the Standpoint of Africans within the Union of South Africa' and 'Bill of Rights' Adopted by the ANC Annual Conference," in *Hope and Challenge*, 1935-1952, ed. Thomas Karis and Gwendolen M. Carter (Stanford, Calif.: Hoover Institution Press, 1972), 209-23.

(61) 全アフリカ集会（All African Convention, ＡＡＣ）のヘルツォーク法案への批判については、T. R. H. Davenport and Christopher C. Saunders, *South Africa: A Modern History*, 5th ed (Hampshire [England]: Macmillan Press, 2000), 329-33を参照。ＡＡＣとその主要メンバーであったＤ・Ｄ・Ｔ・ジャバヴに関しては、Catherine Higgs, *The Ghost of Equality: The Public Lives of D.D.T. Jabavu of South Africa, 1885-1959* (Athens: Ohio University Press, 1997) を参照。

（62）法案成立後もＡＡＣは存続し、アフリカ人、カラード、インド人団体を糾合する組織として機能した。

（63）Jonathan Klaaren, *From Prohibited Immigrants to Citizens: The Origin of Citizenship and Nationality in South Africa* (Cape Town: University of Cape Town Press, 2017). 南ア国内出身のアフリカ人に関しては原住民政策省（the Department of Native Affairs)が管理を行うこととし、国外出身のアフリカ人に関しては、移民及びアジア人政策長官（the Commissioner of Immigration and Asiatic Affairs)に権限があるとされた。

（64）Ibid., 186.

（65）一九三四年に南アフリカ議会は、Status of the Union Act を成立させ、立法においてイギリス王室の同意を必要としないと規定したことも関係しているだろう。

（66）Z. K. Matthews and M. Wilson, "Native Laws Inquiry Commission. The Social Effects of Migrant Labour," October 17, 1946, http://uir.unisa.ac.za/handle/10500/6192.

（67）Matthews and Wilson, 1.

（68）Saul Dubow, "Introduction: South Africa's 1940s," in *South Africa's 1940s: World of Possibilities*, ed. Saul Dubow and Alan Jeeves (Cape Town: Double Storey Books, 2005), 1-19.

（69）Jeremy Seekings, "Visions, Hopes & Views about the Future: The Radical Moment of South African Welfare Reform," in *South Africa's 1940s*, 44-63.

（70）African National Congress Executive Committee, "Africans' Claims in South Africa, including 'The Atlantic Charter from the Standpoint of Africans within the Union of South Africa' and 'Bill of Rights' Adopted by the ANC Annual Conference," 211.

（71）Dubow, "Smuts, the United Nations and the Rhetoric of Race and Rights," 64. ギッシュは、スマッツ政権は、一九四三年の総選挙において白人有権者に強硬な人種隔離路線を示すことでその支持を獲得する必要があったと指摘する。Gish, *Xuma*, 126-27.

（72）Z. K. Matthews, "Reasons Why the Native Representative Council in the Union of South Africa Adjourned," in *Hope and Challenge*, 224-33.

（73）オメーラは、一九四六年ストライキをアフリカ人鉱山労働者の階級意識の表れと捉える。Dan O' Meara, "The 1946 African Mine Workers' Strike and the Political Economy of South Africa," *The Journal of Commonwealth & Comparative Politics* 13, no. 2 (July 1, 1975): 146-73. それに対して、ムーディーは、労働者の動員における出身地域・民族のつながりの重要性を指摘する。T. Dunbar Moodie, "The Moral Economy of the Black Miners' Strike of 1946," *Journal of Southern African Studies* 13, no. 1 (October 1, 1986): 1-35.

（74）Matthews, "Reasons Why the Native Representative Council in the Union of South Africa Adjourned." 青年同盟は次節で述べるＡＮＣの時期議長候補に対して、「行動要綱」の採択だけではなく、アフリカ人にＮＲＣの選挙をボイコットすることを求めていた。Gish, *Xuma*, 155.

（75）例外的に、ロスの博士論文がＮＲＣの活動を詳細に追っている。Mirjana Roth, "The Natives Representative Council, 1937-1951" (Ph.D. diss., University of the Witwatersrand, 1987).

（76）Matthews, "Bantu Law and Western Civilization in South Africa."

（77）Z. K. Matthews and Monica Wilson, *Freedom for My People*, 138-39. ＮＲＣの議員は、首長から政府が任命する議員、選挙によって選出される議員の二つのグループによって構成されていた。マシューズは、政府から給料をもらっているために政府に対して対立姿勢をとることができない、ＮＲＣでの首長たちの言動を批判的に描いている。Matthews and Wilson, 141-42.

（78）Z. K. Matthews, "Letter from Prof. Z. K. Matthews to the Secretary for Native Affairs," December 22, 1942, http://uir.unisa.ac.za/handle/10500/6342; Z. K. Matthews, "Letter from Prof. Z.K. Matthews to Mr. D. L. Smit," December 28, 1942, http://uir.unisa.ac.za/handle/10500/5813.

（79）Z. K. Matthews, "An African Policy for South Africa," *Race Relations Journal* 16, no. 3 (1949): 71-82.

（80）Z. K. Matthews "ANC Cape Branch Presidential Address, 1953," in *Hope and Challenge*, 99-106.

（81）例えば、ゲイル・ガーハートは、黒人意識運動に関する古典的著作の冒頭で、第二次大戦後の南アにおける人種隔離をめぐる思想状況を、イデオロギーのスペクトラムとして捉える視点を提示している。Gail M. Gerhart, *Black Power in South Africa*, chap. 1.

(82) Hoernlé, *South African Native Policy and the Liberal Spirit.*

(83) ANC, " 'Programme of Action.' Statement of Policy Adopted at the ANC Annual Conference, December 17, 1949," in *Hope and Challenge*, 337-39.

(84) 採択を目指す青年同盟の視点からの記述は以下を参照。Robert Edgar, "Changing the Old Guard: A.P. Mda and the ANC Youth League, 1944-1949," in *South Africa's 1940s*, 163.

(85) Edgar, "Changing the Old Guard," 164; A. P. Mda, *Africa's Cause Must Triumph: The Collected Writings of A.P. Mda*, ed. Robert R. Edgar and Luyanda ka Msumza (Cape Town: Best Red, 2018).

(86) Adam Ashforth, *The Politics of Official Discourse in Twentieth-Century Century South Africa* (Oxford: Clarenden Press, 1990), 149-53.

(87) Z. K. Matthews and D.G.S. M' Timkulu, "The Future in the Light of the Tomlinson Report," Race Relations Journal 24, no. 1&2 (1957): 12-19. マシューズは、バンツースタンにおける市民権の獲得が、南ア市民権の代替となるとするトムリンソン委員会の見解を、バンツースタンは白人政権によってコントロールされており、その地域で得られる「権利」は白人が南ア市民権として得ているものと同等ではないとして否定する。Matthews, "Civil Rights for Africans and the Tomlinson Report," Handwritten Note of Z. K. Matthews (1956), 26–27, B4.36, Z. K. Matthews Papers, UNISA Archive. http://uir.unisa.ac.za/handle/10500/6309.

(88) Laura Evans, "South Africa's Bantustans and the Dynamics of 'Decolonisation' : Reflections on Writing Histories of the Homelands," *South African Historical Journal* 64, no. 1 (March 1, 2012): 117-37.

(89) Matthews, "Civil Rights for Africans and the Tomlinson Report."

(90) Matthews and Wilson, *Freedom for My People*, 193-95.

(91) Matthews, "An African Policy for South Africa."

（92）Z. K. Matthews, "The Road from Non-Violence to Violence," 1964, World Council of Churches, https://www.aluka.org/stable/10.5555/al.sff.document.ydlwcc0083.

（93）Stephen Ellis, "The Genesis of the ANC's Armed Struggle in South Africa 1948-1961," *Journal of Southern African Studies* 37, no. 4 (December 1, 2011): 657-76; Landau, "The ANC, MK, and 'The Turn to Violence' (1960–1962)." 武装闘争への転換においてマンデラが果たした役割、マンデラと南アフリカ共産党との関係をめぐる近年の論争については、以下の論文を参照。Thula Simpson, "Nelson Mandela and the Genesis of the ANC's Armed Struggle: Notes on Method," *Journal of Southern African Studies* 44, no. 1 (January 2, 2018): 133-48.

（94）本論文を執筆した段階では、スコット・クーパーの議論に依拠してルツーリは、抵抗運動における非暴力の立場を生涯維持したという見解を採った。Scott Couper, *Albert Luthuli: Bound by Faith* (Scottsville, South Africa: University of KwaZulu-Natal Press, 2010). ただし、その後手に入れたヴィンソンとカートンの共著論文は、ルツーリも武装闘争路線を受け入れていたと主張している。Robert Trent Vinson and Benedict Carton, "Albert Luthuli's Private Struggle: How an Icon of Peace Came to Accept Sabotage in South Africa," *The Journal of African History* 59, no. 1 (March 2018): 69-96. 解放運動における武装闘争路線への転換に関しては、注92の文献にも見られるように近年様々な立場から議論がなされている。誰が武装闘争への転換を主導したのか、また武装闘争の目的は、白人政権を交渉につかせることであったのか、それともより広範な民衆蜂起を煽動することにあったのかという争点を整理し、筆者自身の見解をまとめることは今後の課題としたい。

（95）Z. K. Matthews, *African Awakening and the Universities: The Third T.B. Davie Memorial Lecture Delivered in the University of Cape Town on 15. August 1961* (Cape Town: University of Cape Town, 1961).

（96）Mda, *Africa's Cause Must Triumph*; Anton Lembede, *Freedom in Our Lifetime: The Collected Writings of Anton Muziwakhe Lembede* (Cape Town: Kwela Books, 2015).

第四章　帝国のはざまで

――戦時下アメリカに帰国した来日宣教師

石井　紀子

はじめに

本章の目的は戦時下の来日宣教師の活動に光をあてることによって、海外伝道の基盤となった、キリスト教を普遍のものとするキリスト教普遍主義が、異文化圏での衝突や順応を経て、非西欧の民族や宗教にも寛容なキリスト教普遍主義へと宣教師の解釈が変化していったプロセスの一端を明らかにすることである。戦時下の選択とジェンダーの関係も問う。太平洋戦争が勃発し、日本での宣教活動の中断が余儀なくされたとき、来日宣教師は宗教とナショナリズムの葛藤の中で、それぞれの使命感と向き合って新たな生き方を模索していった。

本章では、序論（一三頁）で「法的概念や規範にまつわる価値観を共有する越境的な文化圏」と定義された「法－文化圏」の概念の一例としてキリスト教普遍主義を取り上げる。その価値体系が戦時下の宣教師の活動の中で、日本文化と衝突、順応、変容し、翻ってアメリカ本土にどのような概念となって持ち込まれたかを考える。

以下五節に分けて論じる。一節は、戦間期のアメリカのキリスト教普遍主義の基本概念を紹介し、二節は、戦時下の来日宣教師の概況と、研究対象として選択した男女五名の宣教師の基本情報をまとめる。三節は、宣教師が来日前に海外伝道を志願する根拠となった二十世紀初頭の伝道思想を述べる。四節は、日米の二つの帝国のはざまにあった宣教師が期せずして日本の帝国主義に加担することになった構造上のジレンマを考える。五節は、宣教師が戦前の日本、そして戦時下日本を離れざるを得なくなったときに行った活動を分析し、キリスト教普遍主義と日米のナショナリズムとの葛藤や調整を読み解く。最後に戦時下の宣教師による様々な葛藤や調整から、キリスト教普遍主義の再編に向けて戦後への示唆を考える。

一　戦間期のアメリカのキリスト教普遍主義

一八一〇年アメリカ最古の海外伝道団体としてアメリカン・ボード（American Board of Commissioners for Foreign Missions）が設立されてから、プロテスタント宣教師はアメリカ史において、外交、ビジネスと並ぶ異文化接触の主たる媒介の一つとして機能してきた。宣教師の移動とともに宗教だけではなく、カネ、知識、技術、思想も異文化圏に移入され、衝突、変容、受容や循環が見られた。二〇〇〇年代頃からトランスナショナル・ヒストリーが発展すると、海外伝道は国境を越えた文化の伝搬、衝突、変容の相互作用の現象として歴史学研究において新たな関心を集めるようになった。その結果、海外伝道は、西欧の伝道国アメリカの文化が非キリスト教国の文化を破壊し、支配する文化帝国主義の現象ばかりでなく、伝道地からアメリカへの反作用の現象（ブーメラン現象という）、すなわち、アジア、アフリカなど非西欧の伝道地の文化の影響を受け、宣教師の考え方が変容していく様にも光があてられるようになり、歴史学における西欧中心主義が問い直されるようになってきた[1]。

ここで、本稿の主題に関連する重要概念として、「キリスト教国際主義」と「宣教師コスモポリタニズム」について簡単に述べてみたい。これらはいずれもある歴史的瞬間における国際情勢や地政学を背景に育まれた思想ではあるが、人種や国籍を乗り越えたキリスト者としての団結を促すという点において、第二次世界大戦後のキリスト教普遍主義に通ずるものがある。

マイケル・トンプソンの研究によれば、「キリスト教国際主義」は戦間期に欧米で育まれた概念であり、反人種主義、反帝国主義、反軍国主義の三つの特徴がある。思想のルーツは、宣教師が海外伝道に赴き、非キリスト教国の現地の人々にキリスト教を伝える経験の中で育まれた考えにある。宣教師の体験に基づく異文化への理解に、より広い視点として、国際情勢や地政学の視角を加えて、差異を乗り越えて、国際的に共存していくキリスト教を模索したのが、キリスト教国際主義であった。戦間期のキリスト教国際主義を育む議論の媒体となったのは、出版活動や国際会議だった。代表的な出版事業としては、ニューヨークで一九二六年から一九三四年まで刊行された『明日の世界』（*The World Tomorrow*）が挙げられる。一方、国際会議としてキリスト教国際主義を育んだのは、エキュメニカル運動の指導者として知られるジョン・R・モット（John R. Mott, 1865-1955）が設立した万国基督教学生連盟（World Student Christian Federation）や国際宣教委員会（International Missionary Council）が欧米とアジア・アフリカのキリスト者を集めて、開いた会議であった。開催地の選び方も画期的だった。一九〇七年東京、一九一一年コンスタンチノープル、一九二二年北京、一九二八年エルサレムと、二十世紀初頭から非キリスト教国のアジア、中東やキリスト教の聖地エルサレムにおいて、国際会議を開催している。

定期刊行物の『明日の世界』でも、前述の国際会議においても、多くのキリスト教団体の指導者、宣教師や牧師といったキリスト者たちと、歴史学、神学や国際関係論を専門とするアカデミアの研究者や知識人が集まって、活発な議論を展開し、革新から保守まで多様な立場からの論説を掲載した。二つの事業に共通する特徴は、キリスト教と国際関係をつなげて議論したこと、キリスト教普遍主義はナショナリズムを抑制する考えと捉えていたこと、及び国際関係における人種差別主義への反発の三点であった。ナショナリズム、人種主義への批判に加え、アメリカの帝国主義的膨張を支えた資本主義への反発も論じられていた。参加者の政治的立場も幅広く、キリスト教社会主義、平和主義を信奉するもの、アメリカの第一次世界大戦参戦を支持する現実主義の神学者、黒人の公民権活動家、ＹＭＣＡやＹＷＣＡの指導者、女性国際団体の会員や正反対の意見を持つ神学者等、政治的にも思想的にも多様な立場に立つ欧米やアジアのキリスト者が議論を行った。国際問題における人種差別に敏感になったのも、一九二二年の北京会議で日本人キリスト者が人種差別を痛烈に批判する報告を行ったことがきっかけだった。このように、非キリスト教国のアジアやアフリカのキリスト者との議論を通して、欧米のキリスト者たちのキリスト教国際主義が育まれていった。その根底には、キリスト教の神の前では、人種、民族、国籍を越えて万人が平等であるという価値体系と、キリスト教はアジア、アフリカの非キリスト教国の土着の宗教より優れた宗教であり、したがって欧米のキリスト教国のキリスト者はアジア、アフリカの異教徒より優位な存在であるとする二つの矛盾する価値体系があった。したがって、戦間期に育まれたキリスト教国際主義はこの二つの価値体系を架橋する努力であったとも言えよう。一方、欧米のキリスト者にとっては、二十世紀初頭よりキリスト教国際主義の努力が払われていたにもかかわらず、第一次世界大戦でキリスト教国同士が敵国となって殺戮を重ね、史上最悪の死傷者数を出したことは、西洋文明と結びついたキリスト教の優位性を覆す衝撃的な出来事となったのだった(2)。

一方ディヴィッド・A・ホリンガーが指摘し、名付けた「宣教師コスモポリタニズム」は、ほぼ「キリスト教国際主義」と同義であるが、より宣教師や宣教師の子孫個人の体験を重視する考えである。特にアジアで生活した宣教師やその子孫が、非キリスト教国のアジア土着の文化や人々を公平、平等に尊重する多文化主義の考え方を育み、帰国後、アメリカにその考え方を導入したことに焦点を当てた。宣教師や伝道地で生まれ育った宣教師の子孫は、アジアの人々やその文化を深く知る希少価値の人材として、戦後のアメリカの対アジア外交やアジア研究の担い手となっていった。第二次世界大戦後、特に一九六〇年代以降、アメリカで盛んに主張されるようになる多文化主義をアメリカに導入した担い手とされる。宣教師コスモポリタニズムを身に付けた宣教師やその子孫は、アメリカ西海岸における日系人排斥を人種差別と批判し、反対運動を展開した。国際問題における人種差別主義に反対したという点で、キリスト教国際主義とも類似する(3)。

以上が、アメリカにおける戦間期のキリスト教普遍主義を説明する二つの重要な概念の「キリスト教国際主義」と「宣教師コスモポリタニズム」の概要である。その価値体系のうち、特に人種差別反対主義、アジアの文化を尊重する多文化主義、及びキリスト教普遍主義にナショナリズムの牽制機能を見出す視点を分析概念として、戦時下のアメリカ人宣教師がその活動の中で葛藤や調整を経て育んだキリスト教普遍主義を分析したい。

二　戦時下の来日宣教師の活動の概況

まず、戦時下の来日アメリカ人宣教師の活動の全体像をまとめる。超教派の「キリスト教宣教師団体」（Fellowship of Christian Missionaries）が一九四四年三月にまとめた追跡調査をもとに、その活動内容を男女別に整理してみた(4)（表1）。この表が示すように、宣教師が選択した戦時下の活動とジェンダーには明らかな相関関係が見られる。消息を確認できた三〇〇名の宣教師のうち、二割にあたる六三名（男性一九名、女性四四名）が日系移民の仕事に就いていたのに対し、六％にあたる一九名（男性一五名、女性四名）は、軍や政府関係の仕事に就いていた。

日系移民関連の仕事には女性が男性の二倍以上就いていたのに対し、軍隊や政府関係の仕事には男性が女性の三倍以上従事していた。

事例研究の対象としては、宣教師のキリスト教普遍主義の変容を分析するために、アメリカン・ボードが派遣した

表1　男女別活動状況

戦時下の活動	男性宣教師	女性宣教師	計
日系移民関係	19	44	63
軍・政府関係	15	4	19
教会（牧師、他）	29	12	41
他国の伝道・教育	5	16	21
日本語教育日本研究	8	5	13
進学	3	3	6
講演	1	1	2
収容（マニラ）	1	1	2
死去	7	5	12
その他（引退他）	28	93	121
計	116	184	300

Fellowship of Christian Missionaries, "Notes about Former Missionaries," *An Occasional Newsletter for Returned Missionaries from Japan*, March 1944 より筆者作成。

来日宣教師のうち、以下の基準をすべて満たす宣教師を選んだ。

1　戦前の日本で二〇年以上の宣教活動歴がある。
2　太平洋戦争中に宣教師としての来日経験を活かした活動にあたった。
3　戦後日本に再来日を果たしている。
4　宣教団体への書簡、報告書、出版物や家族への私信等、本人が書き残した資料が残されている。

アメリカン・ボードから日本に派遣された宣教師のうち、右記基準を満たす男性宣教師三名と女性宣教師二名の合計五名を選択した。以下生年順に宣教師の氏名、生没年、性別、及び戦前戦後の主要職務と戦時下の活動を列挙する。

（1）シャーロット・B・デフォレスト（Charlotte B. DeForest, 1879-1973）、女性、第五代神戸女学院院長、宣教師の次女として大阪に生まれる。マンザナー日系人収容所で日系人の再定住支援、軍事裁判の通訳。

（2）シャーウッド・モラン（Sherwood Moran, 1885-1983）、男性、大阪のセツルメント・ハウス、淀川善隣館館長、米軍海兵隊最年長通訳としてマーシャル諸島で日本人捕虜尋問にあたる。モランの著した戦争捕虜尋問マニュアルは人道的なものとして二〇〇三年開戦のイラク戦争捕虜にも応用される。

（3）アリス・E・ケリー（Alice E. Cary, 1890-1964）、女性、大阪の淀川善隣館共同館長、淀川幼稚園園長、宣教師の長女として大阪に生まれる。超教派の六人委員会（Commission of Six）のメンバーとして宣教師として戦後初めて再来日を果たす。戦時下はハワイ、ホノルルの多人種多民族共生のクロスローズ教会（Church of the Crossroads）で日系人キリスト者の支援を行う。

（4）ダーリー・ダウンズ（Darley Downs, 1894-1969）、男性、東京の宣教師及び宣教師家族向け日本語学校校長。戦時下はフィリピンのミンダナオ島で日本軍の捕虜となり、捕虜収容所で通訳、日本兵の英語教師、捕虜のまとめ役を務める。

（5）ウィリアム・P・ウッダード（William P. Woodard, 1896-1973）、男性、京都、日本組合教会とアメリカン・ボードの連携委員。日本人キリスト者の出版物の英訳。一九三〇年代には朝鮮総督府のソウル・ステーションに赴任。戦時下は迷った末、シアトルの日系人支援の仕事ではなく、海軍に入隊。戦後は宣教師を辞任し、ＧＨＱの民間情報教育局（Civil Information and Educational Section, ＣＩＥ）の宗教部次長として日本国憲法の宗教法人法の制定準備に貢献。

三　二十世紀初頭の海外宣教学生志願運動と宣教師志願

前述の五名の宣教師は大学時代にアメリカ東部で海外宣教学生志願運動（Student Volunteer Movement for Foreign Missions, 以下、ＳＶＭ運動）に触発されて、二〇代で海外伝道の宣教師を志願し、着任した。いずれも一八七九年から一八九六年の間に誕生しており、ほぼ同世代にあたる。彼らの大学時代は二十世紀の世紀転換期にあたり、ちょうど全米の大学ではＳＶＭ運動が最盛期を迎えていた。

ＳＶＭ運動は、一八八六年マサチューセッツ州ノースフィールドで開かれた聖書研究の夏期学校に伝道者ドワイト・ムーディー（Dwight Moody, 1837-1899）の呼びかけによって、アメリカとカナダの大学の男子学生代表二五一名が集まり、彼らの宗教的情熱が高揚し、一〇〇名が海外宣教師を志願したことによって誕生した。発足時にコーネル大学の学生だった先述のモットはその後カリスマ性溢れる指導者に成長し、一九一〇年にエジンバラ世界宣教会議（World Missionary Conference, Edinburgh）が開かれると、その議長に任じられた。モットはこの会議で、学生たちに「この世代のうちに世界の隅々までキリストの福音を宣べ伝えよ」と呼びかけて、彼らを世界宣教へと奮い立たせた[5]。本章で検討する五名の宣教師はいずれも大学時代にこのスローガンに触発され、神の召命を感じ、宣教師志願を決めている。世界の隅々までキリストの福音を伝えることができれば、キリストが再臨する至福千年が到来すると信じ、海外宣教に身を投じることにしたのである。五名のうち三名が第一次世界大戦後、シベリアの赤十字運動に志願したのも、この使命感によるものだった。

先述のキリスト教国際主義の中心的な指導者となったのは、中国でＹＭＣＡ宣教師として活躍したシャーウッド・エディ（Sherwood Eddy, 1871-1963）だった。エディはモットが率いるＳＶＭ運動やＹＭＣＡで活躍し、文筆活動やセミナーの講演等によって、アメリカの帝国主義、資本主義、人種主義やナショナリズムを批判し、海外宣教に関心をもつ若者に大きな影響を与えた。本稿で取り上げるデフォレストもモランも直接エディから感銘を受けている。エディは『明日の世界』のスポンサーとなり、編集は自身の秘書に任せ、自身も論考を発表していた。

デフォレストは、スミス・カレッジ在学中にエディが書いた「クリスチャンの学生の至高の決意」（"The

Supreme Decision of the Christian Student"）を読んで強く心を揺さぶられ、「すべての国に福音を教えに行きなさい」という神の言葉は「神が祖国に残るように特別に召命していない限り、宣教師になることは神がすべてのキリスト者に求めている召命である」ことを意味していると知り、宣教師となることを決断したのだった。デフォレストは宣教師の娘として日本で生まれ育ったがゆえに、慎重な姿勢を崩さず、宣教師志願の決断は容易ではなかったのである。(6)

一方、モランは高校を卒業して一度社会に出てから、日露戦争後エディのアシスタントとして来日し、エディの指導の下、東京に集まっている中国人留学生を対象にＹＭＣＡのキリスト教伝道を行った。その経験によってモランは、宣教師となる決意を固め、アメリカに帰国して神学校に入り直し、宣教師となって再来日を果たしたのだった。ケリーはＳＶＭ運動発祥の地、マサチューセッツ州ノースフィールドにムーディが創立した全寮制のマウント・ハーマン女学校で学び、ボストンのウェルズリー女子大学に進学し、卒業後、宣教師に志願した。

かくして五名の宣教師は皆、ＳＶＭ運動や戦間期のキリスト教国際主義に触発されて、宣教師を志願し、一九〇三年から一九一九年の間に来日を果たしている。内二名のデフォレストとケリーはいずれも来日宣教師の娘として日本で生まれ育ち、アメリカに帰国して長期に過ごすのは高校と大学時代が初めてであった。その二人にとっても、自らの意志で改めて宣教師を志願したのは、他の三名と同様、モットが率いたＳＶＭ運動で世界の隅々までキリストの福音を伝える宣教熱に奮い立たされ、そのために神の召命を受けたとキリスト者としての使命感を確信したからだった。したがって、五名の宣教師は全員、戦間期のキリスト教国際主義の潮流の一員として日本伝道を開始したと言えよう。

四　二十世紀前半の日本の植民地での宗教政策とアメリカ人宣教師のジレンマ

ここで、二十世紀初頭に来日したアメリカ人宣教師が、日米の二つの帝国のはざまで、期せずして日本の帝国主義に加担することになった、日本とアメリカン・ボード双方に存在した構造上のジレンマについて述べておきたい。

日本国内では、日露戦争が始まった頃から、神道、仏教、キリスト教の三つの宗教が日露戦争の宗教戦争の色彩を払拭するために、一堂に会し、その後、以下の経緯から政府の植民地における宗教政策に、自発的に協力するようになった。日本政府は日清、日露戦争の勝利を経て、中国大陸や朝鮮半島に分割統治の足がかりを得ると、アジアでの植民地政策を順調に進めるために、積極的に宗教政策を推進していった。その際、日本政府がとった政策は神道、仏教、キリスト教の三教会同である。これは、日本政府が宗教団体として神道、仏教、キリスト教を公認し、三教が協力して、国内及び植民地にて「国民道徳の振興」と「国運の伸長」に資するように、政府が宗教団体を保護監督するということであった。実際に一九一二年二月に内務省の呼びかけによって、政府と仏教、教派神道、キリスト教の三教が集まり、三教の代表者が「皇運」と「国民道徳」の振興を図ることを決議した。さらに、その三日後には学者、教育者、宗教家による会合が開かれ、今度は政府、教育、宗教の三者が同じ目的のために協力することを決議し、キリスト教界も仏教や教派神道と競って日本政府の植民地における宗教政策に協力する体制が作られたのである。(7)

この背景には十九世紀末の条約改正論議の下、キリスト教を受け入れることが不可避となる中で「キリスト教勢力の日本における伸長と、キリスト教の拡大を警戒する仏教とキリスト教の衝突」を日本政府が憂慮していたことがある。政府は国内における宗教間対立を回避するために三教をまとめて正式に保護監督することを選択したのだった。

また日露戦争が勃発し、ロシア側がこの戦争を「キリスト教対非キリスト教」の宗教戦争及び「白人対黄色人種」の人種間戦争として欧米に向けてのプロパガンダに利用しようとしたことも影響している。これに対して日本側は「信教の自由を保障する文明国日本対ロシア正教を迫害する非文明国ロシア」の戦争という構図を示して反駁しようとした。(8) これに宗教界も呼応し、仏教側も宗教対立を避けキリスト教との関係を改善する機運が高まったのである。

このように一九一二年に政府の呼びかけによって三教会同が達成されると、日本政府が植民地で、同化政策の一環として宗教政策を推進する際に、宗教界では自発的に戦争協力をして、神道、仏教、キリスト教が競うようにして、政府の宗教政策に組み込まれていったのである。特に一八九〇年代頃からナショナリズムが伸長するに従って日本への忠誠を疑われてきたキリスト教界においては、三教会同は日本で神道、仏教にならぶ三教の一つとして正式に認められる機会とみなされ、宗教政策に積極的な姿勢を示す者も出てきた。(9) アメリカン・ボード宣教師の海外伝道によって日本人キリスト者が設立した組合教会でも、日本のキリスト教界全般と同様、戦間期には、日本の植民地主義、帝国主義とキリスト教の関係について非戦論者から推進派まで多様な考えが議論されていた。(10) しかしながら、日露戦争後、組合教会は大勢としては構造的に日本の植民地での宗教政策に加担していくことになり、朝鮮半島や満州での伝道活動を行っていった。

一方、アメリカ人宣教師も、十九世紀のアメリカン・ボードの伝道思想やアメリカン・ボードと他教派の海外伝道団体との関係による構造的ジレンマを抱えており、結果として組合教会による植民地の宗教政策に加担していくことになった。一つ目の要因はアメリカン・ボードの十九世紀の伝道思想であったアンダーソン主義である。これは一八三二年から一八六六年までアメリカン・ボードの幹事を務めたルーファス・アンダーソンが考えたものだが、伝道地のキリスト者の教会が、アメリカン・ボードからいち早く自立することを目指すもので、教会建設や牧師の給与などの経済的自立（self-supporting）、教会行政の自立（self-governing）、伝道活動の自立（self-propagating）の三つの自立（three-self theory）を推進する伝道方針である。[11] アンダーソン主義によって、各個教会の独立と平等も達成され、アメリカの会衆派教会の基本理念である民主主義的な教会組織の実現にもつながった。先述の三教会同の結果として植民地伝道を通して国家の宗教政策に協力するようになった組合協会がアメリカン・ボードからの自立を求めた際も、アメリカン・ボードはこのアンダーソン主義に依拠して強くサポートしたのだった。かくして一九〇五年、組合協会はアメリカン・ボードからほぼ完全な経済的自立を果たした。さらに植民地伝道の人事権についても、一九二一年から段階的に、アメリカン・ボードから組合教会へと移行を進め、一九三一年、ついに「日本帝国内のあらゆる場所に、福音伝道を行う宣教師の配置」を決める人事裁量権を完全に取得した。[12] かくして日本の植民地伝道において、アメリカン・ボードと組合教会の権力関係は逆転した。組合教会が人事権を掌握し、アメリカ人宣教師も、アメリカン・ボードではなく、組合教会の意向で植民地伝道に派遣されるようになったのである。

一方、アメリカン・ボードは、既に一八八五年、長老派やメソジストの海外伝道団体に対し、朝鮮半島の伝道は行わないとの約束を取り交わしていた。[13] これは伝道地確保について教派間の競争を避けるための紳士協定だった。このため、組合教会が朝鮮半島のソウルに伝道拠点を置き、アメリカ人宣教師の赴任を要請したときもアメリカン・ボードはその伝道には無関係だという姿勢を貫き、アメリカ人宣教師は組合教会が日本ミッションに要請して派遣されるものだと主張した。この判断により、アメリカン・ボードは アメリカの他の教派の海外伝道団体との競争や軋轢を避け、同時にアメリカン・ボードの宣教師が日本植民地への宗教政策に加担することを黙認しつつも責任を回避することができたのだった。[14]

以上、日米両方の構造上のジレンマにより、組合教会は日本のアジア植民地への宗教政策に加担し、その結果、組合教会から派遣されたアメリカ人宣教師も同様に日本政府の宗教政策に加担せざるを得なくなった。

アメリカン・ボードの宣教師の中には、当初その関係を楽観視する、あるいは黙認しているようにみえる者もいた。例えば一九二三年、組合教会の要請により、ソウル・ステーション開設時の初代アメリカ人宣教師として着任したホレイシオ・ニューエル（Horatio Newell, 1861-1943）は、「日本帝国の発展と極東における神の国の拡張を祝って」という書簡をボストン本部に送り、神の国と日本帝国という二つの帝国の拡張を同一視している。ところが、一九三一年になると、不快感をあらわにする宣教師も出てくる。日本ミッションの幹事を務めていたダウンズは日本人牧師が中国人牧師や韓国人牧師に対する優越感を示す姿を目撃して、自身の「良心の呵責にさいなまれる」とボストン本部に報告した。[15] 他方、北中国ミッションを一九三五年に訪問したクラレンス・ジレット（Clarence Gillett, 1894-1961）は北中国ミッションの会議の「緊張した感情と微妙な状況」を報告し、宣教師として、組合教会への協力義務と、東アジア伝道への使命感との間の葛藤を暗に示唆した。[16] このように、一九三一年に組合教会の支配下に入って、日本植民地への宗教政策に加担するようになったアメリカ人宣教師は、満州事変を経て一九三七年以降、宣教師として組合教会支援の義務とキリスト教国際主義の平和主義のはざまで苦悩した。

五　戦時下の宣教師の選択、ナショナリズム、キリスト教普遍主義

一九四一年一二月七日（米国時間）日本軍の真珠湾攻撃により、日米開戦の火ぶたが切られた。神戸女学院の院長を退任し、帰米休暇中だった女性宣教師のデフォレストは、アメリカン・ボードのボストン本部で歴史資料の整理と調査にあたり、『神戸女学院の歴史』という本を執筆した。[17] その後、再三、その日本語力と日本経験を買われてアメリカ軍や政府から仕事を依頼されるが、「軍事的な仕事ではなく、人道主義的な仕事」を意識的に選択し、マンザナー日系人収容所での仕事に就いた。日系人の再定住に向けて個別にヒアリングを行い、軍事裁判での通訳を行った。二人目の女性宣教師のケリーはハワイのホノルルにあるクロスローズ教会という多人種、多民族の人々の教会で主に日系人のために働いた。四年間の奉職後、アメリカン・ボードのボストン本部の東アジア宣教師のための幹事代行を務め、戦後は、占領下の六人委員会という超教派の宣教委員会の委員に任命され、宣教師として最初に再来日を果たした。伝道地の状況と戦争被害を調べ、宣教師の再来日への準備を進めた。

一方、三名の男性宣教師はいずれも日米の軍隊と関わる仕事に就いた。モランは、志願の上、最年長の

五六歳でアメリカ軍海兵隊に日本人戦争捕虜の通訳として入隊を許可され、ソロモン諸島のガダルカナル島に派遣された。モランが執筆した捕虜尋問マニュアルは日本人捕虜の心理を深く理解するものとして高く評価され、二〇〇三年のイラク戦争の折に再発見され、捕虜尋問のマニュアルとして再度活用された。ダウンズはアメリカン・ボードのフィリピン・ミッションに転任し、ミンダナオ島のダンサラン(Dansalan)でムスリムの生徒が多いミッションスクールで働いていたが、日本軍の戦争捕虜となり、フィリピンの戦争捕虜収容所を転々としながら、日本軍将校と戦争捕虜の通訳を務め、日本軍の軍人への英語教育に携わるなど、日本軍に重宝がられた。[18]日本の宗教に関心を持ち、学者肌だったウッダードは、戦時下に帰国するにあたり、宣教師を辞職してアメリカ海軍に入るか、宣教師としてシアトルで日系移民支援の仕事に就くか数ヵ月迷った末、前者を選択し、海軍に入隊した。戦前から戦後にかけて、ウッダードの書簡には軍事化とともに戦争協力に急速に傾斜していく組合教会との仲介役にあって苦悩する様が残されている。戦後は海軍将校の一員として五名の宣教師の中では一番早く来日を果たし、GHQの宗教研究部次長として日本に駐在し、新憲法の下で、宗教法人法を制定するために、日本全国の宗教状況を調査することに専念した。

五名の宣教師の戦時下の活動の選択をみると、二節の宣教師全般の追跡調査でも明らかになった通り、ジェンダーの影響が明白である。男性宣教師三名はアメリカもしくは日本の軍隊と密接に関わる仕事を行った。それに対し、女性宣教師二名はアメリカ国内の日系人収容所もしくは教会で、日系人の生活を支える奉仕活動を行っている。

その要因の一つはアメリカン・ボードと、組合教会が両方とも、男女分離主義に基づき、ジェンダーによる役割分業が明白だったからと言えよう。アメリカの海外伝道は十九世紀の発足時より、男女分離主義に基づくものであった。牧師としての按手礼を持つ男性宣教師と持たない女性宣教師では、男性が牧師としての教会活動を中心に伝道を行えるのに対し、女性は、女性として十九世紀アメリカで期待されたジェンダー役割を生かし、教育、医療、福祉事業といった間接的な方法で伝道を行っていた。紙幅が限られていることから詳細は省くが、十九世紀アメリカ女性の宣教思想では、「女性のための女性の仕事」と称して、現地女性に接触できるのは女性に限られていたことから、女性宣教師の派遣が正当化され、日本では女性宣教師が女子教育の分野で貢献し、日本女性にアメリカの男女分離主義に基づくクリスチャン・ホームの概念を伝えた。一方、男性宣教師は、牧師の資格を有することから現地教会を設立し、その教会が独立できるまで支援した。その結果、現地教会の指導者と密接に連絡を取る仕事が多かった。

一方、宣教師が支援した日本の組合教会も、ジェンダーによる役割分担が明確であり、男性キリスト者が中心となって指導的役割を担っていた。したがって、日本の植民地への宗教政策に協力する方針を立てて実施するのも、アメリカ人宣教師との関係を調整したのも日本人の男性キリスト者だった。日本のキリスト教諸団体の連合組織として一九二三年日本基督教連盟が設立された。一九三一年の満州事変以降、軍事化が進み、キリスト教が苦境に追い込まれると、日本基督教連盟も政府に同調するようになり、国策を弁護し、日本の日中戦争への参戦の正当性を弁明した。[19]一九四〇年四月に宗教団体法が施行されると、一九四一年六月に日本基督教団が結成された。男性中心の日本のキリスト教会指導者の多くは、こうしてキリスト教が他の宗教と同列に置かれ、国家の保護を受けられることを歓迎していたのである。[20]このように日本政府の宗教行政の変化とともに組合教会が連盟や教団に参加していく過程において、日本のキリスト教団体とアメリカン・ボードとの仲介や調整を行ったのは、日米双方ともに男性だった。[21]すなわち、組合教会とともに日本政府の植民地への宗教政策に加担していく過程で、男性宣教師が両者の間に入り、満州事変以降は、中国や韓国にいるアメリカ人宣教師やアメリカン・ボード本部からの批判の矢面に立ったのである。

このように日米双方の教会組織の指導層が男性中心のジェンダー構成となっていたことが、五名の宣教師の戦時下の活動とその苦悩に作用していたと言えよう。以下三名の男性宣教師の本国への書簡や報告を読み、ナショナリズムを牽制するはずと考えていたキリスト教普遍主義が一九三一年以降、機能していかなくなる過程をそれぞれの宣教師がどのように理解していたかを考える。

男性宣教師は一様に戦時下、日米の軍隊と関わる活動をした。三人の中で、キリスト教普遍主義の信条と組合教会の成長を支援するという宣教師としての使命感の間で苦悩する心情を吐露したのはダウンズとウッダードだった。二人とも日本のキリスト教会と日本人キリスト者と直接交流する前線に立っていた。その中には、日米開戦前に、日米の帝国のはざまにあって、熟慮の末、自らのキリスト教国際主義の信条とは異なる発言をせざるを得ず、その苦悩を吐露した宣教師もいる。戦前、東京で宣教師とその子弟対象の日本語学校の校長をしていたダウンズは、「穏やかで聡明な」人柄で知られていたが、戦前から戦後にかけて日本とアメリカの超教派の団体の調整、仲介役として活躍していた。日本基督教連盟の幹事として、アメリカの宣教師団体に連絡する役割を担っていたダウンズは「自分はこの国で最も不幸な鳥だと思う」と一九四〇年二月の書簡にその苦悩を書いている。一九二四年に軽井沢の教会で語ったように本来絶対的な平和主義者であると自認していたにもかかわらず、戦争に向かう日本の国策を宣教師の団体が公に非難することに、彼は自身の信条に反して反対せざるを得なかった。高揚するナショナリズムの中で日本の教会が今後も生き延びるためには告発した宣教師を追放しなければならなくなってしまうことが日本を熟知するダウンズには、見えていたからであった。[22]「日本のキリスト者の仲間が真に生きた教会を建設するために自分たちの命を懸けて支援する」という宣教師としての原点に立ち戻り、本来の使命に忠実に考えるならば、大切に支援してきた日本の教会を危険に晒してまで日本の国策を告発するのは思いとどまるべきだとしたのである。

一方、ウッダードは、新潟と小樽伝道を行った後、一九三一年から一九三五年まで組合教会が設置したソウル・ステーションに赴任し、その後一九四一年の開戦直前に離日するまで、大阪にあった組合教会本部の幹事という難しい職務に就いていた。先述の通り、アメリカン・ボードの宣教師でありながら、組合教会との仲介役として組合教会に所属し、日本人キリスト者や神学者が日本のキリスト教の機関誌や出版物に掲載した論考を英訳し、アメリカン・ボードや日本在住のプロテスタント宣教師向けの機関誌に掲載して報告していた。ウッダードは内向的で学者肌の性格であったので、アメリカン・ボードの日本ミッションと組合教会との関係、さらにその背後にある、日本政府の植民地での宗教政策に加担せざるを得なくなる、という複雑に絡んだ関係をダウンズのように理解することはできなかった。憤慨して先述の機関誌の編集者に「日本基督教連盟（National Council of Churches, ＮＣＣ）は自分たちを辱めたので、日本ミッションは完全にＮＣＣから脱退する手順に入るべきだ」と書き送っている。[23]

対照的にモランの戦前の書簡には、そのような個人的な苦悩の影は見当たらない。冗談好きで明るい人柄の上、組合教会の日本人キリスト者と直接対峙する活動を行っていなかったからとも考えられる。先述の通り、モランの宣教師志願の経歴は異色であった。後にチャイナハンドと呼ばれ、戦後のアメリカの東アジア外交で中国通のブレーンとして影響力を持ったＹＭＣＡ宣教師エディのアシスタントとして日露戦争後の東京で中国留学生対象の伝道を行ったことに触発されて宣教師になったのだった。そのため、戦間期のキリスト教国際主義の中でも弱者や労働者に目を向け、行き過ぎた資本主義の是正に取り組むキリスト教社会主義への関心が高かった。第一次世界大戦後は赤十字に志願して難民救済にあたり、急激に産業化が進んでいた大阪では工場労働者を対象にケリーと共に一九二五年、淀川善隣館という社会事業のセツルメントを創設した。後に自らの半生を振り返ってアメリカン・ボードに送った報告書には、宣教師として着任したときから、「宣教師の手が及ばない、下層中産階級」の日本人に焦点を絞って仕事をすると固く決めていたと書いている。このようにモランは、日本政府の植民地政策と直接接する立場ではなかったために、デフォレストが一九三七年に神戸女学院院長として兵庫県庁からの要請にしたがって南京の戦勝パレードに参加したときには、公然とデフォレストがとった行動を非難した。[24]

このように男性宣教師の場合は、組合教会を支援する宣教師としての使命感のために、期せずして日本の植民地政策と帝国主義に加担してしまう複雑な関係に絡み取られていた。先述の通り、ソウル・ステーション創設時の一九二三年の段階では、東アジアの中で急激に近代化を遂げた日本を、東アジア全体にキリストの福音を広めてキリスト教化するための先駆的存在として神に選ばれた国と理解する宣教師も多く、日本帝国のアジアへの拡大をキリストの神の国の東アジアへの拡大と同一視し、楽観視する宣教師もいた。しかしながら、一九三一年の満州事変以降は、日本政府による植民地宗教政策に組合教会もより積極的に加担するようになり、日本人キリスト者の中でキリスト教国際主義を信奉していた湯浅八郎のような指導者もいわゆる同志社事件によって一九三七年に同志社の総長職からの辞任へと追い込まれてしまった。このように一九三七年以降はキリスト教普遍主義がナショナリズムを牽制する芽は摘み取られていき、宗教界は軍と戦争協力し、日本の帝国主義的膨張に異論を唱えることができなくなっていった。その苦悩の中にあっても、草の根のリベラルな日本人キリスト者の存在を知っている宣教師は、自らの日本伝道の経験を踏まえて、戦時下での活動を選んでいった。

三人の男性宣教師の内、モランは帰米休暇をとって既に一九四〇年に帰国していたために、そのまま日本に戻ることなく、戦時下の活動を模索していったが、ダウンズとウッダードはアメリカが日本への石油輸出を停止し、それに対抗して日本がアメリカの資産凍結を実施し、日本に残留することができなくなるぎりぎりの一九四一年八月まで日本に踏みとどまっていた。[25] 二人とも日本伝道の宣教師として、自らの意志で日本を去ることは伝道地の日本人を裏切ることになると考えていたのだった。[26] しかしながら、自分たちの滞在が仲間の日本人キリスト者に迷惑をかけることになることを知ると、日本人キリスト者からの依頼で帰米休暇という形を取り、二人は一九四一年八月に日本を去った。ダウンズは少しでも日本の近くにいるためにアメリカン・ボードのフィリピン・ミッションに転じたが、日本軍の戦争捕虜となり、二年半、捕虜収容所で過ごした。東京で日本語学校の校長をしていた経歴から捕虜収容所では日本軍の正式な通訳兼英語教師、及びフィリピンの五つの日本軍の捕虜収容所を統括する教育部の長を任せられ、日本軍将校たちに重用された。一九四四年、マッカーサー率いる米軍の上陸によって解放され、アメリカに戻ると、ダウンズは積極的にアメリカの大衆に自らの捕虜収容所体験に関する講演を行った。日本軍の食料が尽きた最後の半年を除いて、自身が日本軍によっていかに人道的に敬意をもって大切に扱われたかを、戦時プロパガンダにより全く逆の日本人イメージを植え付けられたアメリカ人大衆に伝える努力を続けた。リベラルな日本人キリスト者の声が消されていき、日本のナショナリズムの高揚を牽制できなかった戦前の日本での体験からキリスト教普遍主義の限界を感じていたダウンズは戦後日本のあり方についてアメリカン・ボードへ次のように報告している。「日本で安定した政府をつくるための最大の希望は、天皇制を維持することにある。天皇制を維持しない限り、共産主義が勢力を拡大する恐れがある」。また戦後の東京に宣教師及び宣教師子弟のための日本語学校校長として帰任してからは、戦時下の日本人キリスト者の行動を以下のように語って弁護した。「キリスト者であるなら人種、ナショナリズム、文化の差異を乗り越えてほしいと願うものだが、歴史上のキリスト者でも誰一人それを達成できたものはいない」(27)。ダウンズはこのようにキリスト教国際主義が唱えてきた反人種主義、反帝国主義や反軍国主義は世界のすべてのキリスト者にとって達成困難な挑戦であることを戦時下の体験から学んだのだった。ダウンズは、その難しさを認識することこそが、エキュメニカルな理解を進めるための大事な一歩だと理解し、戦後日本の超教派運動の指導者となっていった。

一方、ウッダードは、日本を離れて戦時下の活動を選択するにあたり、組合教会が行った植民地主義への加担や戦争協力と宣教師としてのキリスト教国際主義の信条との間で葛藤し、アメリカン・ボードが推奨するシアトルで日系移民のために働く仕事とアメリカ海軍に入隊して諜報活動に従事する仕事の間で数ヵ月にわたって悩み続けた。多くのアメリカン・ボードの関係者とも相談し、結局、自分は「肉体的に健康な男性だから」という理由で後者を選んだ。ウッダードは、日系移民支援は高齢者や女性など、彼が肉体的、精神的弱者とみなす人間にも務まる仕事とし、自分のように体力も精神力もみなぎる現役の男性に神が用意している仕事は後者だと説明した。[28]しかしながらアメリカの軍隊に入って戦闘の場に身を置くことは、キリスト教布教を神からの使命とみなす宣教師の信条に反することだった。アメリカン・ボードの幹事に反対されたウッダードは、宣教師を辞して海軍入隊を選択した。[29]子どもの教育についてはアメリカに帰国した妻に一任し、妻も「ビルの崇高な任務」とウッダードの選択を支持した。ウッダードの決断の背景には軍事的な仕事は男性の仕事というジェンダー化された軍隊の認識があることが窺われる。このように熟慮した末の決断であったにもかかわらず、ウッダードは不思議なことに戦時下の海軍での活動については無言を貫いている。ボストンのアメリカン・ボード資料とオレゴンにあるウッダード個人の膨大な資料コレクションにも一言も言及はなかった。後者には戦後一九四五年一〇月にウッダードが海軍将校として元来日宣教師の中で最も早く再来日を果たし、占領軍のＣＩＥの宗教部次長として日本全国の宗教状況について調査し、報告書をまとめた仕事に関する膨大な資料が残されている。ウッダードは、新しい日本国憲法の下で、「信教の自由と政教分離」を達成するために、新しい宗教法人法制定の準備とその草稿を執筆することにそれまでの人生で最大の意義を感じて夢中になって尽力した。ウッダードは他の宣教師と同様、戦前の組合教会、宣教師と日本政府の帝国主義への加担という構造的ジレンマに苦しんでいたが、戦後になっても、日本の教会団体に戦前と変わらない政治的分断や対立があることを知って、ケリーからの再三の要請にもかかわらず、一九四八年には再度宣教師を辞して、日本に初めて設立された国際宗教研究所の所長となり、生涯、日本の宗教の研究者となった。拭うことのできない戦前の宣教師としての苦悩から距離を置き、ウッダードは生涯ナショナリズムを乗り越えられないまま、宗教学者となった。彼が戦後世界への希望として求めたのは、戦間期のキリスト教国際主義ではなく、日本という国家の枠組みの中で、政教分離の世界を達成することだった。そういう意味で、ウッダードが戦時下の経験を経て、キリスト教普遍主義の戦後への示唆を見出したのは、ナショナリズムを牽制する装置としてではなく、ナショナリズムを前提とした法文化の中で、政教分離を達成することだったのかもしれない。いずれにしろ、宣教師を辞した同じ一九四八年にウッダードは息子に、占領軍の宗教部で、戦後日本の政教分離を法制化するこの仕事のことを「これまでの人生でも、この先の人生でも、自分にとって生涯で最良の仕事だ」と伝えている。戦時下の海軍諜報部の仕事が戦時の機密事項と認識されていたとしても、一九七三年に生涯を閉じるまでその仕事については沈黙を貫き、戦後日本の宗教法人法制定に向けての仕事についてはに膨大な資料を残していることを鑑みると、ウッダードはキリスト教国際主義の限界に絶望し、法治国家の枠組みの中での法の規定という方法にしか、人種、宗教、ナショナリズムを越えた多文化共生の道を見いだせなかったのかもしれない。

他方、最も戦時下の苦悩からは解放されていたモランは、一九四〇年帰米休暇から日本には戻らないという現実的な判断をし、五六歳という最年長の年齢でアメリカ海兵隊に入隊した。ガダルカナルに派遣され、戦争捕虜の日本兵に対する尋問マニュアルを執筆したことで広く知られるようになった。日本人の心理についても本を執筆し、神風特攻隊の心理を理解できなかったアメリカ人に対し、不可解な日本軍の兵隊の心理をも説明できる人間として評価された。(30) モランの捕虜尋問のマニュアルでは、まるで恋人にささやくように、優しくなだめるように話しかけることを説いた。現場では最も意志が頑なな日本兵捕虜からも、モランは情報を収集できると評判だった。モランによれば、彼の尋問方法は「簡単で素朴な常識を働かせ、人間的な同情をもって接すること」だった。(31) ホリンガーによれば、このマニュアルは再発見され、二〇〇三年のイラク戦争のときに使用されたという。モランにはユーモアがあり、戦時下でも収容所に迷い込んできた豚の赤子を時の日本の総理大臣の東条と命名して漫画を書いたりしていた。日本人については、「我々の関心、同情、助けを必要としている我々の弟分だ」と記し、庇護を必要とする哀れな弱者と他者化し、家父長的な眼差しを注ぐ。[32] モランの分析によれば、日本人は本来「信じられないほど親切」で、今は一時的に「天皇中心主義」という「悪魔の仕業」のために「病」にかかっているのであって、「徹底的な敗北」によって「日本に眠っているリベラリズム」を目覚ませて救わなければならない。[33] したがって、戦間期のキリスト教国際主義の中のキリスト教社会主義に傾倒し、資本主義の弱者にあたる日本の工場労働者と人間として触れ合って救済する社会事業を行っていたモランからみると、悲惨な戦争を引き起こしたのは日本人ではなく、悪魔であって、アメリカこそ、日本人を悪魔から解放する存在だったのである。したがって、モランの場合は、日本を悪魔から解放するという言説を用いることによって、アメリカのナショナリズムや戦争遂行を疑問なく肯定しているようにも読み取れる。戦時下にアメリカの海兵隊の一員として戦争の最前線に身を置き、日本兵と直接語り合うことにモランは大きな誇り、喜びと自分の存在意義を見出していた。キリスト教国際主義の中でもキリスト教社会主義に普遍性を見出していたモランにとって、戦前、戦中、戦後の彼の宣教師としての活動には一貫性があり、戦後は何の迷いもなく、宣教師として大阪の淀川善隣館に戻ったのだった。

一方、女性宣教師のデフォレストとケリーは戦前の活動が女子教育の学校長と都市部の労働者対象の社会事業であったセツルメント運動と異なっていたにもかかわらず、いずれもアメリカの日系移民を支援する仕事に従事し、人種差別に反対し、人種や国籍を越えた多文化主義を推進していった。活動の選択にあたって、デフォレストとケリーは男性宣教師よりはるかに自由に自身のビジョンに一致する仕事を選んでいるようだった。その理由として、女性だったために男性よりも軍事的な仕事の選択肢が少なかったことや、六二才と五一才という年齢から軍人としての入隊は難しかったであろうことも考えられる。だがその選択の経緯をみると、二人の日本語力や日本文化や日本人についての豊かな知識と経験がアメリカ政府や軍隊から求められ、数多くの誘いを受けていた。デフォレストが一九四二年に自分は「軍事的ではなく、人道主義的な魅力のある仕事[34]」を選んでいると明確に報告しているように、意図的に仕事を選んでおり、しかも選ぶ自由があったことが分かる。デフォレストとケリーの二人の女性宣教師に人道的な仕事を選ぶ自由があった要因は二つ考えられる。第一に、先述のように海外伝道の仕事にジェンダーによる明確な役割分担が行われていたことにより、女性は組合教会の男性日本人キリスト者と権限や役割分担を競い、調整する必要もなかった。按手礼がなかったために教会の牧会活動からは除外され、その代わり、女性としてのジェンダー役割を生かした教育、医療、社会福祉といった間接的な伝道事業が任せられ、日本では、特に女子教育と社会福祉事業で多くの貢献をしていた。明確なジェンダーによる役割分業がなされていたことと、特に神戸女学院の教育事業は、ほぼ全面的に女性に任せられ、女性の自治が認められていた。ケリーが大阪で行っていた淀川善隣館の福祉事業では、モランと共同創立者となり、幼稚園、女子労働者の寮、体育館、プール等、事業を広げていく中でも、モランとの共同事業と分業体制がバランスよく機能していた。さらに女子教育事業も都市における社会事業も急激な近代化と産業化を果たした日本において、需要が高まっていた事業であったために、アメリカン・ボードだけに頼らなくても、日本のビジネス、政府や教会からの賛同や支援も受けやすかった。したがって、デフォレストもケリーも日本での伝道で自治能力を認められており、そのことも自由に自分の戦時下の活動を選ぶ選択眼、判断力と実行力を育んでいたのかもしれない。第二の要因として考えられるのは、二人とも来日宣教師の子女として日本で生まれ育った存在であったこと、すなわち先述の宣教師コスモポリタニズムの担い手であったことである。二人とも、大阪生まれの日本育ちであり、宣教師着任前のアメリカ在住経験は高校と大学教育のみだった。幼い頃から日本語を耳にし、日本人とも接していたことから、日本語、日本人と日本文化に精通し、日米二文化混合のアイデンティティを身に付けていた。それゆえ、二人には日本人に対し、人種差別主義の視点はなく、日本人と日本文化に深い敬愛を抱き、関心も深かった。このように宣教師の子女として日本で生まれ育ったために、デフォレストとケリーは戦間期より、人種差別反対、多文化主義のキリスト教国際主義を育んでいたと言えよう。戦時下の活動から二人のキリスト教普遍主義の理解がどのように変容していったのか、個別に考えていく。

一八九〇年に大阪で宣教師の長女として生まれたケリーは、ＳＶＭ運動の呼びかけ人だったムーディがその発祥地に作った女学校を卒業し、ボストンのウェルズリー女子大学に進学し、一九一五年に卒業した。大卒第一世代の女性たちによって都市部でセツルメント運動が盛んになっていた時代だったため、ケリーは当初、アメリカでソーシャル・ワーカーになりたかったという。大学を卒業後、両親の引退をサポートすべく二年だけ日本で英語教師の仕事をするために帰国したところ、大阪で女性工場労働者が劣悪な環境にいることを発見した。そのことからモランと二人で淀川善隣館を共同設立したのだった。働く母親や若い男女の労働者に笑い声の絶えない憩いの場を提供するために、例えばフォークダンスの会を開く等、様々な企画を実行していった。ケリーはこのように産業化の歪みで弱者となっている労働者すべてに対し、男女を問わず、日本人にも韓国人にも門戸を開いた。実際、エリートの女学生を教育するよりも老若男女、民族を問わず、多文化主義の憩いの場を作ることが性に合っていたという[35]。

このように人種や民族を越えた多文化主義の意識が既に備わっていたケリーは日米が開戦すると、ハワイのホノルルにあるクロスローズ教会での仕事を選択した。ケリーにとって、日本人、韓国人、中国人、ハワイ人、フィリピン人といった多人種で、かつ全員アメリカ市民権を持つ会員で構成されているこの教会は、「国際的な相互の関係（international inter-relationships）を実践する生きた実験の場」と映り、極めて魅力的な空間だった。それに先んじて、満州事変後、日米関係が悪化すると、生まれながらの平和主義者で、「善良な意志（good will）の炎」を備え、思慮深く、人間的魅力を湛えたケリーはアメリカのキリスト者の共同体に共に祈るようにと依頼の手紙を書いた。「武力を以てしても得るものは無く、自らを滅ぼすのみであると日本が悟るまで、我々に出来ることはほとんどない。出来るのは日本の人々を愛し続けることと日本の人々と日本のために祈り続けることだけだ[36]」。日本を非難するのではなく、友人として友人が気付くのを待つ姿勢から、ケリーには人種の意識がないこと、日本人に対する敬愛の気持ちが強く、自分と平等な同胞として祈っていることが窺える。クロスローズ教会ではほぼ四年間、子ども向けの教育プログラムと日系女性のために奉職した。一九四四年、マウイ島を訪問した際には、懐かしい故郷の話を日本語で聞きたいという仏教徒の日本人女性たちに囲まれた。そんな彼女たちが敵性外国人としてアメリカ生まれの二世たちから見下され、苦悩するのを見て、ケリーは「日本が恋しくなるのは当然でアメリカに不忠実なのではない。彼女たちの市民権がないのは我々が彼女たちを市民として受け入れようとしないためである」と二世たちを諭した[37]。

一九四五年六月、ケリーはアメリカン・ボードの極東地域担当の幹事代行として任命され、終戦直後には海外宣教委員会の六人委員会の唯一の女性の委員として選ばれた。マッカーサーからも招かれ、ケリーは直接マッカーサーと天皇に会ったことのある僅か数名の宣教師の一人であった[38]。一九四五年、戦前の来日宣教師の高齢化に接し、戦後の太平洋世界を案じたケリーは、政府の仕事に就いている宣教師の子どもたちに、日本、中国とフィリピンに対し、「和解と新しい希望の機会を作るために、真実の友情と愛のメッセージ」を送るようにと呼びかけた。その際、以下のメッセージを込めるように指示した。「すべての人間は神の子どもである。そして神には東も西もない。愛は憎しみよりずっと強い」。ケリーは日本、中国やフィリピンの乳母や子どもたちを母や友達と思って育ってきた宣教師の子どもにこそ、神から与えられた特別な使命と、和解に貢献する潜在力を見出していた[39]。自身が宣教師コスモポリタニズムを体現して、激動のアジア・アメリカ世界の潤滑油になってきたように、戦前の東アジアを知る宣教師世代が引退するにあたり、アジアで生まれ育った宣教師の子ども世代にバトンをつなぎ、建設的な戦後世界を作るように、彼らを鼓舞したのだった。実際、宣教師の子どもたちは、戦前の東アジアを知る貴重な人材として、アメリカ国務省のアジア外交担当者や大学のアジア研究者として戦後アメリカのアジア外交政策を牽引していった。

一方、デフォレストは一八七九年、アメリカン・ボードから派遣された宣教師の次女として大阪に生まれ、同志社を創立した新島襄から幼児洗礼を受けた。父親の伝道地の異動に伴い、大阪と仙台で育ち、兄弟と共に家庭で母親から教育を受けた。高校から姉と共に帰国し、スミス・カレッジを首席卒業している。先述の通り、スミス・カレッジでＳＶＭ運動に接し、エディの論文に触発されて召命を受け、宣教師志願を決断する。その折に、仙台で使用人だった前科のある日本人男性のチュースケがキリスト教を知って別人のように変わって自分の家族の一員として大切な人間になったことを思い出し、キリストの力を知った、と告白している。エディの言葉に従って自らを問い、祈る中で、デフォレストは自分が日本で生まれ日本文化を知っていること、また宣教師の子どもとして育った境遇を振り返り、自分にしかできない使命を遂行するために神が自分のそれまでの人生を用意してくれたと確信する。

このように宣教師志願を決断したデフォレストは、日本着任後、実家に戻って二年間日本語教育に専念する機会を与えられるなど、アメリカン・ボードの日本ミッションにおいて可能な限りのエリート教育を受けていた。ところが超教派の女子大学として東京に新設される東京女子大学の学長候補としてデフォレストの名前が挙がっていることが判明し、そちらに取られる前に、とのことで神戸女学院のソール院長が急遽辞任、一九一五年にまだ三六歳だったデフォレストが新院長に就任した。その後、日米開戦直前の一九四〇年にアメリカに帰国するまで二五年に渡り神戸女学院の発展に尽力し、アメリカン・ボードからの独立も実現したのだった。

この間に日本はアジアの帝国として伸張し、日中戦争が拡大する中で、日本政府による女子教育への国家主義的な統制が強化され、神社参拝、御真影の受領、戦勝記念パレードへの参加などが神戸女学院にも求められるようになった。デフォレストはこうしたナショナリズムとキリスト教国際主義との狭間で折り合いをつけることに苦悩したが、その都度、日本人キリスト者による国際協調の考え方や、モットが唱えたＳＶＭ運動やＷＳＣＦ運動の理想や議論を学び、人種、民族、宗教、ナショナリズムや帝国主義を越えた多文化主義のキリスト教国際主義及び宣教師コスモポリタニズムの空間として神戸女学院を育んでいった。それは、自身がケリーと同じく、宣教師の子どもとして日米の二文化混合のアイデンティティを形成し、日米の二つの文化と人々への深い理解を有していたことに加えて、一九二四年のいわゆる排日移民法の成立や一九三一年の満州事変以降、日中戦争が進み、日米の帝国のはざまに晒されて、ナショナリズムとキリスト教普遍主義の折り合いをつけなければならない経験を積んだからであった。その経験が、戦時下アメリカのマンザナー日系人収容所で日系人の再定住のためにヒアリングを行い、アメリカ政府からアメリカへの忠誠心を疑われた日系人の軍事法廷の通訳を行ったときに、デフォレストによる新たなキリスト教国際主義の理解として結実したのだった。[40]

例えば一九二四年の排日移民法成立の折には、日本人の国際協調主義者から「差異を越えて道徳的統一」を図るのは困難であるので、「人種の間に縦の線を引いて分断するのではなく、人種を越えて似たような考え方をする人たちの間に横の線を引いてつなげるのが良い」と学んだ。[41]また、国際連盟の唱える国際協調主義の概念を「宣教師が自分の意見を示す必要から解放してくれる」便利な概念として捉えた。一九三一年の満州事変直後に日本陸軍からの兵器用資材提供要請を信仰に基づいて拒絶し、神戸女学院の教員たちがその影響を懸念した際にも、国際協調という言葉を用いることで「国や人種の違いについてなるべく無意識に仕事をする」ことが可能となり、デフォレストはナショナリズムとキリスト教国際主義の相克から救われたのだった。[42]さらに、一九三七年秋になると御真影受領と学生の神社参拝が義務付けられ、一二月には学校長として南京戦勝パレードに参加しなくてはならなくなる。デフォレストは日米の研究者や識者の見解を読み、国家神道と教派神道の違いを学び、神社参拝等は国家神道に対する礼節であって宗教的行為ではないと理解して、キリスト教国際主義との折り合いをつけていった。御真影も院長として最初の晩は寝ずの番をして守るなどもしたが、デフォレストが衝撃を受けたのは、南京事件の実際の被害を知らないまま、戦勝パレードに参加したことだった。このことはデフォレストにとって痛恨の極みであり、以後の戦勝パレードには参加しなくなった。デフォレストはこのように一九三七年以降は学校長としての責任と宣教師としてのキリスト教国際主義の信条との折り合いで苦悩を重ねていたが、一九三五年までは中国人、韓国人の学生が日本人学生と同じ学生として共に机を並べて学び、アメリカ、中国、満州の様々なキリスト教指導者を講演に招く等、神戸女学院をキリスト教国際主義の空間として学生に提供し続けた。

このように戦前の日本で、ナショナリズムとキリスト教国際主義の絶妙な折り合いをつけたデフォレストは、アメリカに帰国後は自ら進んでマンザナー日系人収容所でボランティアとして働いた。アメリカへの忠誠心を疑われ危険人物とされた日系人の軍事裁判の通訳としても活躍し、日系人の祖先崇拝や天皇への敬意はカトリック教会の聖人への敬意と類似するもので、アメリカへの忠誠と両立しうるものだと説明し、軍事裁判を実施した米軍兵の日本理解を促した。(43) その結果、何人かの日系人が救済されることになるが、仏教僧侶の永富信常もそのうちの一人であった。のちにハーバード大学初代仏教研究者としてアメリカの仏教研究をリードすることになる永富正俊教授は彼の長男である。また彼女はそこで日本の神道もキリスト教も元は同じ神をルーツとしているという元同志社総長の湯浅八郎の講演を聞き、キリスト教国際主義のエキュメニカルな理解をさらに深化させることにもなった。収容所で日本への二つの原爆投下のニュースに接したデフォレストは涙し、自分自身は「アメリカ人でも日本人でもなく、何よりもまずキリスト者である」と述べ、自分たちの宗教は自分たちを「国家を超越する存在（supernational）」としてくれると明言したのだった[44]。かくして、ケリーもデフォレストも宣教師の子どもであったために、日米二つの文化を併せ持つ混合型のアイデンティティを形成し、さらに戦時下の経験から、キリスト教国際主義の理解を人種、ナショナリズムと宗教を越えた反人種差別主義、多文化主義の概念へとより広い視野から捉え直すようになったのであった。

おわりに

一九四〇年代の宣教師の活動は多様であったが、そのキリスト教理解には共通して他宗教や多文化に寛容なキリスト教普遍主義がみられた。本稿で取り上げる宣教師が二十世紀初めに日本に着任したときは、ＳＶＭ運動に触発されて海外宣教師を志願したことから、その時点ではキリスト教が最も優れた宗教であると信じ、それゆえ世界の隅々まで宣教したいという宗教的情熱に駆られていたのだった。ところが戦間期に日本が帝国として伸長し、東アジアに植民地を拡大する中で日本伝道をすすめたことによって、彼らが普遍的でかつあらゆる宗教に優越すると信じていたキリスト教理解は大きく変化していった。その伝道活動は多様であったものの、共通して非西欧の文化や宗教にも寛容なキリスト教普遍主義を体現するようになったのである。その結果、後世から考えると、日本とアメリカを越境していた戦前の来日宣教師は、戦時下に帰国したアメリカの宗教世界にも少なからず影響を及ぼしたと考えられる。本章で明らかにするように、日米間を越境した宣教師が二十世紀半ばのアメリカの宗教世界におけるキリスト教をめぐる価値体系に揺さぶりをかけたことは確かだったと言えよう。

【注】

（1）John K. Fairbank, *The Missionary Enterprise in China and America* (Cambridge: Harvard University Press, 1974); Ian Tyrell, *Reforming the World: The Creation of America's Moral Empire* (Princeton and Oxford: Princeton University Press, 2010). 伝道地の主体性に注目する研究には例えば以下がある。Barbara Reeves-Ellington, Kathryn Kish Sklar, Connie A. Shemo, eds., *Competing Kingdoms: Women, Mission, Nation, and the American Protestant Empire, 1812-1960* (Durham & London: Duke University Press, 2010); Hyaeweol Choi, *Gender and Mission Encounters in Korea: New Women, Old Ways* (Berkeley & Los Angeles: University of California Press, 2009); Heather J. Sharkey, *American Evangelicals in Egypt: Missionary Encounters in an Age of Empire* (Princeton: Princeton University Press, 2015).

（2）キリスト教国際主義については以下参照。Michael Thompson, *For God and Globe: Christian Internationalism in the United States between the Great War and the Cold War* (Ithaca: Cornell University Press, 2015).

（3）宣教師コスモポリタニズムについては以下参照。David A. Hollinger, *Protestants Abroad: How Missionaries Tried to Change the World but Changed America* (Princeton & Oxford: Princeton University Press, 2017).

（4）Fellowship of Christian Missionaries, "Notes about Former Missionaries," *An Occasional Newsletter for Returned Missionaries from Japan*, March 1944, ABC85.5 box 1, ABCFM Papers, Houghton Library, Harvard University.（以下 HLHU）

（5）森本あんり『アメリカ・キリスト教史——理念によって建てられた国の軌跡』（新教出版社、二〇〇六年）一一八—一一九頁。

（6）Charlotte B. DeForest, "Why I Became a Missionary," 1942, ABC77.1 folder11, ABCFM Papers, HLHU.

（7）小川原正道『近代日本の戦争と宗教』（講談社、二〇一〇年）一八五—一八九頁。

（8）小川原、一五〇—六頁。

（9）小川原、一九〇頁。

（10）土肥昭夫『日本プロテスタントキリスト教史』第四版（新教出版社、一九九七年）、Emily Anderson, *Christianity and Imperialism in Modern Japan: Empire for God* (London, New York: Bloomsbury Academic, 2014).

（11）Dana L. Robert, *American Women in Mission: A Social History of Their Thought and Practice*（Macon: Mercer University Press, 1997）, 89.

（12）"Plan of Cooperation between Japan Mission and Kumiai Churches," 6 December 1921; "Act of Japan Mission," June 1927, 20 March 1931, ABC16.4.1 v. 52, HLHU.

（13）Barton to Learned, 12 July 1916, ABC77.1 box 53:43-44, HLHU.

（14）アメリカン・ボードの宣教師が抱えた構造的ジレンマと戦間期の神戸女学院拡張運動については、Noriko Ishii, "Imagining an Anti-Racist Cosmopolitanism: Localization, Imperialism and Transnational Women's Activism in Interwar Japan," *Journal of Colonialism & Colonial History* 22, no. 3（2021）, doi: 10.1353/cch. 2021. 0044.

（15）海老沢が満州とTsinanを訪問した折に中国におけるキリスト教伝道の仕事は伝道でなく、「主に人々に読み方を教える運動だった」と日本人牧師の会議で報告すると笑い声が起きたというエピソードを紹介し、日本人の中国人、韓国人に対する優越感を報告している。Downs to Lucius O. Lee, Wynn C. Fairfield, 6 May 1931, ABC16.4.1 v. 52, HLHU.

（16）Mr. and Mrs. Clarence Gillett, "North China Seventy-fifth Anniversary Celebrations as Neighbors Saw Them," 1 October 1935, ABC16.4.1 v. 53, HLHU.

（17）Charlotte B. DeForest, *History of Kobe College*（Kobe: Kobe College, 1950）.

（18）Downs to Friends, 9 June 1945. ABC77.1 box 21, HLHU.

（19）土肥、三四一―四五頁。

（20）土肥、三四九頁。

（21）北中国ミッションを一九三五年に訪問したジレットによれば、男性支配の日本基督教連盟（National Christian Council of Japan）とは異なり、中国基督教連盟（Chinese National Christian Council）の会長は女性だった。男性支配は日本の教会組織の特徴だったと考えられる。Gillett, "North China Seventy-fifth Anniversary Celebrations," 1 October 1935, ABC16.4.1 v. 53, HLHU.

（22）Downs to Kenneth Morris, 27 February 1940, Woodard papers, Coll.153 box 2:1, University of Oregon Knight Library.

（以下、UOKL）

（23）Woodard to T. T. [Brumbaugh, editor, *The Japan Christian Quarterly*]（n.d., 1940）, Coll153 box 2:1 Woodard papers, UOKL.

（24）Moran to Fairfield, 8 January 1938, ABC16.4.1 v. 61, HLHU.

（25）日本による外国資産凍結は一九四一年七月二七日に実施された。Downs to Friends, 5 June 1947, ABC16.4.11 v. 71:9, HLHU.

（26）ケリーによると、一九四一年八月まで日本に残っていたアメリカン・ボードの宣教師は六名だった。高齢だった女性宣教師デントンのみ京都に残留し、戦争中に日本人に介護され、死去した。"Interview of Alice E. Cary," 1971, ABC77.1 HLHU.

（27）ABC77.1 box 21:18:30, ABCFM papers, HLHU.

（28）Woodard to Fairfield, 21 June 1942, ABC16.4.1 v. 71 box 4:22, HLHU.

（29）その後アメリカン・ボードの人事規定が改訂され、戦時下に宣教師を辞して軍隊に入隊した宣教師も遡って休暇扱いとし、戦後宣教師復帰への道が開かれた。

（30）Sherwood F. Moran, "The Psychology of the Japanese," 23 August 1945, ABC16.4.1 v. 69, HLHU.

（31）Letter #63, 15 November 1943, ABC76 v. Ⅲ, HLHU.

（32）"Mr. and Mrs. Sherwood F. Moran," ABC77.1 box 51, HLHU.

（33）Ibid.; Hollinger, *Protestants Abroad*, 151-52.

（34）Charlotte B. DeForest（以下、CBD）to Henry Griffith, 16 December 1942, ABC76 box 1:5, HLHU.

（35）"Interview of Alice E. Cary," 1971, ABC77.1, HLHU.

（36）Cary to Friends, 10 November 1936, ABC77.1 box 14:13, HLHU.

（37）Better Hemphill, *The Crossroads Witness*（Honolulu: Church of the Crossroads, 1988）, 57-9.

（38）ケリーも占領軍のCIEの委員に任命された。ABC77.1 box 14, HLHU.

（39）Marin Robinson, Alice E. Cary to our American Board Sons and Daughters in Government Service, 15 October 1945,

ABC77.1 box 14:1, HLHU.

(40) 詳しくは以下参照。Noriko Ishii, "Difficult Conversations across Religions, Race and Empires: American Women Missionaries and Japanese Christian Women during the 1930s and 1940s," *The Journal of American-East Asian Relations* 24, no. 4 (2017): 373-401.

(41) CBD to Mrs. J.V. Cortelyon, 1 October 1924, デフォレスト文書、神戸女学院史料室。

(42) CBD to Kyodai, 21 February 1932, ABC76 box 1:3, HLHU.

(43) 石井紀子「太平洋戦争と来日アメリカ宣教師――シャーロット・B・デフォレストとマンザナー日系人収容所の場合」『大妻比較文化』第一〇号（二〇〇九年）五―二三頁。

(44) CBD, Journal Entry, Manzanar, 11 August 1945, ABC76 box 2, HLHU.

第三部

グローバル化とアメリカ政治文化

第五章　難民の「ワークフェア」
――一九六〇年代アメリカの福祉改革と国際的な人道援助の規範

小滝　陽

はじめに

一九六一年二月三日、アメリカの新大統領ケネディは、保健教育厚生省長官エイブラハム・リビコフに対し、フロリダ州南部で増え続けるキューバ難民への対応を命じた。その文書に次のような指示がある。

多数の難民に生活必需品を提供し、できるだけ多くの難民を再定住させ、彼らに仕事を確保しようとする民間団体の活動に、あらゆる可能な援助を提供すること。(1)

続く八項目の指示の中でケネディは、難民に対し生活費、食料、教育、医療を提供するだけでなく、雇用と再定住のための支援を与える重要性を強調している。この指示を実行に移す役割は、保健教育厚生省の臨時部局であるキューバ難民プログラム（Cuban Refugee Program, ＣＲＰ）が担った。ところで、難民に職を斡旋し、「自立」の見込める国、都市、地域へ再定住させる取り組みは、これより十数年前、第二次世界大戦（以下、大戦）直後の時期にも行われていた。一九四六年一二月に国際連合総会で採択された国際難民機関（International Refuge Organization, ＩＲＯ）の規約前文に、以下の文言が見られる。

真の難民もしくは強制移住民〔displaced persons, ＤＰ〕であれば、その祖国への帰還か再定住と生活再建が実質的に果たされるまで、自らの権利と正当な利害の範囲内で保護を受け、ケアと援助を与えられるべきであり、また、無為な状態が続くことで有害かつ反社会的な結果を生まないよう、できるだけ有益な職につけられるべきである。(2)

難民の生存に直結する福祉提供と合わせて、彼らに「自助」を促すこと。それは、戦後世界の難民政策が想定する「人道的」対応の一部であった。さらに、こうした国際的な難民援助の規範はキューバ難民援助を通してアメリカ国内に移植され、公的扶助受給者の権利を主張する一九六〇年代の法－文化との間に摩擦を生じさせた。本章は、この間の経緯を検討することで、難民政策とアメリカ福祉政策の歴史を架橋する。その時、焦点となるのが、ＣＲＰがキューバ人女性に対して行った就労の強制である。

一九六〇年代初頭、マイアミに集住するキューバ難民には、都市インフラと社会サービスを消費し、雇用を逼迫させているとの非難が向けられた。これを受けたアメリカ政府は、難民を国内各都市に分散させることを喫緊の課題とした。とりわけ、幼い子どもを連れた難民女性世帯主を労働力化することがＣＲＰの最終目標とされ、「自立のための訓練」（Training for Independence）と称するプログラムが始まる。ＣＲＰはキューバ人女性に英語教育や職業技能訓練を課し、就労とマイアミ外への移住を求めた上で、これを拒否する女性には扶助の打ち切りを通告したのである。本章にとって重要なことは、この措置が、一九六〇年代末以降のアメリカ福祉改革において焦点となる「ワークフェア」の、連邦議会による制度化に先行していたことである。こうした先駆的な就労強制政策から、従来、専らアメリカ国内の文脈で論じられてきた福祉改革の国際的な起源を考察することができるのではないか。

以上の問題意識に基づいて、キューバ難民女性に対するアメリカ政府の政策を分析するにあたり、本章は次の三点に注目する。一点目は、大戦後の欧州で複数の国が共同実施した難民援助と、冷戦期のアメリカ政府が国内で実施した難民援助の間に、福祉思想の面での一貫性が存在することである。大戦後のアメリカによる難民受け入れを冷戦政策として考察する先行研究は、共産圏からの難民を選択的に受け入れ、自国のイデオロギーの優位性を示そうとした点に、アメリカ難民政策の際立った特徴を見ている[3]。国内における人種関係の変化など、多様な文脈に留意してアメリカの難民政策を分析したカール・ボン・テンポの研究も、アメリカの欧州難民受け入れが基本的には冷戦の論理に基づくものであったとし、同時期に労働力不足解消を期して行われた他国の難民受け入れから区別している[4]。

しかし、難民を受け入れるアメリカと他国の動機に違いがある一方、移住支援の方法や、その根拠となる福祉思想は、アメリカを含む西側諸国で共通する部分があった。そもそも、社会主義国の参加を拒否した国際難民機関の最大出資国はアメリカであり、同国の難民政策と国際的な難民プログラムにつながりがあるのは当然かもしれない[5]。重要なのは、そうした結びつきを介して、潜在的な労働力としての難民「人口」を地域間で再配分する手法が、アメリカの政府機関に取り入れられたことである[6]。ここに注目することで、冷戦期アメリカ難民政策の特異性だけでなく、国際的な難民援助との連続性が浮き彫りになるであろう。

本章が注目する第二の点は、これまで専ら難民援助の文脈に位置づけられてきたＣＲＰのプログラムが、連邦福祉政策の変容と密接に関連していたことである。ステファン・ポーターが指摘する通り、キューバ難民の受け入れでは史上初めてアメリカ政府が難民に公的扶助を支給し、彼らの生活に直接責任を負う仕組みを作った。(7) しかし、この制度が難民のマイアミからの再定住を阻んでいると批判されると、ＣＲＰは女性に圧力をかけ、就労と扶助からの「自立」を求めた。さらにＣＲＰは、難民に対する公的扶助とアメリカ人を対象とした要扶養児童家族援助（Aid to Families with Dependent Children, ＡＦＤＣ）の相似性を指摘し、両者をめぐる議論を接合した。一九六〇年代のアメリカでは非白人女性によるＡＦＤＣ受給が問題視され、福祉を低賃金労働に置き換える政策への支持が高まっていたからである。

管見の限り、アメリカ福祉史の文脈において右のようなＣＲＰの動きに言及した研究はなく、ワークフェア福祉改革における立法と行政の結びつきも十分には検討されていない。エヴァ・バートラムの研究は、一九六〇年代に強制性の強い「ワークフェア」を推進した主体として、南部保守派議員が主導する連邦議会の動きに着目し、ジェニファー・ミッテルシュタッドの研究は、より穏健な就労支援政策（リハビリテーション）を支持する行政府がワークフェアへの「滑りやすい坂」の上にいたと評価する。つまり先行研究の理解では、この時期のワークフェア推進に能動的な役割を果たしたのは立法府で、行政府は副次的なアクターに過ぎなかったということになる。(8) しかし、このような解釈では、「自立のための訓練」に適当な位置づけが与えられない。臨時とはいえ行政機関であるＣＲＰが独自の判断で就労強制プログラムを推進していた以上、ワークフェアを推進する議会と受動的な行政府という、一九六〇年代福祉史の図式には再考が必要である。[9]

　第三に注目する点は、キューバ難民援助の過程で、援助者のパターナリズムの正当性が問われたことである。大戦後の欧州における難民援助の手法を模倣し、アメリカにおけるワークフェアの先駆けとなった「自立のための訓練」は、その実施過程で、福祉をめぐる二つの思想の違いを浮き彫りにした。キューバ難民に就労を強制する際、ＣＲＰは、強い自己と弱い他者との非対称性を前提にし、前者が後者の選択に介入することが国際的な難民援助の規範に沿うと主張した。[10] これに、福祉受給の法的権利（right/entitlement）を擁護する、法律家や活動家の主張が衝突する。[11] 両者の葛藤は、難民に対する就労の強制が事後的に正当化されることで、一応の決着を見ることになるが、その成り行きは連邦議会における福祉改革立法の成立と関連していた。

　以上の三点を軸にキューバ難民プログラムの展開を追うことで、本章は、国際的な難民援助の法 - 文化がアメリカ市民に対する自立の強制を後押しした、一九六〇年代の画期性を明らかにする。

一　難民再定住という課題

　一九五九年一月のキューバ革命政権樹立から約二年間、マイアミにおける亡命希望者の支援に奔走したのは、フロリダ州、デイド郡、マイアミ市などの地元と、カトリック団体をはじめとする民間組織だった。しかし、一九六〇年九月、難民人口の増加に伴って生じる「深刻なコミュニティ問題」が、地域的な対応の限界を超えつつあることに危機感を抱いた地元代表は、連邦政府の支援を求めるメッセージをアイゼンハワー大統領に送る。以後、連邦がキューバ難民の生活支援に直接責任を負う体制が作られ、マイアミには難民の再定住支援センターが開かれた。ケネディ政権に交代した後の一九六一年一月二七日には、ワシントンに本拠を置くＣＲＰも発足する。[12]

アメリカ政府が実施したキューバ難民支援の特徴の一つに、「第一次受入国」（first asylum）でありながら、大規模な難民キャンプを設置しなかったことが挙げられる。[13] 従来、難民はアメリカ入国前後のどこかで収容所に入ることが多かった。大戦後の欧州難民の場合、多くは欧州の収容所で身元登録や医学検査、渡航希望先の聴取を受け、住居や雇用についての計画を立ててからアメリカに入国するのが原則となっていた。[14] また、一九五六年にハンガリー動乱が発生した際には、「亡命者」のための一時収容施設がニュージャージー州キャンプ・キルマーに設置されている。しかし、キューバ難民の支援において、こうした前例は踏襲されなかった。

背景にはアメリカ国内で広がる難民キャンプへの忌避感が影響を与えていたように思われる。大戦後、アメリカ軍政府が管轄する欧州の難民キャンプでは、ユダヤ人に対する待遇が「皆殺しに手を染めない点を除けば、ナチによるそれと変わりないようだ」と酷評されていた。[15] また、占領業務を現場で担うアメリカ軍兵士の間には、キャンプの「混乱」や「汚物」があふれる不衛生な環境への不満、長期収容者への嫌悪などが広がっていた。[16] さらに、一九五〇年代末、ハンガリー難民が入所したキャンプ・キルマーの混乱は、『ニューヨーク・タイムズ』などのメディアにより批判的に報じられた。[17] それから、ほどなくして始まったキューバ難民の受け入れではキャンプが設置されず、多くの難民はアメリカ入国後、マイアミ市内の一般住宅に入居し、アメリカ人と隣り合って暮らすことになったのである。

そのうちに難民は、失業率の悪化、住宅不足と家賃高騰、難民児童の受け入れによる学校区の負担増など、様々な問題に結びつけて語られるようになった。とりわけ、労働市場で難民との競争にさらされるマイアミ市内の黒人コミュニティからは、不安と不満の声が上がっていた(18)。

キューバ難民が引き起こしたとされるマイアミの諸問題（あるいは不満）への対策として、当初からCRPは国内他都市への難民の再定住を重視した。その理由は多岐にわたるが、マイアミ及び南フロリダ地域に難民を受け入れるだけの雇用が存在しない点が特に強調された。一九六〇年一一月、マイアミのダウンタウンにキューバ難民緊急雇用支援センターを設置したフロリダ州雇用局は、ごく短期間の活動に基づく判断と前置きしつつも、開所後の二日間にセンターへと寄せられた求人の大半は家事労働依頼であり、専門職者や熟練労働者を多く含むキューバ難民の希望とはかけ離れていると述べた。また同局は、キューバ難民に職業技能訓練を施して、労働市場の需給を一致させるようにも、既に二万二千人の失業者がいるデイド郡（含マイアミ）では効果は限定的であること、キューバ難民の低賃金労働が周辺の賃金水準を引き下げる恐れもあることなどを指摘している(19)。そのため、リビコフ保健教育厚生省長官は、マイアミでの就労斡旋は、フロリダの労働市場の動向を常に意識し、慎重に実施すべきだと提言した(20)。その後も、サービス業や建設業の最低賃金職にキューバ人が多数参入し、そのことが、難民受け入れへの反対論を勢いづかせるのではないかといった指摘が、連邦議会上院の公聴会でなされている(21)。こうした懸念に背中を押される形で、難民の就労と経済的自立を可能にするための再定住政策が進められた。

既に述べた通り、難民の再定住を促す試みはアメリカ国内よりも前に、欧州で実施されていた。大戦後、ドイツ・オーストリア等に居住する東欧・ソ連の出身者やユダヤ人の中からは、出身国への帰還を拒む者が数多く現れる一方、東欧から西方へのドイツ人の大量移動が起きていた。さらに、米ソ対立が深刻化する中で、アメリカをはじめとする資本主義国が難民を東側に送還する動機づけが弱まった。[22] これらの要因が重なって、西側占領区域に「過剰人口」問題が生じたため、一九四七年に発足した国際難民機関が難民の第三国再定住を推し進めたのである。

再定住の目標は、ドイツ・オーストリア・イタリアなどに居住する東欧・バルト地域からの難民を、潜在的な労働力として西欧及び南北アメリカ大陸やオーストラリアに送り、その地の労働力不足を解消することだった。そこでは、多様な出身国、民族、年齢、性別、職業技能、教育歴を有する難民と、受け入れ国の労働力需要のマッチングが試みられた。[23] 要するに大戦後の難民援助とは、難民自身の生存に対する人道上の関心に加えて、西側経済の発展に対する関心をも踏まえて実施される、人的資源政策だったと言える。

二　生存の保障から自立の強制へ

ここからは、欧州で実践された右のような難民援助と再定住施策の経験がキューバ難民支援に受け継がれる中で、政策の焦点が女性の就労に当てられる経緯を分析していく。本章冒頭でも指摘したように、生活保障の提供と就労・再定住の促進は、戦後の国際難民援助における二つの柱だった。しかし、アメリカ政府によるキューバ難民受入では、むしろ、両者の間の矛盾に注目が集まった。政府の生活保障が、それを頼りにして再定住を拒む、特に女性の難民を生み出すとみなされたからである。

ＣＲＰの設立から間もなく、マイアミで連邦政府の生活援助を受けるキューバ難民の一部が、過度の財政的負担、あるいは、不正な福祉受給者とみなされるようになった。一九六二年一二月の上院公聴会では、社会保障局長ロバート・ボールが、マイアミに居住するキューバ難民が一〇万人に上り、その三人に二人までがアメリカ政府の金銭給付を受けていると発言している。[24] たしかに、扶助費がＣＲＰの予算に占める割合は大きく、一九六二会計年度のキューバ難民関連支出三九〇〇万ドルのうち、生活扶助費は約二八〇〇万ドルを占めた。翌会計年度には、難民の増加に伴い、公的扶助予算が五一〇〇万ドルに増えると予測された。[25] こうした中、同月には夕刊紙『マイアミ・ニュース』が、「マイアミに難民問題あり」と題して特集を組み、連邦政府による公的扶助を「詐取」する難民を「ハードコア」と呼んだ。[26] 大戦後の欧州難民援助で用いられたハードコアという言葉は、年齢、疾病、家族構成、その他の要因によって、就労や第三国への移住が困難な人々を指し、もとより侮蔑的な響きを含んでいた。しかし少なくとも、福祉をだまし取る者という意味は含まれていなかった。[27] ところが、国際的な難民援助の経験がアメリカへ移植される際に、扶助を受け取る難民の悪意をほのめかすニュアンスがこの言葉に紛れ込んだのである。[28]

かくして、難民向け扶助予算の拡大と「不正受給」に批判が集まる中、ＣＲＰは、公的扶助の支給条件を厳しくすることで難民に再定住を促す政策を採用する。早くも一九六一年一一月には、社会保障局の局長ウィリアム・ミッチェルが、キューバ難民緊急支援センター内に扶助プログラム専門の副所長職を新設し、再定住の促進につながるような扶助の運用を求めた。[29] さらに、ミッチェルは、「適切な理由もなく、妥当な再定住の機会を拒否する」難民は公的扶助のリストから外され、連邦からの「追加の現金扶助の受給資格を失う」こととし、再定住と公的扶助の継続を紐づけるように指示している。[30] それは、大戦直後に欧州の難民キャンプでも用いられた、就労強制の手法だった[31]。

ただ、当初は、再定住を拒否したキューバ難民がただちに扶助の支給を拒否されないよう、様々な配慮がされた。まず、扶助停止の条件となる「妥当な再定住」は、次のように定義された。すなわち、再定住に際して難民が得る職は、当人の教育歴や経験、身体的な条件に照らして許容可能なものであると同時に、公正な労働基準と地域の賃金水準に合致し、必ず連邦の定める最低賃金を超えるものでなければならない。また、その雇用は、難民とその家族に不合理な困難を生じさせるものであってはならず、特に、現在デイド郡に居住する家族の離散を生じさせてはならない、と[32]。さらに、難民支援センターの再定住担当副所長になったアーサー・ラゼルは、CRPの申し出を拒否したために扶助の停止が通知された難民であっても、そこで見放すのではなく、引き続き丁寧な説得を行うよう部下に求めている。その際、難民本人に対しては、手厚い再定住支援が行われることや、紹介される仕事は適切なものであること、さらに再定住先での失業時には金銭給付や医療扶助も再開されることなどが約束されていた[33]。

そもそも難民がマイアミに集中する背景には複雑な要因があり、生活費支給の厳格化だけで解決できる問題ではないことを、CRPは理解していた。カストロ政権打倒による早期帰国を期待した難民の多くは、キューバとの距離が近く、気候も温暖で、スペイン語話者の多いマイアミに住むことを好んだ。加えて、高い職業技能や専門職者としての経歴を有する難民の場合、再定住先で提供される職種や雇用条件に魅力を感じないとも言われた[34]。また、スペイン語新聞など、キューバ難民に影響力を持つマイアミのメディアも、読者の減少を恐れてか、難民の再定住に非協力的だった[35]。こうした状況に抗って再定住希望者を増やすためには、就労ガイダンス、再定住先での民間団体による支援、英語教育の充実など、様々な手段が必要であるとＣＲＰは認識していた。[36] 難民に対する公的扶助の減額や停止は、当初こうした多様な方法のうちの一つに過ぎなかったのである。

再定住を促す方策が多岐にわたるため、個々の難民にどの方法を適用するかの判断基準が必要になった。そこで、ＣＲＰは難民を複数の指標に基づいて分類し、集団ごとの対応を検討する作業に着手する。特に、公的扶助を受給する難民の再定住可能性を医療の観点から判定する指標（Medical Resettlement Index, ＭＲＩ）の作成には、はやくから大きな労力が払われた。後述するＣＲＰの本部長ジョン・トーマスの指示で一九六四年の半ばに実用化されたＭＲＩは、疾病や障がいが再定住に与える影響をデータ化し、個々の難民に対する対応・支援を効率化しようとするものだった。その作成に当たっては、国際難民機関の後継組織である欧州移住政府間委員会のほか、アメリカ医師会、アメリカ精神医学会、アメリカ心臓医学会、さらに、退役軍人庁などが使用する、就労可能性の判定指標が参照された。ＣＲＰは、この指標がキューバ難民プログラムに留まらず、データ処理による人口管理の手法としても広範な意義を持つと主張した。また、プロジェクトに参加した医師は、「ＭＲＩ計画における患者五千人の分析経験により可能になった」システムが、やがて「職業リハビリテーション及び経済的リハビリテーションに利用可能な、総合身元情報のコード化につながる」ことを期待した。つまり、ＭＲＩには、難民支援に留まらない各種の社会政策において、人的資源管理を効率化する基礎インフラの役割が期待されていたのである。[37]

公的扶助の停止措置は、上記のような指標に基づく判定の結果、就労が可能と判断された一部の難民に対し、積極的に適用された。一九六四年の半ば以降、ＣＲＰは、マイアミで公的扶助を受給する一万三五〇〇人を、年齢、性別、家族構成、健康状態を基準にして六グループに分け、各集団が直面する再定住及び就労へのハードルを検討している。[38] そのうち、一八歳から五五歳までの女性世帯主三四〇〇人は最大の「社会的ハンディキャップ」を抱える集団とみなされ、「最優先のリハビリ対象」に指定された。さらに、こうした女性たちの社会・経済的「自立」は、「抑圧からの避難者支援に奉仕してきたプログラム［CRPを指す］にとって、必然的な最終目標」と位置づけられた。[39] 女性世帯主の就労は、冷戦の論理に基づくキューバ難民受け入れの完成段階を画したのである。

右の一連の措置を主導したのが、一九六三年一月にCRP本部長に就任したジョン・トーマスである。アフリカ系アメリカ人の父とスウェーデン人移民の母の間に生まれ、ミネソタ州で育ったトーマスは、大戦中の欧州戦線で大尉まで昇進したあと、一九四五年から一九四七年まで連合国救済復興機関の福祉職員、一九四七年からはドイツのアメリカ占領区域における国際難民機関の国際再定住職員（一九四九年以降は再定住本部長）を務めた。トーマスは、そこで一九四八年の強制移住民法に基づく三四万人のアメリカ移住に関わったほか、一九五二年には、欧州移住政府間委員会の事業実施本部長としてジュネーヴに移り住み、一九五二年難民援助法に基づく一八万人のアメリカ移住に関与した。さらに、一九五六年にはオーストリアとユーゴスラヴィアで、一八万人のハンガリー難民の移住を指揮している。[40] これらの経験を買われてCRP本部長となったトーマスは、その直後から、キューバ難民の就労と再定住が重要であるだけでなく、両者が相互に一体不可分の課題であることを強調した。

トーマスは、「理にかなった政策は……再定住のみ」と断言し、難民に移住を促す働きかけを強化した。具体的には、難民センターのスタッフに再定住の必要性を説く再教育が実施されたほか、スペイン語の再定住案内カードやフライヤーの配布、スペイン語メディアへの再定住奨励広告の出稿、キューバ難民を対象とした、英語教育、職業技能講習、専門職者の再訓練など、様々な取り組みが行われている。しかし、難民をマイアミから「押し出す」手段として最も重視されたのは、公的扶助の停止勧告だった。[41] ここに至って、難民に対するリハビリテーションは強制性を増し、のちのワークフェアに接近していく。

その主たる対象は、難民の中でも、特に女性の世帯主だった。一九六四年六月に「自立のための訓練」と名づけられた同プログラムには、学歴に乏しく、英語が不自由な女性が数多く参加した。プログラムに加わった一八～五五歳の女性のうち、七一％が高校を卒業しておらず、さらに七一％が英語を全く使えなかった。さらに三三％は既婚者であるものの、夫と離れて暮らしており、そのほとんどに子どもがいた。彼女らに対し、英語教育と職業訓練が施されたのである。訓練が行われたのは、ホテルの清掃、タイピング・書類管理などのオフィス業務、受付業務、ミシン操作、保育、いす張りなどの技能であった。[42] これらの訓練を受けて再定住と就労を果たした女性は、今度は他の女性の模範として広報に利用された。ＣＲＰがフロリダから定期発行したニュース・レターは、地域の学校で教師として働くキューバ人女性や、保育教育を受けた女性のほか、ニューヨークの被服産業で働く女性を紹介している。被服労働者は休暇を利用してフロリダを再訪し、他のキューバ人女性にニューヨークへの移住と就労を勧めたという。[43]

ところで、「自立のための訓練」の対象となる職種が明らかにジェンダー化されていたことは、ＣＲＰと大戦直後の難民支援との連続性を示している。先行研究も指摘する通り、戦後欧州における難民のリハビリでは、女性の家庭性と母性の回復が焦点になっていた。特に英米系のソーシャルワーカーが、子どもと母親の心理的なつながりを重視し、女性が家庭内での役割を果たすことに強くこだわったからである。連合国救済復興機関や国際難民機関が運営する収容所では、難民・ＤＰの女性に対し、縫物や繕い物、アイロンがけなどといった家事技能のほか、家政学を教えるプログラムが施された。[44] キューバ難民に対して、いわゆる「女性の仕事」に就くことを求めるＣＲＰの方針には、こうした従来の援助思想と通底するところがある。

他方、ＣＲＰが家庭内における難民女性の役割以上に、賃金労働と経済的自立に重きを置いた背景には、同時代のアメリカ国内における福祉改革への機運の高まりが影響を与えていた。大戦後、北部諸州における母子家庭向け公的扶助の受給者は急速に増加していた。特に一九六〇年代の増加は著しく、一九六〇年に三一〇万人だったＡＦＤＣの受給者数は、一九六五年に四三〇万人になった。[45] この間、寡婦家庭の保護を主たる目的として始まった制度の性格には、変化が生じた。折から未婚での出産や離婚などをきっかけとしてＡＦＤＣを受給する女性が増加し、全体のうちの多数を占めるようになった。また、受給者の人種的構成にも変化が生じた。産業が郊外化し、中心部が空洞化しつつあった北部都市には、南部からアフリカ系アメリカ人が、そして、プエルトリコなどのカリブ海及び中南米から移民が多数流入した。これに伴い、北部都市でＡＦＤＣを受給する非白人女性の比率が急増したのである。[46] この変化に注目した保守派の政治家らは、ＡＦＤＣ受給者の大半が黒人女性や移民女性であるかのごとく語り、その「依存的な性格」、「怠惰」、「性的なだらしなさ」を非難して、就労を要求した。[47]

こうした状況を踏まえて、一九六四年四月、マイアミのキューバ難民センターは以下のような声明を発している。いわく、難民への援助を通して、保健・教育・福祉に関係する一般的な問題や、「異なる文化の間を移動する」人々の問題、「新来者を地域コミュニティに同化させる」際の問題など、アメリカ国内の人口移動に関連する多様な課題への示唆が得られる、と。[48] ここで挙げられた論点の中には、おそらく、移住先の都市でＡＦＤＣを受給する非白人女性への対応が含まれている。ＣＲＰは、アメリカ人向けの福祉の問題とキューバ難民母子世帯の問題を二重写しにして、職業訓練と再定住の意義を訴えたのである。

ところで、英語教育や職業訓練、託児などのサービスは、「自立のための訓練」の中心的要素ではあるが、それ以前の福祉政策と比べて画期的なものとまでは言えない。女性に対する就労支援自体は、一九六二年公共福祉修正による社会保障法の改正や、「貧困との戦い」の一環である一九六四年経済機会法第五条の成立によって、既に法制化されていたからである。[49]むしろ、公的扶助の継続を交換条件にして女性にプログラムへの参加を強制する点こそ、「自立のための訓練」が過去のプログラムと一線を画す部分だった。次節では、同時代に提起された福祉受給者の権利をめぐる議論と、「自立のための訓練」の間に生じた葛藤を分析して、キューバ人女性への就労の強制がアメリカの福祉に与えた影響を論じる。

三　「プロト・ワークフェア」としての難民援助

プログラムの開始からしばらくの間、トーマスは「自立のための訓練」の正統性に不安を抱いていた。就労を拒否する難民への扶助停止が、福祉受給者の法的権利に対する侵害とみなされる恐れがあったからである。

一九六五年五月、全国社会福祉会議の年次大会で「キューバ難民と法」と題し講演したトーマスは、「自立のための訓練」に批判があり得ることを認めている。[50]具体的に言及されたのは、社会活動家のエリザベス・ウィッケンデンや法律家のエドワード・スペアラーによる主張だった。一九三〇年代のニューディール期から福祉受給者のために発言してきたウィッケンデンは、公的扶助を困窮者の「社会的権利」（social entitlement）として擁護していた[51]。また、より若い世代の法律家であるスペアラーは、公的扶助受給者の利益を擁護するため、ソーシャルワーカーによる扶助停止や減額の判断の妥当性を検証する法律家の役割を拡大すべきと論じていた[52]。

トーマスが懸念していたのは、ウィッケンデンらの議論がアメリカ市民向けの福祉行政を超えて、CRPによる難民への扶助停止に影響を与えることだった。事実、大戦後の欧州で同様の扶助停止措置が導入された際にも、それが難民の人権を侵害しているとの批判はあった[53]。また、アメリカでキューバ難民援助が開始された後も、支援の現場を担う民間団体はCRPの扶助停止措置に対して疑問を呈していた[54]。こうした批判により、難民女性への扶助を停止するという手段が制限されるのではないか。それが、トーマスの不安であった。実際、同じ年の全国福祉会議大会では、ウィッケンデンが公的扶助を受給する人の権利について語っており、トーマスの危惧は杞憂とも言えなかったのである[55]。

そこで、トーマスは、ウィッケンデンやスペアラーらの論調に対し、講演の中で矢継ぎ早に次のように問うた。いわく、難民が再定住を拒否したとき、どのような対応なら可能なのか。難民の母親が職業訓練を拒否したら、扶助の給付を止めてもよいのか。CRPによる扶助停止の判断が下された場合、難民に与えられる法律家の援助とは何か、と。しかし、結局、トーマスは、これらの疑問に答えを出すのは時期尚早だと語り、むしろ、AFDCのようなアメリカ市民向けの福祉をめぐって類似の問題が解決されれば、おのずと難民に関する問題にも答えが出るだろうと述べて、講演を終えている[56]。

トーマスの歯切れの悪さは、公的扶助支給の厳格化と就労の強制を強力に推し進める方針がCRPに独自のもので、必ずしも保健教育厚生省の総意とはなっていなかったことをうかがわせる。ＣＲＰが属する連邦福祉局（一九六二年末の組織改編で新設された保健教育厚生省の一部門）[57]の局長エレン・ウィンストンは、公的扶助制度の擁護と就労プログラム拡大の間で微妙なバランスを取ろうとしていた。ウィンストンは、トーマスが講演した翌年の大会で、「経済成長に資する社会福祉」と題し、講演しているが、その中身は、経済的な利益を生まない財政負担として忌避されがちな社会福祉を、経済効果の観点から正当化するものだった。ウィンストンは、個人の教育レベルや職業技能を向上させ、経済的な自立を促す「リハビリテーション」が、アメリカ経済にとって有用な人的資源を生み出す一方、ＡＦＤＣのような給付型の公的扶助プログラムも地域の消費を活性化し、母子家庭の子どもの発育と成長を促し、将来における経済効果を生み出していると論じたのである。[58]他方で、ウィンストンは扶助の停止を組み込んだ強制性の強い就労プログラムには特に言及せず、リハビリと福祉提供の間の緊張関係にもあえて触れようとはしなかった。[59]ところが、こうした上司の慎重さにもかかわらず、一九六七年以降、トーマスとＣＲＰは強制を伴う就労プログラムを、よりあからさまに肯定するようになっていく。

きっかけは、連邦議会における「ワークフェア」の法制化だった。一九六八年にＣＲＰが作成し、「依存問題への新たなアプローチ」との副題がつけられたパンフレットで、トーマスは、キューバ難民の母親とＡＦＤＣ受給者の類似性を強調し、前者が抱えた問題と彼らに対する支援の分析が、後者の問題に対する理解を深めると主張した。特に一九六七年の社会保障法改正で成立した「就労促進プログラム」（Work Incentive Program, ＷＩＮ）にとって、「自立のための訓練」が時宜を得た先例になると、トーマスは述べている。[60]

このとき、連邦議会と行政府における就労強制政策が接合された。AFDCを受給する女性に対して、「もっともな理由」(good cause)がない限り、職業訓練や就労を強制するようすべての州に求めるWINの成立は、一九六六年の中間選挙で勢力を増した南部民主党議員など上下両院の議会内保守派が、ワークフェア政策を主導し始める大きな転機だった。この動きに対する保健教育厚生省の対応について先行研究は、ジョンソン大統領に拒否権の発動を要請するなど、議会保守派との決定的な対立を引き起こす道は避け、ワークフェアの導入を消極的に容認したものと見ている。(61) しかし、連邦行政官の中には、WINをはっきり歓迎するトーマスのような人物もいたのである。

WINの成立直後、CRPが発行した「自立のための訓練」のパンフレットは、ステレオタイプ化されたキューバ難民女性の描写を通して、公的扶助の支給停止を正当化した。そこで描かれるキューバ人女性の姿は、もはや、やむを得ない事情によって公的扶助を受給する「ハードコア」ではなく、外部からの介入がない限り就労への意欲を欠くものの、強制されれば福祉への依存状態を脱することが可能な人々だった。そして、ここでも、キューバ難民の女性とアメリカ人の福祉受給者が二重写しにされたのである。

パンフレットは次のように述べる。すなわち、幼い子どものいる難民女性のうち、扶助を受給する者のほとんどは十分な学歴や職業技能を持たない。彼女らが抱える問題や、問題に対する反応の仕方は、AFDCを受給するアメリカ人の母親と極めてよく似ている。すなわち、「ゲットー化したスラム」での生活に不満を抱きながら、現実と直面することができず、将来のより良い生活について、漠然とした、あり得ない夢を描いている。目先のことで頭が占められ、将来のための行動をとることができず、自信を喪失している。英語や職業技能の習得は不可能と思い込んでいる。他方で、自身の窮状ゆえに、無期限に扶助を受ける権利があるとも考えている。それゆえ彼女たちは、自立ではなく、より高額の扶助ばかりを求める。こうした女性たちから自助の動機づけを引き出すには、扶助の停止をきっかけとした訓練と学習への誘導が効果的だ。「自立のための訓練」はまさに、その点を実証したのである、と。[62] ＣＲＰは、まず難民女性の性格を否定的に描写した上で、人道援助の名の下に、その矯正の必要を訴えていた。[63]

前記のパンフレットには、少なくとも二つ注目すべき点がある。第一に、かつてトーマス自身、その正当性に留保を付けていた就労の強制が、むしろ「自立のための訓練」の特長とみなされていることである。同プログラムは任意でなく、強制参加であったがゆえに、肯定的な結果が得られたと断言される。[64] ＷＩＮ成立直後に作成されたこの文書の中には、国際的な難民援助から受け継がれたパターナリズムに、一九六〇年代末のアメリカにおいて強まった福祉に対する攻撃が合流する様を見て取ることができる。

第二に、ワークフェアの成功例としてキューバ人の母親を取り上げた上記のパンフレットは、アメリカ社会におけるキューバ難民イメージの形成において、女性表象が果たすことになる役割を予見させるものであった。一九七一年五月三一日付の『ＵＳニュース＆ワールド・リポート』は、福祉を受給する健康なキューバ人はほとんどいないという、オハイオ州コロンバスの製造業者（自身もキューバ難民）の言葉を伝えている。[65] 一九七五年には、マイアミの銀行家として成功した人物が、同様の発言をしている。[66] また、一九八〇年に、いわゆる「マリエル移民」のキューバ出国が相次ぎ、アメリカ国内で彼らの到来に対する反発が生じた折には、保守系シンクタンクであるヘリテージ財団のニュース・レターに、その鎮静化のための文章が掲載されたが、そこでも、かつてアメリカへ到来したキューバ難民の福祉受給率の低さ、「福祉依存」からの速やかな離脱、「自立のための訓練」のエピソードなどが紹介され、新来のキューバ人も初期のキューバ難民と同様、アメリカで「自立」できる資質を持つと説明されている。[67] 革命後の二〇年間に形成された、自助を尊びアメリカへの同化に成功したキューバ人という言説、いわゆる「亡命キューバ人モデル」には、起業家や専門職男性労働者の成功譚が影響を与えたと言われるが、かつて福祉を受給しながら、行政の介入によって「自立」したとされる女性の物語も、このプロセスに組み込まれていたのである。[68]

こうしたキューバ難民の「モデルマイノリティ」化は、二十世紀末の福祉改革にもつながる動きだった。先行研究は、一九八〇年代以降、アメリカ国内のマイノリティ集団をターゲットとした福祉と社会サービスの削減を円滑化する際に、アジアからの難民が利用されてきたことを指摘する。人類学者エリック・タンは、アジア系難民のアメリカ主流社会への同化努力と社会・経済的成功を引き合いに出して、黒人やラティーノの「ハイパー・ゲットー」への隔離を正当化する言説を、「難民例外主義」と呼んでいる。[69] アメリカ人に対するワークフェアを正当化するため、キューバ人女性の就労と福祉からの離脱を称揚する言説もまた、同じ構造を持っている。福祉削減を目的とする就労圧力の強化と連動して高まる難民への称賛は、一般に「貧困との戦い」と福祉国家拡大の時期とされる一九六〇年代に、既に始まっていたのである。

おわりに

文化史の視座から二十世紀後半のアメリカ福祉改革を分析した先行研究は、ジェンダー化・人種化された公的扶助受給者への偏見に注目し、「ワークフェア」導入の背景を明らかにしてきた。[70]これに対し本章は、大戦後、欧州などの海外で形成された人道援助の法－文化が、難民の処遇にとどまらず、アメリカ市民向けの福祉をめぐる議論にまで及ぼした影響を論じた。これにより、社会工学的な色彩の濃い難民管理の手法を駆使するトーマスのような行政官が、クライアントの意思よりも自らの計画を優先するパターナリズムを人道援助の普遍規範と位置づけ、公的扶助の停止による就労強制を正当化する姿が浮かび上がった。

さらに、分析の過程で以下の三点が明らかになった。すなわち、（一）難民政策とも連動した一九六〇年代アメリカの福祉改革は、国内的な文脈のみに沿って進められたわけではなく、欧州難民の再定住やそれを基礎づけた規範から影響を受けていたこと、（二）先行研究での描かれ方とは異なり、アメリカ政府の行政官はワークフェアの受動的な実施者とは限らず、能動的な提唱者でもあったこと、（三）ＣＲＰによる先駆的なワークフェアが、難民女性の表象を通してモデルマイノリティのイメージを作り上げ、その後の福祉改革を正当化したことである。

本章は、難民援助を通して形成された労働力人口の国際的な再配置を促す福祉思想と、それを基礎づける規範が、アメリカの公的扶助行政の変容に及ぼした影響を論じた。近年、歴史社会学者シーベル・フォックスが、メキシコ人非正規移民の公的扶助受給を制限しようとした、一九七〇年代の議会の動きを分析し、そこに、現代アメリカの移民政策と福祉政策の結節点を見出している。[71]本章で検討した、一九六〇年代のＣＲＰのプログラムも、やはり国境をまたぐ人の移動が二十世紀後半の福祉「改革」を促した事例である。難民政策を含む広義の移民政策の影響や、海外で形成された福祉思想の流入といった国際的視点を持って、ワークフェア拡大の流れを見返すことは、二十世紀後半のアメリカ福祉史に不可欠の作業と言えよう。

【注】

（1）John F. Kennedy, "Statement by the President Following a Conference with Secretary Ribicoff on Cuban Refugee Problems," February 3, 1961, *Public Papers of the Presidents: John F. Kennedy* (Washington D.C.: U.S. Government Printing Office, 1962), 54-55.

（2）UN General Assembly, "Constitution of the International Refugee Organization," December 15, 1946, accessed November 18, 2019, https://treaties.un.org/Pages/ViewDetails.aspx?src=TREATY& mtdsg_no=V-1&chapter=5&clang=_en.

（3）Gil Loescher and John A. Scanlan, *Calculated Kindness: Refugees and America's Half-open Door, 1945–present* (New York: Free Press, 1986).

（4）Carl J. Bon Tempo, *Americans at the Gate: The United States and Refugees during the Cold War* (Princeton, NJ: Princeton University Press, 2008), 37.

（5）Emilio Redondo Carrero, "World War II Refugees and the Origins of the International Organization for Migration," Fernando Puell de la Villa and David García Hernán, ed. *War and Population Displacement: Lessons of History* (Eastbourne, UK: Sussex Academic Press, 2018), 158-75.

（6）マイケル・バーネットは、大戦期の欧州における人道・復興援助以降、緊急時の救済対象に生存を保障するだけでなく、彼らの「自立」を促すことが、人道援助の目的として比重を増したと指摘する。Michael Barnett, *Empire of Humanity: A History of Humanitarianism* (Ithaca, NY: Cornell University Press, 2011), 122-23.

（7）Stephen R. Porter, *Benevolent Empire: U.S. Power, Humanitarianism, and the World's Dispossessed* (Philadelphia: University of Pennsylvania Press, 2017), 181-204.

（8）Eva Bertram, *The Workfare State: Public Assistance Politics from the New Deal to the New Democrats* (Philadelphia: University of Pennsylvania Press, 2015); and Jennifer Mittelstadt, *From Welfare to Workfare: The Unintended Consequences of Liberal Reform, 1945–1965* (Chapel Hill, NC: University of North Carolina Press, 2005). また、福祉分野における「母性主義」を継承したソーシャルワーカーらが、一九六〇年代初頭までに、賃金労働と育児という、公私双方の領域における女性の役割を重視するようになったと指摘する研究もある。Laura Curran, "Social Work's Revised Maternalism: Mothers, Workers, and Welfare in Early Cold War America, 1946-1963," *Journal of Women's History* 17, no. 1, (Spring 2005): 112-36. 革命後のキューバ系アメリカ人に関する以下の研究は、「自立のための訓練」がワークフェアを先取りしたことと、扶助の打ち切りによって就労を強制したことをいち早く指摘している。María Cristina García, *Havana USA: Cuban Exiles and Cuban Americans in South Florida, 1959-1994* (Berkeley, CA: University of California Press, 1997), 41-42.

（9）なお、「ワークフェア workfare」という語の最初期の用例は、公民権運動家チャールズ・エヴァーズによる一九六八年のそれであり、同語の全国的な普及の契機はリチャード・ニクソン政権期の福祉改革であるとされる。これらより早いＣＲＰのプログラムは、実施当時、「ワークフェア」とは呼ばれていない。それゆえ、本章ではＣＲＰのプログラムを「プロト・ワークフェア」と位置づける。小林勇人「ワークフェア構想の起源と変容――チャールズ・エヴァーズからリチャード・ニクソンへ」『コア・エシックス』第三号（二〇〇七年）一三三―四二頁。

（10）人道主義の中のパターナリズムについて以下を参照。Barnett, *Empire of Humanity*, 34-37. 近代の帝国による植民地統治が「文明」の「恩恵」をもたらす人道的行為として正当化されるなど、こうした事例は枚挙にいとまがない。一例として以下を参照。Uday Singh Mehta, *Liberalism and Empire: A Study in Nineteenth-Century British Liberal Thought* (Chicago, IL: Chicago University Press, 1999); and Kenton J. Clymer, "Humanitarian Imperialism: David Prescott Barrows and the White Man's Burden in the Philippines," *Pacific Historical Review* 45, no. 4 (November 1976): 495-517. 法とパターナリズムの関係については、欧州諸国と植民地の非対称な関係を定める国際法の枠組みが「文明化の使命」によって正当化されたことを指摘する、以下の研究も参照。Antony Anghie, *Imperialism, Sovereignty and the Making of International Law* (paperback edition, Cambridge, UK: Cambridge University Press, 2007).

（11）福祉権に関する歴史研究は、主に社会運動を分析対象としてきた。Premilla Nadasen, *Welfare Warriors: The Welfare Rights Movement in the United States* (New York: Routledge, 2004); Felicia Kornbluh, *The Battle for Welfare Rights: Politics and Poverty in Modern America* (Philadelphia, PA: University of Pennsylvania Press, 2007); 土屋和代「アメリカの福祉権運動と人種、階級、ジェンダー――「ワークフェア」との闘い」油井大三郎編『越境する一九六〇年代――米国・日本・西欧の国際比較』（彩流社、二〇一二年）一六一―八三頁。近年では、法制史家カレン・タニがＡＦＤＣ受給者の法的権利擁護に取り組んだ連邦社会保障局の活動に焦点を当て、法律家や行政官が福祉を権利と見る観念の形成と普及において果たした役割を論じている。Karen M. Tani, *States of Dependency: Welfare, Rights, and American Governance, 1935-1972* (New York: Cambridge University Press, 2016).

（12）Melanie Shell-Weiss, *Coming to Miami: A Social History* (Gainesville, FL: University Press of Florida, 2009), 170.

（13）John F. Thomas, "Cuban Refugees in the United State," *The International Migration Review* 1, no.2 (Spring, 1967): 46-57. なお、一九六五年に航空路線でのキューバ難民受け入れが再開された後には、マイアミ北方のオーパロッカ航空基地内に各種審査のための手続センターや、再定住準備のための一時滞在施設「自由の家」などが設置されている。*Cuban Refugee Problems: Hearings before the Subcommittee to Investigate Problems Connected with Refugees and Escapees of the Senate Committee on Judiciary, Part.1*, 89th Cong., 2nd sess., 98 (1966).

（14）*Resettlement of Cuban Refugees: Hearings before the Subcommittee to Investigate Problems Connected with Refugees and Escapees of the Senate Committee on Judiciary*, 88th Cong., 1st sess., 5 (1963).

（15）"Text of Report to the President on Conditions among Refugees in Western Europe," New York Times (hereafter *NYT*), September 30, 1945, 38; and Mark Wyman, *DPs: Europe's Displaced Persons, 1945-1951* (paperback edition, Ithaca, NY: Cornell University Press, 1998), 107.

（16）Susan L. Carruthers, *The Good Occupation: American Soldiers and the Hazards of Peace* (Cambridge, MA: Harvard University Press, 2016), 170-79.（拙訳『良い占領?――第二次大戦後の日独で米兵は何をしたか』〔人文書院、二〇一九年〕)。

（17）Tracy S. Voorhees, "Hungary Refugee Relief, 1956–1957," Hungarian Refugee Relief [1956-1957], box K, Tracy S. Voorhees Papers, MC 1407, Rutgers University, accessed January 16, 2019, http://rucore.libraries.rutgers.edu.

（18）このほか、黒人の立ち入りを拒否する公立学校や公共施設がキューバ難民を受け入れていることも、前者の憤りを強めていた。*Cuban Refugee Problems: Hearings before the Subcommittee to Investigate Problems Connected with Refugees and Escapees of the Senate Committee on Judiciary, part.1*, 87th Cong., 1st sess., 77（1961）. 後々までマイアミ周辺に残った、黒人コミュニティとキューバ難民の緊張関係について、以下を参照。Raymond A. Mohl, "On the Edge: Blacks and Hispanics in Metropolitan Miami since 1959," *Florida Historical Quarterly* 69, no.1（July, 1990）: 37-56; and Chanelle Nyree Rose, "Beyond 1959: Cuban Exiles, Race, and Miami's Black Freedom Struggle" in *Civil Right and Beyond: African American and Latino/a Activism in the Twentieth-Century United States*, ed. Brian D. Behnken（Athens, GA: University of Georgia Press, 2016）, 63-85.

（19）James T. Vocelle to Tracy S. Voorhees, "Report of Progress: Cuban Refugee Emergency Employment Center," November 23, 1960, folder 1, box 1, series I, Cuban Refugee Center Records（hereafter CRC）, Richter Library, University of Miami, Coral Gables, FL.

（20）"Report of Secretary Abraham A. Ribicoff on the Cuban Refugee Problem," February 2, 1961, folder 2, box 1, series 1, CRC.

（21）*Cuban Refugee Problems: Hearings before the Subcommittee to Investigate Problems Connected with Refugees and Escapees of the Senate Committee on Judiciary, Part.2*, 87th Cong., 2nd sess., 335,（1962）.

（22）Jessica Reinisch, "Old Wine in New Bottles?: UNRRA and the Mid-Century World of Refugees," in *Refugees in Europe, 1919–1959: A Forty Year's Crisis?* ed. Matthew Frank and Jessica Reinisch（London: Bloomsbury Publishing, 2017）, 163-64; and Peter Gatrell, *The Making of Modern Refugee*（Oxford: Oxford University Press, 2013）, 97, and 107-8.

（23）国際難民機関と欧州移住政府間委員会の活動について、以下を参照。Louise W. Holborn, *The International Refugee Organization: A Specialized Agency of the United Nations; Its History and Work 1946–1952*（Oxford: Oxford University

Press, 1956); Gerard Daniel Cohen, *In War's Wake: Europe's Displaced Persons in the Postuar Order* (Oxford: Oxford University Press, 2012); and Marianne Ducasse-Rogier, *The International Organization for Migration, 1951-2001* (Geneva: International Organization for Migration, 2001).

(24) *Cuban Refugee Problems, Part.2*, 87th Cong., 2nd sess., 325.

(25) Ibid., 312.

(26) Miller Davis, "How Some Refugees Chisel on Relief," *Miami News*, December 10, 1961, newspaper clippings; J. Arthur Lazell to William L. Mitchell, December 11, 1961, folder 165, box 8. series 1, CRC.

(27) Peter Gatrell, *Free World?: The Campaign to Save the World's Refugees, 1956-1963* (Cambridge, UK: Cambridge University Press, 2011), 16-17; Holborn, The IRO, 281-82.

(28) 一方、上院司法委員会でキューバ難民の受け入れ拡大に尽力したフィリップ・ハート議員（ミシガン州選出）など、難民が福祉を不正受給しているという話自体に実体があるのか、疑う人々もいた。*Cuban Refugee Problems, Part.1*, 87th Cong., 1st sess., 20-21.

(29) W. L. Mitchell to Marshall Wise, "Intensified Resettlement Program," November 7, 1961, folder 4, box 1, series 1, CRC.

(30) W. L. Mitchell to Marshall Wise, "Resettlement and Public Assistance," November 21, 1961, folder 4, box 1, series 1, CRC.

(31) この規定は、当初、ドイツ・オーストリアにおけるイギリス占領当局が主導し、国際難民機関を巻き込む形で実施された。Holborn, *International Refugee Organization*, 213.

(32) 難民の再定住計画が、こうした条件に合致するか否かの判断は、キューバ難民緊急センターの所長室と公的扶助部門、合衆国雇用局、さらに、民間支援団体の代表によって構成される審査委員会が行うこととされた。Mitchell to Wise, "Resettlement and Public Assistance."

(33) J. Arthur Lazell to All resettlement agencies, USES unit, and Public Assistance unit, "Resettlement Refusal," December 7, 1961, folder 4, box 1, series 1, CRC.

(34) Marshall Wise to W. L. Mitchell, March 28, 1961; and J. Arthur Lazell to Marshall Wise, June 27, 1961, folder 3, box 1,

series 1, CRC.

（35）A. A. Micocci to Wise, "Conditioning of Cubans to Resettle," June 7, 1962, folder 6, box 1, series 1, CRC.

（36）Lazell to Wise, June 27, 1961.

（37）Martin S. Sternberg, Enrique L. Matta, Jr., and Errol T. Ballanfonte, "The Medical Resettleability Index" n.d. ; "Medical Resettlement Index (MRI): A Disability Rating System Used in the Cuban Refugee Program," Aug-Sep, 1965; and Martin S. Sternberg to Harry B. Lyford, "History of Development of M.R.I. Project," June 14, 1965, folder 161, box 7, series 1.

（38）Cuban Refugee Emergency Center, "Resettlement Analysis of Financial Assistance Caseload as of July 1, 1964," August 1964, folder 172, box 8, series 1, CRC. さらに翌年、ＣＲＰは、マイアミ周辺に居住するキューバ難民全体の人口統計的な特徴や経済状況、その地域コミュニティに対する影響など、より幅広い動向の把握に向けた調査も開始している。Cuban Refugee Emergency Center, "Initial Study of Cuban Refugee Profile, Dade County, Florida," September 1965, folder 169, box 8, series 1, CRC.

（39）Cuban Refugee Emergency Center, "Resettlement Analysis".

（40）Office of the Secretary of Health, Education, and Welfare, "For Release," January 20, 1963, folder 25, box 19, series 2, CRC.

（41）Cuban Refugee Program, "Steps Taken to Encourage More Positive Attitudes toward Resettlement on the Part of Cuban Refugees in Miami, January – June 1963," n.d., folder 191, box 9, series 1, CRC.

（42）"Cuban Refugee Program Annual Report – 1965," folder 72; and Cuban Refugee Emergency Center, "A Narrative History of 'Training for Independence,' " March 1967, folder 76, box 4, series 1, CRC.

（43）"The Fellow Refugees of Clothing Industry Opportunities," *Re-settlement RE-CAP* (August, 1965), folder "F.Y. 1968, Cuban Refugee Program, Resettlement, General," box 3, RG47, Records of the Social Security Administration, National Archives and Records Administration, Archives II, College Park, MD.

（44）Tara Zahra, *The Lost Children: Reconstructing Europe's Families after World War II* (Cambridge, MA: Harvard

University Press, 2011), 111-12.（三時眞貴子訳・北村陽子監訳『失われた子どもたち——第二次世界大戦後のヨーロッパの家族再建』〔みすず書房、二〇一九年〕）。

（45）James T. Patterson, *America's Struggle against Poverty in the Twentieth Century*, (4th edition, Cambridge, MA: Harvard University Press, 2000), 166.

（46）例えば、一九六〇年にニューヨーク市に住む非白人の半分以上は、プエルトリコや南部など州外の出身者だったと言われる。こうした新来の住民に対する給付が市の福祉予算拡大の大きな部分を占めていた。特に一九六〇年代中葉の福祉給付の拡大は著しく、一九六六年に五九万八千人だった市内の公的扶助受給者は、翌年には七〇万人を超えた。このことは、富裕な住民の市外転出の動きとあいまって、ニューヨーク市の人口に占める公的扶助受給者の割合を押し上げていた。Kornbluh, *Battle for Welfare Rights*, 92.

（47）Tani, *States of Dependency*, 1-7, and 212-22; Ellen Reese, *Backlash against Welfare Mothers: Past and Present* (Berkeley, CA: University of California Press, 2005), 97-105; and Marisa Chappell, *The War on Welfare: Family, Poverty, and Politics in Modern America* (Philadelphia: University of Pennsylvania Press, 2010), 70.

（48）"US Gains Experience in Cuban Refugee Program," *Ocala Star-Banner*, April 8, 1964, accessed, April 22, 2019, https://news.google.com/newspapers?nid=1356&dat=19640408&id=aYFPAAAAIBAJ&sjid=BwUEAAAAIBAJ&pg=5565,1859247.

（49）ただし、連邦政府内で「貧困との戦い」を主導した人々は男性への就労支援を重視し、経済機会法の成立後も女性の就労支援には大きな関心を示さなかったと言われる。Mittelstadt, *From Welfare to Workfare*, 148-50.

（50）John F. Thomas, "Cuban Refugees and the Law – The Cuban Refugee Program," May 25, 1965, folder 5, box 35, series 4, CRC.

（51）ウィッケンデンのほか、保健教育厚生省の資金援助を受けた法律家たちが、ＡＦＤＣ受給者の権利擁護のために行政訴訟を起こすなどした。Tani, *States of Dependency*, 246.

（52）Ibid., 254-58.

（53）欧州難民援助の中で生じた就労強制の是非をめぐる議論については、拙稿「対峙する人道と人権――欧州・キューバ難民への就労強制」『歴史評論』第八四四号（二〇二〇年八月）四一―五三頁を参照。

（54）欧州で難民の支援にあたったカトリック救援奉仕団の関係者による以下の発言を参照。*Cuban Refugee Problems, Part.1*, 87th Cong., 1st sess., 239.

（55）Elizabeth Wickenden, "Social Change through Federal Legislation," *Social Welfare Forum* 92（New York: National Conference on Social Welfare, 1965): 22-34.

（56）John F. Thomas, "Cuban Refugees and the Law – The Cuban Refugee Program," May 25, 1965, folder 5, box 35, series 4, CRC.

（57）Marjorie Hunter, "Welfare Bureaus Set Up by U.S.: Program Is Separated from Social Security Unit," *NYT*, Jan 28, 1963: 6.

（58）Ellen Winston, "The Contribution of Social Welfare to Economic Growth," *Social Welfare Forum* 93（New York: National Conference on Social Welfare, 1966): 3-24.

（59）他方で、一九六〇年代前半、保健教育厚生省内で公的扶助を担当した福祉局は、公民権の観点から福祉行政の不正を告発する声には、消極的な対応をとっていた。Tani, *States of Dependency*, 255-58.

（60）CRP, *Training for Independence: A New Approach to the Problems of Dependency*（U.S. Department of Health, Education, and Welfare, 1968), folder 11, box 35, series 4, CRC. ＷＩＮに対する福祉権運動からの批判については、土屋「アメリカの福祉権運動と人種、階級、ジェンダー」、及びKornbluh, *Battle for Welfare Rights*, 96-100を参照。

（61）Bertram, *Workfare State*, 37-41.

（62）CRP, *Training for Independence*.

（63）キューバ難民が「ゲットー」を形成し、公的扶助に依存する傾向を強めているとの見方は、遅くとも一九六二年の上院公聴会におけるカトリック司祭の発言に表れる。*Cuban Refugee Problems, Part.2*, 87th Cong., 2nd sess., 361-63. 他方、一九五〇年代末にノースカロライナ州の社会福祉局長を務めていたウィンストンは、長期間ＡＦＤＣを受給するアメリカ人家族を

「ハードコア」と呼んでいる。Ellen Winston, "The Future of Public Assistance," *Social Welfare Forum* 86 (1959): 73. ここから、難民とアメリカ人の公的扶助受給に関して、行政官や福祉ワーカーらが用いる語彙の混交が生じていたことを指摘できる。

（64）第一期参加者の八割が、訓練終了時点で安定した雇用についたとされる。CRP, *Training for Independence.*

（65）"Flight from Cuba: Castro's Loss Is U.S. Gain," *US News & World Report,* May 31, 1971, 76.

（66）Carlos J. Arboleya, "The Cuban Colony: Past, Present, and Future," 1975, folder 64, box 38, series IV, CRC.

（67）Sylvia Castellanos, "The Cuban Refugee Problem in Perspective, 1959–1980," *Backgrounder* 124 (July 1980), accessed, April 22, 2019, https://www.heritage.org/americas/report/the-cuban-refugee-problem-perspective-1959-1980.

（68）「亡命キューバ人モデル」の批判的な検討として、以下を参照。Nancy Raquel Mirabal, "'Ser De Aqui': Beyond the Cuban Exile Model," *Latino Studies* 1, no.3 (November, 2003): 366-82; Cheris Brewer Current, "Expanding the 'exile Model': Race, Gender, Resettlement, and Cuban-American Identity, 1959–1979," Ph. D. diss, Washington State University, 2007. 社会的成功を収めたキューバ人像の形成と連邦政府による広報の関係について指摘する、以下も参照。Cheris Brewer Current, "Normalizing Cuban Refugees: Representations of Whiteness and Anti-communism in the USA during the Cold War," *Ethnicities* 8, no.1 (2008): 42-67; and Tempo, *Americans at the Gate,* 121-27.

（69）Eric Tang, *Unsettled: Cambodian Refugees in the NYC Hyperghetto* (Philadelphia: Temple University Press, 2015), 14-15. こうした言説は、たとえ難民であろうと高度な技能や知識を有さない者は低賃金労働者として「自立」を強要され、公的支援を欠いたまま都市の周縁に追いやられている現実を見えなくする。Aihwa Ong, *Buddha Is Hiding: Refugees, Citizenship, the New America* (Berkeley: University of California Press, 2003); 佐原彩子「自立を強いられる難民――一九八〇年難民法成立過程に見る『経済的自立』の意味」『アメリカ史研究』第三七号（二〇一四年）六〇―七八頁。

（70）一例として以下を参照。Susan L. Thomas, "Race, Gender, and Welfare Reform: The Antinatalist Response," *Journal of Black Studies* 28, no. 4 (March 1998): 419-46; and Ange-Marie Hancock, *The Politics of Disgust: The Public Identity of the Welfare Queen* (New York: New York University Press, 2004). エレン・リースの研究も同様の視点を持つが、同時に、農

業労働者の確保など南部農業の経済的利害が一九五〇年代に強まる福祉への攻撃の重要な背景だったことを指摘している。Reese, *Backlash against Welfare Mothers.* 一九七〇年代以降の福祉改革の流れについては、以下を参照。Bertram, *Workfare State*; R. Kent Weaver, *Ending Welfare as We Know It* (Washington D.C.: Brookings Institution Press, 2000).

(71) Cybelle Fox, "Unauthorized Welfare: The Origins of Immigrant Status Restrictions in American Social Policy," *Journal of American History* 102, no. 4 (2016): 1051-74.

第六章　相克する人権と主権
――アムネスティ、イスラエル、アメリカ例外主義

佐藤　雅哉

はじめに

「これはイスラエルの主権に対する傲慢で無遠慮な態度だ」。この言葉の「これ」とは、ロンドンに本部を置く国際人権団体アムネスティ・インターナショナル（Amnesty International, 以下、アムネスティ）が、拷問に関する調査委員会の設立をイスラエル政府に求めたことを指す。一九六九年に、アムネスティはイスラエル占領下にあるヨルダン川西岸地区におけるアラブ系住民の投獄と拷問に関する調査を行った。拷問に関するいくつもの訴えを確認したのち、アムネスティはイスラエル政府に対して、赤十字、国際法律家委員会、その他のＮＧＯ等の立会人を含む、独自の調査委員会の設立を要望したのである。この要望に対して、あるイスラエル外務省の役人は、このような「一方的」な行為はイスラエルの主権を侵害するものだと述べている。[1]だが、冒頭の一文はその役人による発言ではない。この言葉は、アムネスティのアメリカ支部（Amnesty International USA, 以下、アムネスティＵＳＡ）で事務局長を務めるポール・ライオンズ（Paul Lyons）のものである。[2]主権国家が個人の基本的な権利を侵害するとき、国際社会がその主権を

乗り越えてでも人権擁護のために介入する。このような介入主義的な人権運動の基本的な姿勢を、ライオンズの言葉は根底から否定するものだった。一九七〇年代前半に、イスラエルの拷問問題をめぐって、アムネスティUSAは親組織であるアムネスティと衝突を繰り返すことになる。ライオンズの反応は、その前触れだった。

本章は、一九七〇年代前半期におけるアメリカの人権運動によるアラブ・イスラエル紛争に対する取り組みを、アムネスティUSAに焦点を当てて検証するものである。アムネスティの組織史において、ロンドン本部とアメリカ支部との間に様々な衝突があったこと、その一つがイスラエルの拷問問題に関するものだったことは、よく知られている。[3] しかし、イスラエル問題は逸話的に言及されるのみで、その衝突がなぜ・どのように生じたのか、その含意は何なのか、詳しく検証されてこなかった。本章は、イスラエルの拷問問題とそれをめぐって生じた両グループ間の衝突を、論考の中心に据える。アムネスティUSAは、一九七〇年代中頃までに、破綻の危機に瀕した周縁的な団体から、アメリカ政治のメインストリームで影響力を有する団体へと急速に成長した。政治犯の不当な収容や拷問といった個別具体的な問題を取り上げることで大衆的な共感を引き出すと同時に、合衆国の同盟国や共産圏における「客観的」かつ「信頼できる」人権情報を求めていた連邦議会や国務省に対して重要な影響力を行使するに至った。[4] このようなアムネスティUSAの成功のためには、イスラエルにおける拷問の問題を避ける、ないし極めて慎重になることが不可欠だった。

一九七〇年代前半にアムネスティ内外で展開したイスラエル問題をめぐる相克について考察することは、中東問題と人権に関する合衆国世論と国際世論とに存在した距離を浮き彫りにする。国際政治学者イラン・ペレグは、一九八七年に占領に対するパレスチナ民衆蜂起が発生して以降、この地における紛争は国家間（interstate）のものからコミュニティ間（intercommunal）なものへと変化しており、この段階においては人権という視角が不可欠だと述べる。(5) だが、パレスチナ問題において人権が枢要な位置を占めるようになったのは、一九八七年に先立つ現象である。一九六〇年代末までには、国際機関を中心にアラブ・イスラエル問題が「人権問題」として認識されるようになっていた。一九六七年戦争を契機にガザと西岸地区を占領したイスラエルは、その軍政下に多くのアラブ系パレスチナ住民を抱えることとなった。そして、占領下に生きる住民が被る人権侵害を、国際機関や人権ＮＧＯ、教会組織、人道団体、ジャーナリスト、国際法学者などが取り上げるようになったのである。

イスラエル占領地における人権問題に関する情報は、一九七〇年代の情報革命の助けをかりて、様々な媒体を通じて国際社会に素早く伝播した。だが、この情報が合衆国に流入したとき、大きな軋轢を生んだ。なぜならば、合衆国では、一九六七年戦争以後、イスラエルを理想的な市民社会を有する国民国家とみなす認識が支配的になっていったからだ。(6) このような理想化されたイスラエル認識と、イスラエルが抱える人権問題に関する情報との間には、深い溝が存在したのである。アムネスティＵＳＡも、このような同時代の合衆国の政治状況から自由ではありえなかった。同団体にとって、ロンドンの親組織が行ったイスラエルの拷問に関する報告を否定することは、組織的凝集性を維持し、ユダヤ系組織を含む他団体との関係を制御し、政府や議会との関係を保ち、アムネスティＵＳＡの支援者をつなぎとめ、良好な組織イメージを維持するために不可欠だったのである。

本稿はまた、人権運動における中東問題の位置付けを検証することで、既存の研究が描いてきた人権運動像を再考する。近年、多くの歴史家が一九七〇年代を「人権革命」の一〇年と捉え、人権史における重要な転換期と捉えている(7)。その「革命」の担い手の一つとなったのが、この時期に急速に発展した人権NGOだった。人権NGOは、政治犯の収監や拷問といった国家権力が個人に行使する暴力を国際法に照らして断罪するとともに、大衆の感情も動員しつつ国際問題としていった。独裁政権など人権問題を抱える体制下で生きる個人ないしその個人を代表する国内の人権NGOが当該地域における人権状況を発信し、国際的なネットワークを有する国際NGOがその情報を拡散する。この過程を通じて大衆や各国政府を動かし、人権問題を抱える政府に国際的な圧力をかけ、「世界の向こう側」の人々を救済する。このような運動モデルを人権団体は作り上げた(8)。この世界的な展開の中に合衆国のアメリカ人権運動も位置付けられる。アムネスティUSA史を記したケネス・ミールは、拷問や政治的抑圧に関する個別具体的な情報とイメージがグローバルな人権ネットワークに乗って流通したことが一九七〇年代以降の人権の政治を特徴付けるのであり、その効果的な流通こそが合衆国で人権政治が根付いた大きな要因だと論じている(9)。

しかし、このようなモデルは人権運動のあらゆる局面に適合するわけではない。合衆国の人権運動に関する先行研究は、その論考の多くが中南米、アジア、共産圏に関わる人権活動に集中してきた。ギリシャ、ブラジル、アルゼンチン、インドネシア等、個別の国に関わる動きを追った研究もある(10)。一方で、中東についてでは研究が立ち遅れてきた。既存の人権運動史研究が注目を払ってこなかったアラブ・イスラエル紛争に関連する人権運動の活動に着目することで、本章は先行研究の描く人権運動の展開とは異なる様相に光を当てる。すなわち、国際的なネットワークとの接続性というよりは断絶性であり、人権運動の非政治性というよりは政治性であり、人権が主権を優越するというよりは両者が相克するような局面である。アムネスティは、国際法を軸に、国境を越えて価値や規範を共有する「国際的な市民社会(international civil society)」と言える。[11] 構成員と支持者が結びつくのは、金銭的利害やナショナルな利害関係ではなく、構成員が普遍的と信じる人権という価値とそれを定める国際的な法規への忠誠、そして、人権運動を展開する上で不可欠と信じられている内規や基本的な原則である。アラブ・イスラエル問題に着目することで、アムネスティ・コミュニティが前提として共有している規範が動揺する局面を描き出す。

非政府アクターに注目する国際政治学者は、国家の利害や商業的利益とは異なる国境を越えた価値共同体の存在を「グローバル・コミュニティ」や「トランスナショナル・アドボカシー・ネットワーク」といった表現を用いて論じてきた。[12] その成果に、本研究は大いに依拠している。だが、そのような価値共同体はナショナルな関心や地域的な政治文化によって分断され、内部で頻繁に衝突する。人権をめぐるポリティクスには様々な政治勢力が関与しており、そこには自国の人権規範は世界のそれより適切である、あるいは世界はアメリカの人権規範を模倣すべきだとするアメリカ例外主義が内在してきた。[13] アムネスティUSAは、このような態度・認識に無批判だったわけではない。だが、ことイスラエル問題に限っては、このような例外主義に与した。グローバル・コミュニティという想像の共同体で共有される国際法文化は、ナショナリズム、シオニズム、アメリカ例外主義と度々衝突をみせ、その過程で国際的市民社会の内部にも亀裂が生じたのである。

以上のような様相を描くために、本稿はまず、人権運動の発展とその史的背景を確認した上で、人権運動の特徴や共有される規範・価値、国際法の活用のあり方をアムネスティに即して整理する。次に、一九六七年のアラブ・イスラエル戦争後にパレスチナ問題が人権問題として新たに認識されていく過程を描出する。その背景を踏まえた上で、アムネスティが発表したイスラエルの拷問に関する二つの報告書をめぐってアムネスティ内外で生じた軋轢を詳しく検証する。最後に、その軋轢の含意をアメリカ例外主義との関係を軸に考察する。

一　人権運動のグローバルな展開とアムネスティ

人権が国際関係における鍵概念として台頭したのは一九七〇年代である。一九四五年のサンフランシスコ会議で国連憲章に人権というタームが挿入され、一九四八年一〇月に国連総会が世界人権宣言を採択したことは、人権保護のための国際的な仕組みの発展にとって重要な転機だった。だが、その成果は冷戦によって失われていった。米ソ両大国がともに人権を冷戦の武器として使用したためだ。合衆国の反共主義者は共産主義体制そのものが人権侵害を体現すると断定する一方で、ソ連は西洋の資本主義システムを労働人民に対する人権侵害だと烙印を押し、両者は非難合戦を展開したのだ。[14]人権保護の国際的な制度が機能不全に陥る一方で、一九六〇年代～一九七〇年代には、世界各地で独裁体制が乱立する状況が出現する。既存の独裁政権に加え、韓国、ブラジル、ギリシャ、チリ、アルゼンチンなども新たに独裁体制下へと移行した。アフリカでは、一九六〇～一九六九年に少なくとも二六回の軍事クーデターが発生したという記録もある。[15]ソ連では「ソ連の反体制派（Soviet dissidents）」の告発を契機に、政府によるユダヤ人に対する人権侵害が国際問題となった。[16]このように、世界各地で国家による個人の基本的な権利の侵害が顕在化しつつあった。

国家による個人に対する暴力を国際関係上の問題へと押し上げたのが、国際人権ＮＧＯだった。人権ＮＧＯの発展の背景にはグローバルな市民社会の活性化があり、その背後にはグローバリゼーションの進展がある。経済的な相互依存の進展、新しい情報・通信技術の発達、デタント、金融の自由化などを契機に、一九七〇年代には政治・経済面におけるグローバル化が急速に進んだ。この歴史過程を市民社会も等しく経験した。国際関係史家の入江昭は、政府間組織とＮＧＯの総数が一九七〇年代に著しく増加したと指摘する。政府間組織は一九七二年の二八〇団体から一九八四年には一五三〇団体に増加、ＮＧＯは同時期に二七九五団体から一万二六八六団体に拡大した。入江によれば、このような国際団体や政府間組織が、国益や営利とは異なる関心を共有する「グローバル・コミュニティ」を醸成し、各国政府の行動や国際関係を左右するまでに成長したという。この価値共同体にとって重大な課題の一つとなったのが人権だったのである。[17]

アムネスティはロンドンに国際事務局（International Secretariat）と国際執行委員会（International Executive Committee）を置く。一九六一年に設立された当初はヨーロッパを中心に発展し、その後、アジア、アフリカ、中南米と各地に拡大していった。発足当初、アムネスティが重点を置いた活動は「良心の囚人（Prisoners of Conscience）」の救済だった。この言葉はアムネスティ独自の用語で、「政治的、宗教的あるいはその他の良心に基づく信念または人種・皮膚の色・性・言語を理由に、世界人権宣言の条項に反して投獄・監禁されたり、肉体的抑圧やさまざまな形の拘束を受けている人々」を指す。ただし、「暴力を用いたり、それを唱導したことのないかぎり」という条件がつく。[18]一九七〇年代以降、「良心の囚人」の救済という個別的な目標を越えて、アムネスティは拷問、死刑、強制失踪等、より広範な人権問題に取り組むようになった。

アムネスティの活動の鍵となるのが人権問題に関する情報の収集・整理・拡散である。一九六〇年代末頃に、アムネスティは調査部門と行動部門を分離し、専門の調査者を雇って世界各地の人権情報を網羅的かつ国別に収集・整理した[19]。この情報を利用して、各支部は大衆向けの行動やロビー活動、広告活動などを展開した。一九七〇年代に発達した通信衛星や高速ケーブルを活用して、世界各地の人権問題に関する情報を収集し、その情報を適切に加工した上で、人権問題に関する「ファクト」を衝撃的な写真とともに流通させることで、人権問題への関心を高めていった[20]。

アムネスティは次の四つの原則を共有する。第一に、国際法への忠誠である。アムネスティの内規である国際規約の第一条では、アムネスティの目的は「世界人権宣言の各条項を世界にくまなく遵守せしめることにある」と定められている[21]。その活動の際には、世界人権宣言、国際人権規約、国連憲章、ジュネーブ条約等、国際的に承認された文書で提示される人権原則が指針となる。そして、そのような人権原則が十全に約束される社会の創設が究極目標であることを、構成員が共有していることが想定されている。

このことから派生して、アムネスティでは、人権の主権に対する優越という原則も共有される。アムネスティは、人権はいつどこでいかなる場合においても擁護されるべき普遍的原則であり、国家がその領域内に生きる個人の基本的な人権を侵害する場合、その個人の諸権利は国際社会によって保護されなければならないと考える[22]。その意味で、人権運動は市民権運動とは異なる。市民権運動は通常、当該の国民国家内部で一級市民が享受する権利をマイノリティが要求する運動である。これに対して、人権運動は人権を国家の枠を超える普遍的な概念と捉え、国家が人権を侵害する場合は国際社会が介入すべきと考える。また、個人の苦痛や苦境に重点を置くという意味で、人権運動は人道主義（humanitarian）運動と関心を共有する。しかし、人道主義運動が個人の苦痛や苦境を即時に除去するために、その個人の必要を満たす物質的な援助を行うのに対して、人権運動は通常、物資援助を行わない。その代わりに人権運動は、被災者・難民・戦争犠牲者等の苦痛を取り除く責任を国際法的に負う機関（政府など）に対して、しかるべき対応を求める。

第三の原則は不偏不党性である。アムネスティは、あらゆる政体の下で生きる個人の諸権利の擁護を活動の中軸とすることで、自身の活動を意識的に非党派的にする。[23] 冷戦対立に左右されることを嫌うアムネスティは、第一・第二・第三世界それぞれから「良心の囚人」をバランス良く選定し、その救済にも第一・第二・第三世界から一人ずつ選ばれたグループが当たった。また人権レポートの出版の際にも、世界のすべての国を対象とすることで不偏不党性を演出した。このように、アムネスティの成功の背景には「党派を超えた」存在であろうとする意図的な仕組みがあった。[24]

アムネスティが特定の政府を批判する場合は、国際法や世界人権宣言の原則に照らして批判を展開した。その意味で、アムネスティのアプローチは「法的（legalist）」だと言える。とはいえ、人権に関する国際法の守備範囲は広い。その広さは、国際人権規約が自由権と社会権に分かれていることからも明らかだ。ゆえに、地域やアクターによって「人権」の意味するところや、どの程度この概念を強調するか、またこの概念が支配的となったタイミングなどについて違いが存在する。[25] アムネスティの場合、自由権ないし政治的権利（表現の自由、公正な裁判、結社の自由、拷問からの自由、移動の自由など）の擁護に焦点を当てる。人権侵害が発生する構造的な要因や社会権に対する関心がなかったわけではないが、自由権に焦点化する傾向にあった。特に西洋に基盤を置く人権団体には、自分たちの自由権は比較的擁護されている傾向にあるため、「あちら側の世界」の人々を助けるというニュアンスが強かった。

このように、国際法への忠誠、人権の主権に対する優越、不偏不党性、法的アプローチ及び自由権重視が、アムネスティという国際市民社会の基軸となる規範であり、共有される価値だったと言えよう。そして、このようなあり方は、アムネスティを超えて、人権運動の国際的なモデルとなったと評される。[26] しかし、このような原則は頻繁に揺らいだ。中東問題に関わるときは特にそうだった。

二　人権問題としてのパレスチナ問題

一九六七年に発生したイスラエルとエジプト・シリア・ヨルダンとの戦争は、アラブ・イスラエル紛争の性質を大きく変えた。この戦争で軍事的成功を収めたイスラエルは、シナイ半島とゴラン高原、さらにはヨルダン川西岸地区とガザを占領下に置き、占領政策を開始した。[27] それに伴い、占領を継続・強化・永続化するイスラエルの政策を批判的に捉える言説が、グローバルに醸成されていった。PLO（Palestine Liberation Organization）はこの言説の構築と普及に重大な役割を果たした。当時、民族解放運動として存在感を急速に高めていたPLOは、イスラエルに軍事的に挑戦すると同時に、国際舞台での外交攻勢も強めていた。PLOは、脱植民地化の最終局面に向かう世界にあって、パレスチナ問題を民族主義闘争の最前線に位置付けることに成功した。[28] その結果、イスラエルとアラブ周辺諸国との間の国家間対立だったこの紛争に、パレスチナ民族独立という要素が加わったのである。

この展開と並んで重要な変化は、一九六七年戦争以降、人権概念がパレスチナ問題の中核に位置するようになったことである。ユダヤ人国家として出発したイスラエルは、一九六七年戦争後、占領下に多くのパレスチナ住民を抱えることとなった。その結果、占領下で生きる個人の人権問題が注目されるようになったのである。実際、一九六八年にテヘランで開催された国際人権会議では、早くもパレスチナ問題に関する決議が採択されている。八三ヵ国からの代表を集めた国際人権会議は、人権に関する初の国連主催の国際会議で、「国際人権の年」の中核的イベントだった。[29]この会議で採択されたイスラエル占領地における人権擁護に関する決議では、次の三つの事項が人権問題として取り上げられている。すなわち、①アラブ諸国とイスラエルとの間の戦闘勃発以前にパレスチナ人が居住していた土地に帰還する権利の否定、②エルサレムの現状を変更する行動、③占領地に居住する市民の基本的な権利の軽視（家屋の破壊含む）、である。その上で同決議は、「世界人権宣言の規定に従って、中東における戦闘勃発の結果として家を離れたすべての居住者が帰還し、通常の生活を送り、財産と家屋を取り戻し、家族と再会するという、彼らの不可分の権利」を確認している。[30]このテヘラン会議を受けて国連総会は決議二四四三号を採択し、占領地における人権問題を調査するための特別委員会を設立した。同委員会はその後、中東での調査を度々行い、占領当局から占領地での調査を拒絶されつつも幾多のレポートを作成し、国連総会でイスラエル占領地における人権問題を報告していくことになる。[31]

占領地で援助活動をしていた赤十字国際委員会（International Committee of the Red Cross）も、同地におけるアラブ系住民の財産の破壊を報告している。一九七〇年八月号及び九月号の*International Review of the Red Cross*で二度にわたって掲載された報告によれば、イスラエル軍は占領地の村や町の一部を破壊しており、その一部は集団報復として行われていた。さらに、西岸地区から住民を追放し、その地にイスラエル市民を移住させている兆候があるという。これらの行動はいずれも占領の方法を定めたジュネーブ条約に違反するため、占領当局と相談しながら状況を改善していくよう努めると、報告書は結ばれている[32]。このように国際組織は、ガザと西岸地区の占領開始を受けて、当局による占領のあり方や占領下に置かれたパレスチナ系住民の権利に関わる諸問題を、世界人権宣言や国際法に照らして検証し、問題化するようになったのである。

三　イスラエル問題をめぐるアムネスティとアムネスティUSAの相克①：一九七〇年報告書

このような潮流を受けて、アムネスティもイスラエルの人権状況に関心を向け始めた。一九七〇年代前半には、拷問問題を取り上げた二本の報告書を公表する。その一本目となる一九七〇年の報告書（以下、一九七〇年報告書）は、次のような経緯で作成された。ロンドンのアムネスティ国際事務局所属のマイケル・ウィリアムス（Michael Williams）は、一九六八年一二月にベイルートで開催された人権会議にアムネスティ代表としてオブザーバー資格で参加した。この際に、イスラエル当局による恣意的な投獄や拷問問題を聞きつけ、その足でヨルダンに向かった。そこで、イスラエルで抑留・投獄を経験した十数人のアラブ人（国外退去又は逃亡によって、当時ヨルダンにいた者）に聞き取りを行った。このとき、ヨーロッパから医師を一人同伴しており、拘留中に受けたとみられる負傷の写真をいくつか撮影している。その後、一九六九年二月四～一二日に、アムネスティ国際事務局長を務めるマーティン・エナルズ（Martin Ennals）

はウィリアムズと合流してイスラエルに向かい、監獄の視察と聞き取り調査を実施した。これらの調査をもとに国際事務局は同年春までにレポートを完成させ、イスラエル政府と秘密裏に交渉し、改善を求めた。だが、交渉が不首尾に終わったことから、翌年四月に報告書を公表するに至った[33]。

アムネスティは、イスラエルでの監獄調査の際に八名の拘留者ないし囚人に対して、看守同伴で聞き取り調査を行っている。抑留（detention）理由は、占領に抗議するビラの配布、特定の政治組織への参加または関与、戒厳令違反、テロ容疑者との接触の疑い、トルコでシリア人と接触した疑いなど、様々である。八名はいずれも看守に乱暴に扱われたことや拷問を目撃したことはあるが、拷問を受けた経験はないと証言している。そのため、報告書ではこの八名に対する拷問は問題となっていない。ただし、彼らは「良心の囚人」に該当することから、アムネスティの援助対象となりうるとしている[34]。

一方、ヨルダンで聞き取りを行った九人の証言はショッキングな内容だった。裁判なしの長期拘禁、拘束過程における家族の殺害及び財産の奪取、自白の強要、尋問中の拷問、医療的放置などが語られている。尋問中の拷問として、殴打、鞭打ち、電気ショック、独房監禁、タバコの火の押し付け、排水用プールでの四八時間の放置などが挙げられている。尋問では、レジスタンス組織への参加や接触が詰問され、「仲間」の居場所を喋るように求められ、否定すると拷問を受けたという。以上を踏まえて、一九七〇年報告書は、拷問の証拠については不十分であることを認めつつも、証言の一貫性や再現性の高さなどから、拷問が組織的に行われてきたという十分な「状況証拠」があると結論付けている[35]。

イスラエル政府はアムネスティに対して猛抗議した。イスラエル政府は公式声明で、一九七〇年報告書は「アラブ・プロパガンダ」を世界に拡散していると非難している[36]。また、イスラエル外務省のある役人は、この「一方的」な行為はイスラエルの主権を侵害するものだと述べている。さらに、アムネスティのイスラエル支部もこの報告書をイスラエルに対する「恥ずべき中傷」と断罪した。(37)

アムネスティＵＳＡも国際事務局の行動に極めて否定的だった。アムネスティＵＳＡは、一九七〇年報告書が公表される前から、その正確性と正統性に疑義を呈していた。実際、議長のマーク・ベネンソン（Mark K. Benenson）は、他の中東諸国ではなくイスラエルが調査の対象になっていることに不満を表明し、報告書の公表に否定的だった。(38) そのため、報告書の公表後に開かれたアムネスティＵＳＡの理事会が怒りで満ちたものとなったのは、自然なことだった。また、一般会員からも抗議が殺到し、自分の名前をメーリングリストから外すよう要求する者もいた。不満を述べた会員の多くが、一九七〇年報告書を「反イスラエル的バイアス」に満ちたものとみなした。(39)

一九七〇年報告書を先頭に立って非難したのが、ネイサン・パールムター（Nathan Perlmutter）である。彼はアムネスティＵＳＡの理事であると同時に、名誉毀損防止同盟（Anti-Defamation League, ＡＤＬ）のメンバーでもあった。ＡＤＬは合衆国内外の反ユダヤ主義問題に取り組んできたアドボカシー団体の一つである。彼は四月二日（報告書公表翌日）付の手紙で、この報告書を「イスラエルに対する中傷戦略（smear tactic）」と呼び、その公表は「アムネスティ・インターナショナルの客観性と信頼性を大いに疑わしいものとする行為だ」と非難した。さらに、アムネスティＵＳＡが公の場でロンドン本部に抗議しない限り、理事会から脱退すると迫った。(40) その二日後、アムネスティＵＳＡは、一九七〇年報告書と自団体は無関係であると、メディアを通じて声明を発表したのである。(41)

アムネスティ国際事務局とアムネスティＵＳＡの論争の背景には、「良心の囚人」の意味範囲をめぐる長年の相克があった。先述の通り、アムネスティの出発点は、「良心の囚人」（暴力を行使／扇動しない政治犯）の救済にあった。だが、その活動範囲は徐々に拡大していく。一九六六年一〇月には早くも、アムネスティは、暴力の行使・扇動の有無にかかわらず、あらゆる政治犯の救済をその活動に含むようになった。[42]このことは、例えばゲリラであっても、拷問等の被害を受けたらアムネスティの救済の対象となることを意味した。一九七三年には、戦時捕虜の扱いに関する国際法違反も問題化するようになっている。これに対し、アムネスティUSAは、あくまで「良心の囚人」に活動を限定すべきだとの立場を採ったという。国際事務局はアムネスティUSAにもその任務の拡張を求めてきたが、アムネスティUSAは各国支部の自律性が尊重されるべきだと反駁していた。[43]

この問題は一九七〇年報告書をめぐる対立の基礎的条件だった。というのも、アムネスティUSAの見解では、投獄されたアラブ人は「良心の囚人」ではなかったからだ。実際、一九六九年一二月九日にベネンソンは、報告書で取り上げられた囚人たちは「どうやらテロリストだ」と記している。[44]さらに彼は「われわれは伝統的に、非暴力的な囚人にその活動を限定してきた」のに「このケースでの明白な逸脱の理由が理解できない」とも述べている。[45]一九七〇年四月八日に英国紙『ロンドン・タイムス』に掲載した公開書簡「なぜアムネスティのアメリカ支部は先週出版のアラブ系囚人に対するイスラエルの過失（mistreatment）に関するアムネスティ報告書から関係を絶ったのか」でも、アムネスティUSAは同様の議論を展開した。逮捕された者は暴力の提唱者だと断定しつつ、「ゲリラにも権利があるのは疑いはない。だが、彼らの権利を保障することを試みる中で、アムネスティはその主だった被保護者、すなわち非暴力的な良心の囚人を軽視している」と論じている。[46]ロンドンの国際事務局は、報告書で取り上げた人々が暴力を扇動・行使したという証拠はなく、「良心の囚人」に該当するとしている。[47]だが、この反論でアムネスティＵＳＡが態度を変えることはなかった。そのことは、アムネスティＵＳＡは、一九七〇年報告書の一ヵ月前には「アムネスティＵＳＡの伝統的な定義の下で「良心の囚人」と定義できる人々を助けることにその努力を制限し続けるべきである。すなわち、意見や信念の結果として投獄された人々で、暴力を唱道しない人々である。アムネスティは「良心の囚人」と定義されない人々に対して、組織として関与することはない」という決議を採択したことからも明らかだった。[48]

四　イスラエル問題をめぐるアムネスティとアムネスティＵＳＡの相克②：一九七五年報告書

イスラエルの拷問問題をめぐる内部紛争は一九七四年から一九七五年にかけて再燃する。一九七三年一〇月にシリア・エジプトとイスラエル間で戦争（一〇月戦争）が勃発し、シリアとイスラエル双方に戦時捕虜（Prisoners of War, ＰＯＷ）が生まれた。このとき、彼らの待遇が問題となったのである。合衆国で最初に注目を集めたのは、シリアに囚われたイスラエル人ＰＯＷに対する拷問である。この問題は盛んに報道され、連邦議会でも議論の対象となった。

この状況を受けて、アムネスティＵＳＡの理事会は、一九七四年二月七日に「シリアで囚人が拷問を受けているという申し立てについて、即座かつ積極的に調査し、その調査成果について、アムネスティの拷問に関する立場に沿って、準備・発表・出版・その他適切な行動を取ること」を国際事務局に促す決議を満場一致で採択する。[49]ＰＯＷはその定義上、暴力を行使する存在であり、政治犯でもないため、「良心の囚人」ではない。厳密に定義されるところの「良心の囚人」の救済に活動を限定すべきだという一九七〇年の立場から一転、アムネスティＵＳＡの素早い行動だった。

一九七四年一〇月、アムネスティＵＳＡの期待に反して、国際事務局はシリアとイスラエル両方に調査団を派遣した。一九七四年六月にシリア・イスラエル間で撤退協定が締結され、ＰＯＷの交換がなされており、それ以降、「ＰＯＷに対する不適切な取扱いないし拷問がなされたという相互の主張がなされた」ことを受けての派遣だった。シリアとイスラエル両政府から許可を得て、アムネスティの調査団はイスラエルとシリア両国の拘置所と病院を視察した。[50] 調査は元ＰＯＷに対する聞き取りを軸に行われた。また、拷問の証拠をみつけるために同伴した医師による身体検査も行われた。調査団は、二五人のイスラエル人の元ＰＯＷに対する聞き取りから、次のような虐待に関する証言を得た。すなわち、移送途中での市民による殴打（看守はそれを制止しなかった）、尋問中の拷問（タバコによるやけど、足の裏の殴打、電気ショック、足の爪の切除）、医療的放置、飲食物の不提供などである。一方、シリア人の元ＰＯＷ二一人に対して行った聞き取り調査から、移送中の殴打、勾留中の医療的放置と不十分な環境、尋問中の拷問等が判明した。[51]

この調査を踏まえて、アムネスティ国際事務局は一九七五年四月一〇日にＰＯＷに対する拷問に関する報告書（以下、一九七五年報告書）を公表した。世界人権宣言第五条――「何人も拷問または、残酷で、非人間的で、非道な扱いや処罰の対象とはならない」――の引用で始まるこの報告書は、拷問は基本的人権の侵害であることを再確認する。その上で、留置所の環境やＰＯＷの待遇が適当か否かをジュネーブ条約に照らして検証している。ＰＯＷの待遇を定めたジュネーブ第三条約（一九四九年）は、移送の際の注意点（衆目の中を移送しないなど）、尋問で聞くことが許される情報、留置所の環境、医療や食料の提供等を細かく規定している。当然、拷問も禁止している。これらの規約に照らせば、上述のような捕虜の扱いはいずれも、ジュネーブ条約に違反していると、一九七五年報告書は論じた。

ただし、アムネスティは拷問の証拠付けには限界があることを認めている。証言にはゆがみがありうるし、医療記録も完全には頼りにならない。また、ＰＯＷの場合、ある傷が戦闘によるものか拷問によるものかを判断することは困難である。このような限界を認めつつも、一九七五年報告書は「たとえシリアに捕らえられたイスラエル人の元ＰＯＷに対してなされたそれの方が全般的により深刻な性質のものであったとしても」と留保しつつ、証言の一貫性と医療検査の結果から、「虐待が両国において行われていたことに、疑いの余地はほとんどない」と結論を下した。[52]

一九七五年報告書は、アムネスティＵＳＡの理事会と一般会員を再び憤慨させた。ある会員は、この報告書を「アムネスティの過去の仕事の中で最も信憑性に欠けるもの」と断じた。[53] 一九七〇年と同様、確たる証拠を欠くことや手続き上の問題等が指摘された。[54] 他にも、今回重要な争点となったのが「公平性」の問題だった。イスラエルにおける拷問が政府の公式な政策であるという証拠はないため、両国のＰＯＷの待遇を対比させるのは不合理だというのだ。[55] ＰＯＷはアムネスティの活動の範囲外だという主張も再びみられたものの、アムネスティＵＳＡもイスラエルＰＯＷの調査を本部に要請していることもあってか、この点は重要な論点とはならなかった。

一九七五年報告書に対する憤りは、その出版がアムネスティＵＳＡを苦境に陥れたことにも起因している。アイヴァン・モリス（Ivan Morris）は、報告書の出版により「東西両海岸から好ましくない大量の批判が生じた」と嘆いた。[56] カリフォルニアで活動するサリー・リリエンサル（Sally Lilienthal）もまた、アムネスティUSAが支持を喪失していると記した。彼女によれば、この報告書が原因で、それまでアムネスティUSAを後援してきた人々が、他の有力な後援者たちに支援を止めるように働きかけており、その結果、ユダヤ系コミュニティからの資金援助が止まったという。「(そもそもあるとすればだが）すべての恩恵を得ているユダヤ系コミュニティからの支援を、これ以上失う余裕がないことは確かだ」とリリエンサルは書いた(57)。このような批判を招いた一因は、アムネスティUSAが一九七五年報告書を公の場で非難することを避け、国際事務局に報告書の再評価を促すにとどまったことにある(58)。親組織との関係を断つことまで検討された一九七〇年と比べると、比較的穏当な対応だったと言える。報告書を公の場で批判するとかえってメディアからの注目を引いてしまうこと、前回にメディアを通じて批判を行ったことを国際事務局から強く咎められてきたことが考慮され、このような対応となったと考えられる(59)。

二つの報告書をめぐる対立はアムネスティ内部の要因だけに帰することはできない。外部的要因としてまず指摘できるのが、ユダヤ系コミュニティの存在である。合衆国は世界最大規模のユダヤ系コミュニティを有し、数的にはイスラエルのそれに匹敵する。ユダヤ系コミュニティには、合衆国に根深く存在してきた反ユダヤ主義に抗する過程で市民権問題に取り組む団体や個人を育み、アフリカ系アメリカ人の権利運動とも連携を深めてきた歴史がある。アムネスティUSAの指導部にユダヤ系アメリカ人も少なくなかった。ADLを含め、従来であれば「仲間」でありうる団体からの反発は、当時まだ小さく、周縁的な団体だったアムネスティUSAにとって深刻な問題となりえた。

次に、アメリカ社会に広く敷衍した親イスラエル的環境も重大な要因だったと言える。一九六七年戦争の軍事的勝利はイスラエルにユダヤ・キリスト教的伝統の共有者という以上の意義を与えた。エイミー・

カプランによれば、一九六七年戦争後の合衆国では、「無敵の犠牲者（invincible victim）」というイスラエル理解が支配的になった。すなわち、「ホロコーストの灰」の中から「敵」のただ中に誕生し、絶滅の恐怖に常にさらされる小国という構築された「犠牲者」のイメージと、生存のために軍事的勝利を重ねる「無敵さ」を兼ね備えた国家というイスラエル理解だ。そして、若く勇敢で、近代的で、一致団結した、愛国心に溢れるイスラエル人が、中東におけるソ連の同盟者であるエジプトを打ち負かすというナラティブは、ベトナムで大義なき負け戦を続ける疲れ果てた大国アメリカのそれと対比をなすと同時に、イスラエルの勝利は留飲を下げる役割を果たした[60]。つまり、少なからぬアメリカ人が、自己をイスラエルに投影していったのである。このことは、合衆国とイスラエル間の外交関係が深まる文化的・国内的要因ともなった。実際、両国関係が政治的・軍事的・経済的に強固な関係性を構築するようになったのは、一九六七年戦争以降のことである。このようなイスラエルに対する良好な感情がアメリカで支配的だったことが、アムネスティUSAの行動の幅を狭めた。良好なパブリック・イメージを重視するアムネスティUSAにとって、イスラエルの人権問題の告発は重大な障害だった[61]。

さらに、一九七〇年代に、人権が合衆国の連邦議会で重要な課題となっていたことも無視できない。議会の保守勢力はソ連の人権問題を理由にデタントを破壊することを試みていた一方で、議会のリベラル派は反共同盟国に対する対外援助を人権問題を理由に削除することで冷戦外交改革を行っていた[62]。その結果、一九七五年の対外援助法改正によって「国際的に承認された人権の深刻な侵害（gross violation of internationally recognized human rights）」がみられる政府に対して援助を行うことが禁じられた。国務省は同時に、被援助国の人権状況について議会に報告することが義務付けられた。このため国務省や連邦議会は、人権に関する信頼できる情報を欲するようになっていた。この状況を好機とみたアムネスティUSAは、一九七六年にはワシントンDCオフィスを開設し、ロビー活動に一層尽力するようになった。「(合衆国の人権)活動家は、ワシントンで政治家と話をすることによって人権状況を改善できることを発見しつつあった」のだ。(63)この関係を維持することはアムネスティUSAにとって欠かせないことだった。だが、イスラエルが超党派的な支持を受けるワシントンで同国の拷問問題を追及することは、アムネスティUSAにとって、信用の喪失になりえたのである。実際、先述の『ロンドン・タイムス』掲載の公開書簡で、暴力の提唱者を助けることは「アムネスティが対応しなければならない諸政府の信頼を失うことになる」と述べている。(64)

五　国際法文化とアメリカ例外主義

合衆国には、国際法や国際機関が合衆国の政治・外交を縛ることに対する忌避意識が長く存在してきた。この孤立主義的傾向は人権の領域でも確認できる。国際的に承認された人権規範や国際法が国内法に適用されることや外交政策を規定することに、合衆国は度々抗してきた。この態度は、自国の人権規範は世界のそれより適切である、あるいは世界は合衆国の人権規範に倣うべきだ、というアメリカ例外主義を反映している。(65)ブリッカー修正条項は、そのよい例と言える。オハイオ州選出の共和党議員ジョン・ブリッカーの名を冠したこの修正条項は、国際人権規約をはじめとする種々の国際規約や条約の批准の際に、議会の承認を高いハードルで求めるものだった。不首尾に終わったが、一九五〇年代における合衆国の国際人権秩序からの「撤退」を画す出来事だった[66]。

だが、一九七〇年代までに、合衆国は世界に一層開かれていくことになる。この現象は、デタントの進展、多国籍企業や技術革新、海外旅行の容易化といった、政治・経済・文化レベルでのグローバル化と連動している。また、この傾向は人権・環境・文化交流等の課題に関わる国際ＮＧＯの成長によっても促されたことは先述の通りである。一九六〇年代の学生運動ではグローバル・サウスに対する関心が一層高まったし、デタントの進展後は東側世界との関係も避けがたくなった。この事態と並行して、ベトナム戦争やウォーターゲート事件を経て、アメリカの「例外性」が揺らぎ始めた。南ベトナム政府のような「腐敗した」政権に対して、冷戦的な利害から盲目的に援助を継続する姿勢が国内外で問題化され、先述の通り、「国際的に承認された人権の深刻な侵害」を抱える国に対して援助を行わないとする対外援助法の改正に至っている。

このようなグローバルな影響力の拡大は、対抗勢力の成長を促した。グローバルな法・文化・規範が流入することに対抗して、合衆国の優越性・例外性・主権を再主張する動きが出現したのだ。連邦議会ではデタントの進展を嫌う新保守主義勢力が台頭して冷戦の再開を扇動した。この事態と並行して、国連で新興独立国家の台頭によって失われつつあった国連総会における合衆国の影響力を取り戻すための動きも活性化した。国際労働機関（ＩＬＯ）や国連教育科学文化機関（ＵＮＥＳＣＯ）からの脱退も、国際機関と合衆国の緊張関係を示す一幕である[67]。

このような例外主義的なアメリカ政治文化と、国際的な人権法規を軸に国境を越えて協同する国際市民社会であるアムネスティとの間には、避けがたい相克がある。実際、合衆国の保守派は、アムネスティによる人権問題の告発が共産圏に向かうときには歓迎する一方、合衆国とその同盟国に向けられる場合には強く反発し、アムネスティの「偏向」を非難した。『コメンタリー』誌のある記事では「ベトナム、キューバ、中国、カンボジアのことになると静かに囁く（whispering softly）のに、アルゼンチン、チリ、フィリピン、韓国のこととなると熱狂的に騒ぎ立てる」と、アムネスティ批判が展開されている。[68]アムネスティはすべての国連加盟国の人権問題を列挙することで冷戦対立を避けようとしてきたが、この種の批判はなくならなかった。

この対抗関係の中で重要な争点の一つとなったのが、イスラエル問題に他ならない。合衆国は国連安保理でイスラエルに不利益と考えられる決議に対して拒否権を度々発動してきたし、合衆国のＩＬＯとＵＮＥＳＣＯからの脱退も、両機関が「政治化」しており、イスラエルに対して不公正であるとみなされたことが一因だった。[69]カプランは、「イスラエルと共にあることは、世界に対してアメリカの力を行使することだ」と論じている。この言はトランプ政権を評したものであるが、本稿が対象としている時期にも該当する。つまり、国際世論や国際法規を跳ね除けてイスラエルを擁護することは、アメリカの主権の行使だという一面があった。

このように国際人権運動の法文化とアメリカ政治文化は不可避的に衝突するとしても、イスラエル問題が特殊なのは、この衝突にアムネスティＵＳＡ自身が主権の擁護の側で参戦したという事実だ。これは、不偏不党性、非政治性、人権の主権に対する優越、国際法規への忠誠といったアムネスティの規範に、明白に反するものだった。アムネスティ内で共有されるはずのモデルや規範はアメリカの政治環境やナショナリズムによって分断され、断層線が浮き彫りになったのである。

ただし、このような論争にもかかわらずアムネスティ・グループ内の関係は破綻しなかったことも事実である。その一因は、一九七五年当時にアムネスティUSAの副議長を務め、前述の中東関連決議の執筆者でもあるアーサー・マイケルソン（Arthur Michaelson）の手紙から窺い知ることができる。この手紙は、ユダヤ系で、ニューヨーク知識人の一人でもあるアール・ラーブ（Earl Raab）に宛てて書かれたものである。その中でマイケルソンは、自身は、長くシオニストであり、現在もそうだということ、そして一九七五年報告書の内容に憤りを覚えることを述べる。だが、それにもかかわらず、自分はアムネスティと人権への献身を支持し続けると述べ、次のように記した。「私は、ナチの時代に道理と公正のためにすべてを捧げた非ユダヤ系の人々に驚嘆の念を抱いている。この並外れた人々の精神的な末裔（spiritual descendants）こそ、西ヨーロッパでアムネスティの活動に熱心な人々に他ならない。……今は間違いが目立つ。だが、私たちの仕事の全体について言えば、私が述べた良き人々の先例を、私たちの小さなやり方で倣おうとする人々にとって、この一事は瑣末なことなのだ」と。[70] ここに、国際市民社会としてのアムネスティの紐帯とその法文化の求心力をみることができる。

おわりに

一九七〇年代にグローバル化と情報革命が急速に進展する中で、国際的な法理念と人権規範がアメリカ政治文化と衝突する局面が出現した。人権に関わる衝突の中で最もアメリカ社会との摩擦が強かったものの一つが、イスラエルとその占領地における人権問題だった。国際的な情報と思潮が合衆国に流入するとき、それに対する対抗運動が生じる。この衝突は長期的にはアメリカ政治文化の漸次的変容へとつながるのだが、少なくとも一九七〇年代前半という時期に限定すれば、流入した情報はむしろ圧殺された。一九八七年のパレスチナ住民による占領に対する反乱（インティファーダ）の勃発と、この動きに対するイスラエル占領軍による暴力的な弾圧が主要メディアを通じて流通するまで、イスラエルの人権問題が合衆国で大衆的な注目を集めることはなかった。

アムネスティUSAは、イスラエル占領地に人権状況に関する国際的な情報の流入を促進するというよりは、その情報の信憑性に疑念を投げかけることで歯止めをかける役割を担った。その意味で、アムネスティUSAは、アメリカとイスラエルの政府レベルでの強固な関係性の構築に陰ながら貢献したと評価することができるだろう。一九七〇年代を通じて、アメリカ議会では冷戦同盟国に対する対外援助の見直しが進んだ。その見直しの過程で重要な判断基準となったのが、当該国の人権状況に他ならなかった。チリやトルコといった冷戦同盟国の人権状況やアメリカから提供された兵器の活用方法をめぐって議論が繰り広げられ、対外援助の削減ないし全面カットがなされた。だが、占領地における人権問題を抱えるはずのイスラエルは、そのような対外援助の仕分けから免除されたどころか、合衆国最大の被援助国となっていく。[71]アムネスティUSAの沈黙は、この展開を後押しした。

国際人権運動のモデルの前提にあるローカルと国際的な人権運動の有機的な連携には、国家主権やローカルの政治状況との折り合いをつけざるをえないモメントが存在する。そのとき、ある特定の事象が人権問題として優先されたり軽視されたりする。合衆国が国際的な影響力を強固に有すればこそ、その合衆国を基盤に展開する人権運動の展開を追う場合にはとりわけ、何が人権問題とみなされ、何がそうみなされなかったのか、注意を払う必要がある。本稿の事例に目を向けるとき、そのような注意が常に喚起されるのだ。

【注】

（1）"'Torture' Report by Amnesty Angers Israel," *The Guardian*, April 2, 1970, 1.

（2）To Mark K. Benenson, from Paul J. Lyons, Nov. 26, 1969, Folder: MDE 15 Middle East–North Africa–Israel, 1966–1969, Box: II.5-11, Amnesty International of the USA, Inc. National Office Records, 1966–2003, Rare Book and Manuscripts Library, Butler Library, Columbia University, New York（以下、AIUSA Records と略称）; Press Statement from Amnesty International, Sepetmber 18, 1969, Folder: MDE 15 Middle East–North Africa–Israel, 1966–1969, Box: II.5-11, AIUSA Records.

（3）Ann Marie Clark, *Diplomacy of Conscience: Amnesty International and Changing Human Rights Norms* (Princeton, NJ: Princeton University Press, 2001); Stephen Hopgood, *Keepers of the Flame: Understanding Amnesty International* (Ithaca, NY: Cornell University Press, 2006). アムネスティＵＳＡの歴史に関する先行研究には次のものがある。Kenneth Cmiel, "The Emergence of Human Rights Politics in the United States," *The Journal of American History* 86, no. 3 (1999): 1231-51; Sarah B. Snyder, "Exporting Amnesty International to the United States: Transatlantic Human Rights Activism in the 1960s," *Human Rights Quarterly* 34, no. 3 (2012): 779-99; and Barbara J. Keys, *Reclaiming American Virtue: The Human Rights Revolution of the 1970s* (Cambridge, MA: Harvard University Press, 2014), Chapter 8.

（4）Keys, *Reclaiming American Virtue*, Chapter 8.

（5）Ilan Peleg, *Human Rights in the West Bank and Gaza: Legacy and Politics* (Syracuse, NY: Syracuse University Press, 1995), 3-4.

（6）Shaul Mitelpunkt, *Israel in the American Mind: The Cultural Politics of US-Israeli Relations, 1958–1988* (New York, NY:

Cambridge University Press, 2018).

（7）Jan Eckel and Samuel Moyn, eds., *The Breakthrough: Human Rights in the 1970s* (Philadelphia: University of Pennsylvania Press, 2013).

（8）Clark, *Diplomacy of Conscience*, 11-12.

（9）Cmiel, "The Emergence of Human Rights Politics in the United States."

（10）Donald R. Culverson, "The Politics of the Anti-Apartheid Movement in the United States, 1969–1986," *Political Science Quarterly* 111, no. 1 (1996): 127-49; Van Gosse, "Unpacking the Vietnam Syndrome: The Coup in Chile and the Rise of Popular Anti-Interventionism," in *The World the Sixties Made: Politics and Culture in Recent America*, ed. Van Gosse and Richard Moser (Philadelphia: Temple University Press, 2003), 100-13; Kathryn Sikkink, *Mixed Signals: U.S. Human Rights Policy and Latin America* (Ithaca, NY: Cornell University Press, 2004); Bradley Simpson, "Solidarity in an Age of Globalization: The International Movement for East Timor and U.S. Foreign Policy," *Peace and Change* 29, no. 3&4 (July 2004): 453–82; James Naylor Green, *We Cannot Remain Silent : Opposition to the Brazilian Military Dictatorship in the United States* (Durham, NC: Duke University Press, 2010); Barbara Keys, "Anti-Torture Politics: Amnesty International, the Greek Junta, and the Origins of the Human Rights 'Boom' in the United States," in *The Human Rights Revolution: An International History*, ed. Akira Iriye, Petra Goedde, and William I. Hitchcock (Oxford: Oxford University Press, 2012): 201-21; and Sarah B Snyder, *From Selma to Moscow: How Human Rights Activists Transformed U.S. Foreign Policy* (New York, NY: Columbia University Press, 2018).

（11）"International civil society" という表現は、Cmiel, "The Emergence of Human Rights Politics in the United States," 1231より。

（12）Margaret E. Keck and Kathryn Sikkink, *Activists beyond Borders: Advocacy Networks in International Politics* (Ithaca, NY: Cornell University Press, 1998)；入江昭著・篠原初枝訳『グローバル・コミュニティ――国際機関・NGOがつくる世界』（早稲田大学出版部、二〇〇六年）。

（13）Michael Ignatieff ed. *American Exceptionalism and Human Rights* (Princeton, NJ: Princeton University Press, 2005). Chapter 1.
（14）Akira Iriye and Petra Goedde, "Introduction: Human Rights as History," in *The Human Rights Revolution: An International History*, ed. Akira Iriye, Petra Goedde, and William I. Hitchcock (Oxford: Oxford University Press, 2012), 7.
（15）Roland Burke, "From Individual Rights to National Development: The First UN International Conference on Human Rights, Tehran, 1968," *Journal of World History* 19, no. 3 (2008): 275-96, 283.
（16）Keys, *Reclaiming American Virtue*, Chapter 5.
（17）入江『グローバル・コミュニティ』、第五章。
（18）アムネスティの国際規約第一条より。訳文は伊藤和夫「人権を守る国際救済機構――その誕生と歩み」『時の法令』1009号（１９７８年８月３日）より。
（19）Hopgood, *Keepers of Flame*.
（20）Cmile, "The Emergence of Human Rights Politics in the United States."
（21）訳文は、伊藤「人権を守る国際救済機構」より。
（22）Sikkink, *Mixed Signals*, 5; Cmiel, "The Emergence of Human Rights Politics in the United States," 1239-40. このような人権の捉え方は「西洋的」である。植民地関係を人権問題の中核に据えた第三世界におけるそれとは強調点が異なる。また、人権侵害とは資本家が労働者を搾取する過程で生じるものと捉えた共産圏のそれとも異なる。このような、人権の主権に対する優越という原則ゆえに、かつて植民地だった地域に介入し権力を行使する手段として人権が利用されうることに留意する必要がある。イマニュエル・ウォーラーステイン著・山下範久訳『ヨーロッパ的普遍主義――近代世界システムにおける構造的暴力と権力の修辞学』（明石書店、二〇〇八年）。
（23）Tom Buchanan, "'The Truth Will Set You Free': The Making of Amnesty International," *Journal of Contemporary History* 37, no. 4 (October 2002): 575-97.
（24）Keck and Sikkink, *Activists beyond Borders*; Moyn, *The Last Utopia*, 132.

（25）Keck and Sikkink, *Activists beyond Borders*, 89. 人権概念の多様性については、Jan Eckel, "The Rebirth of Politics from the Spirit of Morality: Explaining the Human Rights Revolution of the 1970s," in *The Breakthrough*, Chapter 13を参照。Simpson, "Solidarity in an Age of Globalization," も参考になる。

（26）Clark, *Diplomacy of Conscience*, Chapter 1.

（27）シナイ半島は一九八二年にエジプトに返還された。

（28）Paul Thomas Chamberlin, *The Global Offensive: The United States, the Palestine Liberation Organization, and the Making of the Post-Cold War Order* (Oxford: Oxford University Press, 2012).

（29）Burke, "From Individual Rights to National Development." バークは、テヘラン会議では「第三世界的人権」すなわち、経済的不平等と民族自決権が優位を占めたと論じている。だが、パレスチナ問題に限れば、その決議に民族自決は含まれておらず、バークの議論は当てはまらない。

（30）"Final Act of the International Conference on Human Rights, Teheran, 22 April to 13 May, 1968," United Nations Publication (1968).

（31）決議は賛成六〇、反対二二、棄権三七で採択された。同委員会は占領地への調査訪問をイスラエル政府に依頼するも、イスラエル政府はこれを拒否し、決議二四四三はプロパガンダだと非難した。その後、委員会は周辺諸国で関係者に調査を行い、総会への提出を続けている。"The Work of the Special Committee to Investigate Israeli Practices Affecting the Human Rights of the Population of the Occupied Territories," *The Journal of Palestine Studies* 16, no. 1 (Autumn 1986): 128-37.

（32）"The Middle East Activities of the International Committee of the Red Cross, June 1967–June 1970," *The International Review of the Red Cross*, vol. 113 (August 1970): 424-59; and "The Middle East Activities of the International Committee of the Red Cross, June 1967–June 1970," *The International Review of the Red Cross* 114 (September 1970): 485-511.

（33）"'Torture' Report by Amnesty Angers Israel," *The Guardian*, April 2, 1970, 1; "Israeli Threat to Boycott Amnesty," *The Guardian*, April 3, 1970, 4.

（34）Amnesty International, "Prisoners in Israel: A Report Prepared by the International Secretariat on behalf of the

International Executive Committee," Folder: MDE 15 Middle East-North Africa-Israel, 1966–1969, Box: II. 5-11, AIUSA Records.

（35）Ibid.

（36）"Israeli Threat to Boycott Amnesty," *The Guardian*, April 3, 1970, 4.

（37）Press Statement of the Israel Section of AI by Bella Ravdin (Israel Section Amnesty International) April 7, 1970, Box II. 5-11. Folder: 1970–1972. AIUSA Records.

（38）"US Affiliate of Amnesty International Questions London Amnesty Report Claiming that Israel Mistreats Arab Prisoners," Amnesty International of the USA News, December 9, 1969, Folder: MDE 15 Middle East–North Africa–Israel, 1966–1969, Box: II. 5-11, AIUSA Records.

（39）John M. Lee, "Charge of Israeli Torture Splits Amnesty's British, U.S. Units," *New York Times*, April 4, 1970, 9; Zachary Steven Ramirez, "International Human Rights Activism in the United States during the Cold War," Ph.D. diss., the University of California, Berkeley, 2013, 99.

（40）To Mark Benenson, from Nathan Perlmutter, April 2, 1970, Folder: MED 15 Middle East and North Africa-Israel, 1970–1972, Box II. 5-11, AIUSA Records. パームルターの経歴は、Eric Pace, "Nathan Perlmutter, Top Executive of Anti-Defamation League," *New York Times*, July 14, 1987を参照。

（41）Lee, "Charge of Israeli Torture Splits Amnesty's British, U.S. Units."

（42）Amnesty International, "Prisoners in Israel," 1-2.

（43）To Mark Benenson, from Martin Ennals, December 22, 1969, Folder: MDE 15 Middle East–North Africa–Israel, 1966–1969, Box: II.5-11, AIUSA Records.

（44）"US Affiliate of Amnesty International Questions London Amnesty Report Claiming that Israel Mistreats Arab Prisoners," Amnesty International of the USA News, Folder: MDE 15 Middle East–North Africa–Israel, 1966–1969, Box: II.5-11, AIUSA Records.

（45）Statement by Mark K. Benenson, Chairman, Amnesty International of the USA, Inc., Concerning remarks by Martin Ennals, Secretary-general of Amnesty International, Folder: MDE 15 Middle East–North Africa–Israel, 1966–1969, Box: II.5-11, AIUSA Records.

（46）To London Times Editor, April 8, 1970, Folder: MED 15 Middle East and North Africa-Israel, 1970–1972, Box: II.5-11, AIUSA Records.

（47）Amnesty Report 1970

（48）Minutes, Meeting of the Board of Directors of AIUSA (March 7, 1970), Folder: MED 15 Middle East and North Africa-Israel, 1970–1972, Box: II.5-11, AIUSA Records.

（49）Board Minutes, April 18, 1974, Folder 17: Israel and Syria [Opinions on 1975 Mission Report on], Box II.1-3, AIUSA Records. この決議を受けて、アムネスティ国際事務局は同月一六・一七日の会議でＰＯＷ問題を検討し、ＰＯＷを含むすべての囚人に対する暴力がアムネスティの関心対象であることをアムネスティＵＳＡに報告していた。また、既にイスラエル政府からＰＯＷに関する情報を得ていること、前年一二月五日にはシリア大統領アサドにジュネーブ条約のＰＯＷに関わる規定を遵守するよう要望を発したことも、あわせて報告している。To Amelia Augustus, from Martin Ennals, Feb. 22, 1974, Folder 17, Box II. 1-3, AIUSA Records.

（50）調査団のメンバーは、オスロ国際平和研究所の所長Asbjorn Eide、スウェーデンの弁護士Peter Nobel、オランダの医師Kees Van Vuurenの三名だった。Amnesty International, *Report of an Amnesty International Mission to Israel and the Syrian Arab Republic to Investigate Allegations of Ill-Treatment and Torture, 10–24 October 1974* (London: Amnesty International Publications, 1975), 1.

（51）Ibid.

（52）Ibid., 1-2.

（53）To Mr. Lee Katz (Chairperson, South Peninsula Committee, Jewish Community Relations Council), Cc: David Hawk, from Norman Y. Mineta (Member of Congress), May 7, 1976, Folder 17: Israel and Syria [Opinions on 1975 Mission

Report on], Box: II.1-3, AIUSA Records.

（54）To Ivan Morris, from Martin Ennals, May 11, 1975, Folder 17: Israel and Syria [Opinions on 1975 Mission Report on], Box: II.1-3, AIUSA Records.

（55）To Earl Raab, from Ginetta Sagan and Sally Lilienthal, October 27, 1975, Folder 17, Box: II.1-3, AIUSA Records.

（56）To Sally Lilientahl, from Ivan Morris, November 3, 1975, Folder 17, Box: II.1-3, AIUSA Records.

（57）To Ivan Morris, no senders name（most likely Sally Lilienthal）, October 29, 1975, Folder 17, Box: II.1-3, AIUSA Records.

（58）この対応では不十分とする者もいた。Notes on a conversation on the phone with Mrs. Yetta Lackner in San Fran（Arthur M. Michaelson）, November 22, 1975, Folder 17, Box: II. 1-3, AIUSA Records.

（59）Sean McBride, the chair of the IEC wrote the Mark Benenson of AIUSA, "Your actions in issuing a statement in New York in the early part of April, and later in writing to the London TIMES were indefensible." To Mark Benenson, from Sean MacBride, April 20, 1970, Folder: MED 15 Middle East and North Africa-Israel, 1970–1972, Box: II.5-11, AIUSA Records.

（60）Kaplan, *Our American Israel*, Chapter 3.

（61）キースによれば、既存の人権団体と比して、アムネスティＵＳＡは大衆への訴えかけを重視する傾向にあったという。積極的にアメリカ大衆の感情を刺激し、メーリングリストに載る名前を増やし、献金を得て、それを資源に活動を展開している。Keys, *Reclaiming American Virtue*, 189-90. スナイダーもまた同様の指摘をしており、アムネスティ全体の中でもこの傾向が一層強かったのがアムネスティＵＳＡだったという。Snyder, "Exporting Amnesty International to the United States."

（62）Keys, *Reclaiming American Virtue*; 有賀貞編著『アメリカ外交と人権』（日本国際問題研究所、一九九二年）。

（63）Cmiel, "The Emergence of Human Rights Politics in the United States," 1241.

（64）To London Times Editors, April 8, 1970, Folder: MED 15 Middle East and North Africa-Israel, 1970–1972, Box: II.5-11, AIUSA Records.

(65) Ignatieff, *American Exceptionalism*, 1.

(66) Mark Bradley, *The World Reimagined: Americans and Human Rights in the Twentieth Century* (New York, NY: Cambridge University Press, 2016), 110-12.

(67) 最上敏樹『国連とアメリカ』(岩波書店、二〇〇五年)。

(68) Stephen Miller, "Politics of Amnesty International," *Commentary* (March 1978): 57-60, 60.

(69) Mark F. Imber, *The USA, ILO, UNESCO and IAEA: Politicization and Withdrawal in the Specialized Agencies* (London: Palgrave Macmillan, 1989).

(70) To Earl Raab, from Arthur M. Michaelson, November 4, 1975, Folder 17: Israel and Syria [Opinions on 1975 Mission Report on], Box: II.1-3, AIUSA Records.

(71) 佐藤雅哉「冷戦政治文化の変容とイスラエル認識——一九六〇年代後半~一九七〇年代前半における連邦議会の冷戦改革派に着目して」『アメリカ研究』第五三号(二〇一九年)一〇一—一二二頁。

おわりに

本書の最後に各章の総括を行い、「法‐文化圏」的視角の有用性と今後の課題について述べてみたい。

第一章牧田論文は、二十世紀転換期から戦間期のアジア太平洋地域に焦点を当て、国民・国家モデルに依拠した国際赤十字運動の一国一社という「単一原則」が、多民族を抱えた日米両帝国の前哨地ハワイにおいて挑戦を受けた様相を明らかにし、二十世紀後半の人道主義における脱主権国家化を先取りする法的な境界地帯の事例を提示した。欧州地域を中心に戦時救護を目的として発展した国際運動の規範が、グローバルな人道主義「法‐文化圏」として非欧州地域へと進出・浸透する過程で、移民や先住民を含む多様な集団が階層的に秩序化された太平洋上の「植民地」に適用不能であったことは必然であったとも言える。一方で、ハワイがアメリカに併合され一国家の部分を成すようになった後でも、日米をめぐる地政学上の綱引きやハワイ人口の多くを占めた日本人移民・日系人の存在により、同地における赤十字事業が国民や国家の枠組みを大きく逸脱する形で展開せざるを得なかったことは、国際赤十字運動の初期目的を共有する「法‐文化圏」がもはや幻想に過ぎず、ひいては「法‐文化圏」に包摂されるアクターとしての国家の主体性に疑問符が付くということを端的に示していると言えよう。

第二章今野論文は、二十世紀前半のアメリカ及びカナダにおける漁業法制史を公共信託法理の観点から辿り、イングランド慣習法という共通基盤を有する北米「法‐文化圏」において、アジア系移民の排斥という政策目標の達成を目指す過程で、連邦及び州の司法や立法が果たした役割を分析した。イギリスから完全に独立し、資源保全において州権の優先が確立されていたアメリカと、自治領としてイギリス本国政府の意向をある程度反映させた政治を行わなければならなかったカナダとでは、西海岸地域の人種秩序を維持するという目的の共通性にもかかわらず、得られた結果には差異が生じた。初めからアジア系移民が「公民」に含まれていなかったアメリカでは、概念そのものには揺るぎが生じなかったが、カナダでは市民権取得の権利を有する日本人移民が政策の運用によって「公民」から排除され、「公民」概念の内実が変化したのである。いずれにせよ、漁民を白人住民やヨーロッパ系移民に限定する政治の展開は、資源保全の名の下に人種主義が正当化され得ること、北米「法-文化圏」内における価値体系の変容や転用に人種を核とするローカルな秩序規範が影響するということを示している。

第三章上林論文は、第二次世界大戦後にアフリカ諸国が民族自決を掲げて脱植民地化を進める中、南アフリカの人種隔離撤廃運動においてアフリカ・ナショナリズムとは一線を画す南アフリカ市民権の概念を唱道した政治家・知識人Z・K・マシューズの思想に着目し、その淵源をアメリカやイギリスへの留学とそこで培われた人類学的な専門性に見出すことができるとの議論を展開した。大西洋憲章を根拠とし、個人の権利を重視する新たな人権「法-文化圏」の生成が、アフリカでの独立闘争に思想的な影響を与えたとする学術的見解に対し、特定地域における政治や社会状況を考慮に入れない短絡的な結論であるとして本論考は警鐘を鳴らす。マシューズが示した多人種を統合する理念としての市民権概念は、原住民行政や法に関する研究の末生み出されたものであり、南アフリカの法体系や歴史を踏まえた上で、アフリカ系とヨーロッパ系住民を分離することなく同等の権利を認めるという主張に沿ったものである。マシューズの唱える南アフリカ市民権の論理は、西欧的な人権「法－文化圏」の拡大途上で無自覚に受容されたわけではなく、むしろ対抗的な性質を孕んだものとして理解されるべきであろう。

第四章石井論文は、第二次世界大戦前に来日したアメリカ人宣教師の戦時下における活動を分析し、愛国主義的な奉仕と西欧のキリスト教「法－文化圏」で前提とされる平和主義やコスモポリタニズムとのはざまで葛藤した宣教師たちが、非西洋諸国や非キリスト教にも開かれた、多様性を重視する戦後のキリスト教普遍主義の生成に重大な役割を果たし、「法－文化圏」の内実を変化させたことを個人の体験から裏付けた。西欧キリスト教「法－文化圏」を東アジアに拡張させる動きは、一九二〇年代の国際協調を求める運動と連動して活性化したが、このとき既に西欧の絶対性に対する懐疑の芽は顔を出していた。一方で、第一次世界大戦による贖罪意識と、海外伝道の実体験によって洗練された他宗教・他民族への理解とは切り離して考えるべきであろう。日本に派遣されたアメリカン・ボードの宣教師たちは、自らの理想とするキリスト教伝道のあり方と日本帝国の宗教政策とのギャップに時に苦悩しつつも、異文化理解を通じて培った多様性に対する敬意をキリスト教理念に接合させ、西欧絶対主義的なキリスト教「法－文化圏」の価値体系に変容を迫る役目を担っていったと言えるだろう。

第五章小滝論文は、一九六〇年代のアメリカにおけるキューバ難民プログラムを分析し、六〇年代末以降の福祉改革において重点化するワークフェアの起源を、第二次世界大戦後に成立した強制的な就労を伴うヨーロッパの難民支援「法－文化圏」に求めた。先行研究では、アメリカ市民を対象とする要扶養児童家族援助への批判を受けたワークフェアの導入をめぐる議論は、アメリカ国内政治の文脈で検証されることが多かった。これに対し本論考は、福祉を社会権とみなす言説が後退する過渡期に、再定住と公的扶助の継続を紐づけた難民プログラムが行政主導で運用されていたことを実証し、政策の構築に関わった重要人物が欧州難民支援「法－文化圏」における規範を援用していた可能性を指摘する。これは、管理と一体化したキューバ難民への支援がその後の市民を対象とするワークフェアへの橋渡し的な役割を担ったことを示唆する。両者を接合するのはまた、福祉受給者を人種化し、「不正」を糾弾する論調でもあった。文化史的分析を通じて福祉改革を論ずる従来の研究に対し、本論考はアメリカ政治文化と国際的規範の価値体系が相克や共振を通じて政策形成に寄与する過程を描出している。

第六章佐藤論文は、一九七〇年代、国際NGOアムネスティ・インターナショナルと下部組織アムネスティUSAがイスラエルにおける人権問題への対処をめぐって対立した事例を掘り下げ、アメリカの中東政策をめぐる政治文化が、国家主権を乗り越えた介入を正当化する国際的な人権「法－文化圏」の限界を浮き彫りにする様相を明らかにした。アムネスティのようなアドボカシー団体が、国際法を基軸とした価値体系を共有する「想像の共同体」としての人権「法－文化圏」（本文中ではグローバル・コミュニティと言及）を形成するとき、傘下の支部がその価値規範を受容するのは自明のことではなく、支部が置かれる国家の政策や世論の影響を受けて「法－文化圏」内の合意に挑戦を突き付ける、あるいは変容を迫るといった事態が想定されるが、イスラエル問題はその最も顕著な例である。一方で、人権「法－文化圏」への所属は人権問題に関する権威的立場を担保することに他ならず、アムネスティUSAはその恩恵を受けつつも、国内政治文化に迎合するような独自路線を歩んでおり、国際的規範の転用や再解釈によって「法－文化圏」の持つ柔軟性と曖昧さを表面化させているとも言えよう。

以上のように、各論文はそれぞれ越境的・超国家的な「法－文化圏」が、次元の異なる組織や共同体の政策や思想、行動によって影響を受け、その内実を変化させる様を歴史的に説明してきた。もちろん「法－文化圏」とはあくまでも操作概念であり、分析対象となった行為主体者の世界観を裏付けるものではなく、ある意味恣意的な枠組みであることは否めない。これを踏まえた上で、最後に「法－文化圏」を分析の基軸とすること、そして近現代のアメリカを中心とした地域を議論の俎上に載せることの持ち得る意味について、改めて検討してみたい。

序論でも述べた通り、「法－文化圏」は法や規範、原則を共有する緩い価値体系の国際共同体であり、国家や地域、組織が構成員となり得るが、国境をまたいで展開されるという点において、トランスナショナル・ヒストリーを始めとする広域史の亜種であるとみなすことも可能だ。トランスナショナル・ヒストリーは国境をまたぐ人やモノ、カネ、文化等の移動、移転、流通に焦点を当て、越境的なネットワークによって引き起こされる複数の社会や文化、政治経済体制の変容を解明することを狙いとする。一方の「法－文化圏」は、トランスナショナルな伝播を通じて形成される緩やかな共同体を仮定しており、その影響下にある人や組織の行動や思考を左右するという意味において拘束力を持つが、基盤となる法や規範にまつわる価値体系は生成・共有・解釈・再定義といった過程を経て常に変化する可能性を孕んでいる。つまり、初めから共通価値体系には解釈の余地が織り込み済みで、主に人の移動や思想の流通といった国際的契機によって、「法－文化圏」は収縮したり拡大したり、内部での折衝やオルタナティブな言説形成、ローカルレベルでの転用を促す。本書では分析対象とはしなかったものの、「法－文化圏」同士の衝突という事態もあり得る（イスラーム圏とキリスト教圏の接触によるものなど）。「法－文化圏」から見る歴史はトランスナショナル・ヒストリーの思想版といった側面も持つが、国境をまたぐ主体自体に光を当てるというよりも（つまり思想そのものの伝播による社会の変容を検証するというよりも）、トランスナショナル空間を介した規範の形成や適用に関わる交渉の分析が主眼になっている。近年のグローバルな法学研究においては法や規範の多元主義に着目する潮流があるが、「法－文化圏」も統一の基準に依りながらその内実は多元的であることを前提とし、多元な価値体系の衝突がもたらすローカル秩序の維持や再編成、またそれが翻ってグローバルな規範に与える影響などを考察する際に有効なモデルとなり得る。

本書が目指した「法－文化圏」的枠組みに依拠した歴史叙述には限界もあった。それは概してグローバル・ヒストリーのアプローチにも通底する、西洋中心主義的な近現代史観を脱却するという問題への対処である。本書では一論文を除いて分析の中心にアメリカが据えられている。これは執筆者の専門性による選択ではあるが、二十世紀の規範形成やその変容に同国が果たした役割の重大さを考慮すれば当然の帰結とも言える。執筆者のバックグラウンドや研究分野を活かし、アメリカ以外のアジア太平洋地域やアフリカ、中東にまで視角を広げてはいるが、結局のところ「国際」「グローバル」といった名目のもと欧米で考案され流通してきた法規範が参照点となっていることは否めない。ある欧米的な「法－文化圏」が拡張して異文化圏に新しい規範に基づく価値観が移入され、それが一時的な反発を招いたり、転用を促したりしたとしても、結果として「法－文化圏」そのものの解体が行われない場合、却って西洋中心主義的な「法－文化圏」の優位性を証明していることになりかねない。ただし、欧米中心の「法－文化圏」から見る歴史自体が誤っているとは必ずしも言い切れない。「法－文化圏」同士の衝突やそれ自体の解体といったグローバルな地殻変動は一夜にして起こるものではなく、特定「法－文化圏」内における小さな変革や揺らぎの積み重ねの先にあるものであり、その実証を行う作業自体は有意義なものであろう。
また、隣接概念である「帝国」の法規範や、その再現の大半が文書による記録ではなく人類学的な知見に頼らざるを得ない先住民の法文化との関連性についても、今後丁寧に見てゆく必要があるだろう。さらに、イスラーム圏やアジア圏など他「法-文化圏」と、欧米的、あるいはキリスト教的な「法-文化圏」との邂逅や衝突、折衝、融合を見ることによっても、この研究の地平をよりグローバルに広げてゆくことができるであろう。

「法-文化圏」に関する研究は、二〇一七年五月に上智大学で実施された小さな読書会が発端である。その後も毎月一回はメンバーで集まって議論や研究発表を行い、論文の推敲を重ねてきた。二〇二〇年の春以降は新型コロナウイルス感染症の流行により、海外調査や対面での会合が不可能となってしまったが、困難にもかかわらず研究会を続行することへの意欲は失われなかった。ここまで走り続けてこられたのも、執筆者一同がグローバルな事象に対する飽くなきまでの探究心を持ち続け、研究に対するモチベーションを高いレベルで保てたことによるだろう。
本書をまとめるにあたっては、科学研究費助成事業（平成三〇年度〜令和三年度、基盤研究（C）18K00914、研究代表者：石井紀子）による助成を受けた。また、出版に際しては特に上智大学アメリカ・カナダ研究所の尽力を得た。ここに記して謝意を表したい。

二〇二二年二月

石井　紀子

【執筆者紹介（五十音順）】

石井紀子：上智大学外国語学部教授

"Difficult Conversations across Religions, Race and Empires: American Women Missionaries and Japanese Christian Women during the 1930s and 1940s," *The Journal of American-East Asian Relations* 24, no.4 (2017): 373-401.

上林朋広：日本学術振興会特別研究員CPD

「ズールー・ナショナリズムにおける『曖昧さ』の縮減――1930・40年代のズールー語教科書出版における白人行政官と保守的ズールー知識人の協調」『一橋社会科学』13巻（2021年）117-44頁

小滝　陽：関東学院大学国際文化学部講師

「兵士の福利――アメリカ社会と軍隊の歴史」後藤玲子・新川敏光編著『新 世界の社会福祉 第6巻 アメリカ合衆国／カナダ』（旬報社、2019年）

今野裕子：亜細亜大学国際関係学部講師

"Trans-Pacific Localism and the Creation of a Fishing Colony: Pre-World War II Taiji Immigrants on Terminal Island, California," in *Trans-Pacific Japanese American Studies: Conversations on Race and Racializations*, ed. Yasuko Takezawa and Gary Okihiro (Honolulu: University of Hawai'i Press, 2016), 85-106.

佐藤雅哉：愛知県立大学外国語学部講師

"Bella Abzug's Dilemma: The Cold War, Women's Politics, and the Arab-Israeli Conflict in the 1970s," *Journal of Women's History* 30, no.2 (June 2018): 112-35.

牧田義也：上武大学ビジネス情報学部講師

「人道と人権：歴史的視座の課題と展望」『歴史評論』844号（2020年）5-15頁

[上智大学アメリカ・カナダ研究叢書]
「法－文化圏」とアメリカ
20世紀トランスナショナル・ヒストリーの新視角

2022年3月10日　第1版第1刷発行

編　著：石　井　紀　子
　　　　今　野　裕　子
発行者：佐　久　間　　勤
発　行：Sophia University Press
　　　　上　智　大　学　出　版

〒102-8554　東京都千代田区紀尾井町7-1
URL：https://www.sophia.ac.jp/

制作・発売　㈱ぎょうせい

〒136-8575　東京都江東区新木場1-18-11
URL：https://gyosei.jp
フリーコール　0120－953－431
〈検印省略〉

印刷・製本　ぎょうせいデジタル㈱
ISBN978－4－324－11119－2
(5300314－00－000)
[略号：(上智) 法文化圏]

Sophia University Press

上智大学は、その基本理念の一つとして、
「本学は、その特色を活かして、キリスト教とその文化を研究する機会を提供する。これと同時に、思想の多様性を認め、各種の思想の学問的研究を奨励する」と謳っている。

大学は、この学問的成果を学術書として発表する「独自の場」を保有することが望まれる。どのような学問的成果を世に発信しうるかは、その大学の学問的水準・評価と深く関わりを持つ。

上智大学は、（1）高度な水準にある学術書、（2）キリスト教ヒューマニズムに関連する優れた作品、（3）啓蒙的問題提起の書、（4）学問研究への導入となる特色ある教科書等、個人の研究のみならず、共同の研究成果を刊行することによって、文化の創造に寄与し、大学の発展とその歴史に貢献する。

Sophia University Press

One of the fundamental ideals of Sophia University is "to embody the university's special characteristics by offering opportunities to study Christianity and Christian culture. At the same time, recognizing the diversity of thought, the university encourages academic research on a wide variety of world views."

The Sophia University Press was established to provide an independent base for the publication of scholarly research. The publications of our press are a guide to the level of research at Sophia, and one of the factors in the public evaluation of our activities.

Sophia University Press publishes books that (1) meet high academic standards; (2) are related to our university's founding spirit of Christian humanism; (3) are on important issues of interest to a broad general public; and (4) textbooks and introductions to the various academic disciplines. We publish works by individual scholars as well as the results of collaborative research projects that contribute to general cultural development and the advancement of the university.

Twentieth-Century Transnational America
The Formation and the Transformation of Legal-Cultural Spheres

published by
Sophia University Press

production & sales agency : GYOSEI Corporation, Tokyo
ISBN 978－4－324－11119－2
order : https://gyosei.jp